教育是人生幸福的源泉，学校应是个让人幸福的地方。

——戴铜

· 教育家成长丛书 ·

戴铜
与幸福教育

DAITONG YU XINGFU JIAOYU

中国教育报刊社 · 人民教育家研究院 组编

戴 铜 著

北京师范大学出版集团
BEIJING NORMAL UNIVERSITY PUBLISHING GROUP
北京师范大学出版社

图书在版编目（CIP）数据

戴铜与幸福教育/戴铜著；中国教育报刊社人民教育家研究院
组编. —北京：北京师范大学出版社，2017.9（2024.10 重印）
（教育家成长丛书）
ISBN 978-7-303-22282-7

Ⅰ.①戴… Ⅱ.①戴… ②中… Ⅲ.①中小学—教学
研究 Ⅳ.①G632.0

中国版本图书馆 CIP 数据核字（2017）第 085741 号

图书意见反馈 gaozhifk@bnupg.com 010-58805079
营销中心电话 010-58802135 010-58802786
编辑部电话 010-58806160

出版发行：北京师范大学出版社 www.bnup.com
北京市西城区新街口外大街 12-3 号
邮政编码：100088
印 刷：北京虎彩文化传播有限公司
经 销：全国新华书店
开 本：787 mm×1092 mm 1/16
印 张：19
字 数：325 千字
版 次：2017 年 9 月第 1 版
印 次：2024 年 10 月第 2 次印刷
定 价：62.00 元

策划编辑：伊师孟 责任编辑：鲍红玉
美术编辑：焦 丽 装帧设计：焦 丽
责任校对：陈 民 责任印制：马 洁

教育家成长丛书

编委会名单

总　顾　问：柳　斌　顾明远

顾　　　问：叶　澜　田慧生　林崇德　陈玉琨

编委会主任：杨春茂

编　　　委：（按姓氏笔画为序）

于　漪　王瑜琨　方展画　田慧生

成尚荣　任　勇　刘可钦　齐林泉

孙双金　李吉林　杨九俊　杨春茂

吴正宪　汪瑞林　张志勇　张新洲

陈雨亭　郑国民　施久铭　徐启建

唐江澎　陶继新　龚春燕　程红兵

赖配根　鲍东明　窦桂梅　魏书生

主　　　编：张新洲

副　主　编：赖配根　王瑜琨　汪瑞林

总 序

　　教育是国家发展的基石，教师是基石的奠基者。古人云："国将兴，必贵师而重傅。"兴国必先强教，强教必先重师。党中央、国务院高度重视教师队伍建设。2013 年教师节，习近平总书记在给全国广大教师的慰问信中指出："百年大计，教育为本。教师是立教之本、兴教之源，承担着让每个孩子健康成长、办好人民满意教育的重任。"2014 年，在第 30 个教师节前夕，习总书记到北京师范大学视察并发表重要讲话，指出："一个人遇到好老师是人生的幸运，一个学校拥有好老师是学校的光荣，一个民族源源不断涌现出一批又一批好老师则是民族的希望。"《国家中长期教育改革和发展规划纲要（2010—2020 年）》也明确提出，"有好的教师，才有好的教育"，要"努力造就一支师德高尚、业务精湛、结构合理、充满活力的高素质专业化教师队伍"。"倡导教育家办学"，要创造有利条件，鼓励教师和校长在实践中大胆探索，创新教育思想、教育模式和教育方法，形成教学特色和办学风格，造就一批教育家。"两个一百年"奋斗目标的实现、中华民族伟大复兴中国梦的实现，归根结底要靠人才、靠教育，而支撑起教育光荣梦想的，是千百万的教师。

　　时代呼唤好老师。有一流的教师，才有一流的教育；有一流的教育，才有一流的国家。出名师、育英才、成伟业，是时代赋予我们教育战线的神圣使命。"所谓大学者，非谓有大楼之谓也，有大师之谓也。"好学校、好教育的最重要标准，就是要有好老师。一所学校、一个地区，乃至一个国家，如果教师有理想、有爱心、有学识、有高超的教育艺术，那么即使硬件设施有些简陋，家长、学生也会心向往之。教师是中国梦的奠基者。教师的重要使命，就是为每个孩子播种梦想、点燃梦想，并帮助他们实现梦想。每一间平凡的教室，每一节朴实的课，都不仅是知识的传递，而且是人类文明精神的接续、人生梦想的起航。正是有亿万个孩子梦想的放飞、绽放，中国梦才更加光彩夺目。如果说中国梦最坚实的土壤是学校，那么教师就是最伟大的"筑梦师"，他们用默默无闻、孜孜不倦的智慧劳动，让每一颗年轻的心灵都与中国梦激情相拥。

倡导教育家办学，造就一批好老师，首先要尊重、珍惜我们的本土智慧、本土创造。教育家不是凭空产生的，而是扎根于自己的民族文化土壤，同时吸收人类文明成果，从而创造出独特而生动的教育实践、教育智慧和教育文明。五千年源远流长的中华文明，不但形成了有我们民族特色的教育理论体系，而且涌现出了千千万万优秀的教育家，有被推崇为"大成至圣先师""万世师表"的孔子，有"匹夫而为百世师，一言而为天下法"的韩愈，有"捧着一颗心来，不带半根草去"的人民教育家陶行知，等等。改革开放40年来，随着教育改革的不断深入，教育战线涌现出了一大批杰出教师。他们痴情于教育事业，坚守理想信念和教育良知，在三尺讲台上默默耕耘、刻苦钻研，同时以敢为天下先的精神大胆创新，不断进取、不断超越，形成了各具特色的教育思想和教学风格。正是他们的成功探索和实践，创造了具有中国风格的教育经验，丰富了具有中国特色的教育理论宝库。原由教育部师范教育司组织编写，现由中国教育报刊社人民教育家研究院组织编写的"教育家成长丛书"，就是要向这些宝贵的本土创造性的教育经验致敬。

当前，教育领域综合改革正在深入推进，考试招生制度改革的大幕已经拉开，立德树人、培育和践行社会主义核心价值观成为大中小学教育的头等任务。可以预见，中国教育将发生深刻的变革，将从"中国制造"向"中国创造"转变。"没有革命的理论，就没有革命的运动。"没有适合中国土壤、具有中国智慧的教育理论，就不可能为未来的中国教育改革提供有效的指导。我们的教育要向"中国创造"飞跃，必然要首先创造属于我们自己的教育理论，而不是"言必称希腊"或者老是贩卖欧美的教育理论。170多年前，美国思想家、诗人爱默生发表了著名演说《美国学者》，号召美国知识界："我们依赖旁人的日子，我们师从他国的长期学徒期时代即将结束。在我们周围，有成百上千万的青年正在走向生活，他们不能老是依赖外国学识的残余来获得营养。"由此，美国迈入精神立国阶段。

如今，我们也面临与爱默生同样的情形。随着我国GDP已从世界第二向第一迈进，我们要自觉养成强烈的"中国意识"，独立的中国文化品格，并由此去环视世界，去改造本土实践，去创造属于我们自己的精神养料——这在教育界显得尤为紧迫。"教育家成长丛书"，旨在把我们本土教育实践中蕴含的中国智慧提炼出来，从而形成具有时代意义的中国特色的教育话语体系，再以此去观照、引领、改造中国的教育实践，为伟大的教育改革提供经验、理论支持，也为未来的教育家提供丰富、可资借鉴的精神养料。

让我们为中国教育的伟大未来一起努力吧！

张成志

2018年3月9日

前　言

　　见证着中国基础教育半个世纪的春华秋实，代表着中国基础教育教学成果的最高成就——"首届基础教育国家级教学成果奖"，闪耀着李吉林、窦桂梅、吴正宪、张思明、洪宗礼、唐江澎、邱学华、于永正、孙双金、薄俊生、龚春燕等一大批优秀教师的名字。而上述这些教师杰出代表恰恰都是《人民教育》"名师人生"栏目中最受读者喜爱的名师，都是"教育家成长丛书"的作者。

　　"教育家成长丛书"（以下简称"丛书"），是在第 20 个教师节前夕，为了研究、总结、宣传和推广我国众多优秀中小学教师的先进教育思想和鲜活宝贵的教育教学经验，培养造就一大批德才兼备的优秀教师和杰出的教育家，促进教师队伍整体素质的提高，根据教育部党组安排，由师范教育司组织编写的一套凝聚着一大批教育家成长智慧的大型教育丛书。

　　"丛书"自 2006 年问世以来，不但得到国务院和教育部领导同志的高度重视，而且先后印刷多次尚不能满足广大读者的需求。这其中的奥秘何在？

　　当你翻开"丛书"，每一部著作都讲述着一位教育家成长的故事。这些著作主要从"成长历程""思想概述""课堂实录"和"社会反响"等方面全景式反映其教育思想、教育智慧、专业精神和专业人格的形成过程与教学实践过程。这是教育家成长的基本素质所在。

　　当你沿着教育家成长的足迹走近他们的时候，你会融入这些带有"草根色彩"、扎根中华教育实践大地、充满田野芳香的真实感人的教育故事中。

当你从"丛书"中，从这些当年和自己一样的普通教师，成长为今天受人尊敬的教育家的成长过程中受到启迪，当你触摸着自己的心，把学生的成长和祖国的未来紧紧连在一起的时候，你会真切地感受到教育家离我们并不遥远。

当你用整个身心蘸着自己的生活积累去品味"丛书"中的每一部著作的"成长历程"时，在一位位名师不断学习、不断超越自我、不断超越学科教学的求索足迹中，你会读懂"教育是事业，其意义在于奉献"的丰富内涵。

当你研读"丛书"中的每一部著作的"思想概述"，和每一位名师展开心灵对话的时候，都会深深地感受到，一名教师对教育独立的理解与执着的追求有多么重要。从一名普通的教师成长为受人尊敬的教育家的过程中，你会读懂"教育是科学，其价值在于求真"的深刻含义。透过"丛书"，你会看到一代代教师用爱与智慧塑造民族未来的教育理想。

随着我们从"知识核心时代"走向"核心素养时代"，教师教育教学活动的视野已拓展到人的生存与发展的方方面面。教师要结合自己的教学实践去感悟"教育理念是指导教育行为的思想观念和精神追求"，应该把爱化为自己的教育行为，让爱充盈课堂，触摸到一个个灵动的生命，让爱产生智慧，让爱与智慧在学生心中留下岁月抹不去的美好回忆，让教育者和受教育者都感受到教育的幸福。这是"丛书"给我们的启示，也是每位教师应有的胸怀和视野。

时代呼唤教育家。为了进一步把我们本土教育实践中蕴含的中国智慧提炼出来，从而形成具有时代意义的中国特色的教育话语体系，以此去观照、引领、创新中国的教育实践并在更大范围加以推广，"丛书"将由中国教育报刊社人民教育家研究院继续组织编写，希望能够在更广大教师的心田中播种教育家成长的智慧，从而出更多的名师，育更多的英才，成就中华民族复兴的伟业。这是时代赋予广大教育工作者的神圣使命。如果广大教师能在每位教育家成长、探索教育智慧的过程中受到启迪，形成自己的教育智慧，则实现了我们编辑这套"丛书"的初衷。

"教育家成长丛书"
编委会
2018 年 3 月

目 录
CONTENTS

戴铜与幸福教育

我的成长之路

一、注定的从师之缘 ………………………………… 3

　（一）艰辛的初学经历 ……………………………… 3

　（二）在村办高中求学 ……………………………… 5

　（三）播下从师的种子 ……………………………… 6

　（四）扎实的中师学习 ……………………………… 8

二、充实的教师生活 ………………………………… 9

　（一）初为人师 …………………………………… 9

　（二）第一次赛课 ………………………………… 11

　（三）在职学历进修 ……………………………… 12

　（四）尝试教学研究 ……………………………… 13

　（五）兼职教研员的磨炼 ………………………… 15

三、务实的学校管理 ………………………………… 17

　（一）创建第二实验小学 ………………………… 17

　（二）加盟市实验小学 …………………………… 19

　（三）初出国门学习 ……………………………… 20

　（四）国培班的收获 ……………………………… 27

　（五）隆重的百年校庆 …………………………… 32

　（六）自觉的责任担当 …………………………… 35

　（七）"培育工程"的滋养 ………………………… 36

（八）幸福教育的实践研究 ·········· 39

四、深刻的成长感悟 ················· 43

　　（一）我和学校共成长 ·············· 43

　　（二）不能忘却的感恩 ·············· 46

我的教育思想

一、我的教育理想 ················· 53

　　（一）幸福教育的研究背景 ·········· 54

　　（二）幸福教育的理性表达 ·········· 57

　　（三）幸福教育的愿景规划 ·········· 69

　　（四）幸福教育的实施路径 ·········· 71

　　（五）幸福教育的实践建构 ·········· 74

二、我的管理哲学 ················· 82

　　（一）学校管理的主张 ·············· 82

　　（二）管理策略的选择 ·············· 84

　　（三）强化"正能量"的管理 ········ 89

　　（四）实践"集团化"的思考 ········ 91

　　（五）发挥"小团体"的功能 ········ 96

　　（六）重视"他山石"的价值 ········ 100

　　（七）关注"私塾教育"的引导 ······ 105

三、我的教学主张 ················· 111

　　（一）数学本质的初步认识 ·········· 111

　　（二）数学教育的价值追求 ·········· 114

　　（三）数学教学的理性思考 ·········· 119

　　（四）数学课堂的策略探索 ·········· 126

我的教育实践

一、建一所幸福的学校 ………………………………… 139

  （一）办幸福教育 ……………………………………… 139

  （二）建幸福学校 ……………………………………… 150

  （三）当幸福教师 ……………………………………… 157

  （四）育幸福学生 ……………………………………… 165

  （五）乐幸福担当 ……………………………………… 177

  （六）幸福从学校出发 ………………………………… 183

二、追求幸福的数学教育 ……………………………… 194

  （一）打造幸福的数学课堂 …………………………… 194

  （二）数学教学的实践案例 …………………………… 199

社会评价

一、专家评述 …………………………………………… 237

  （一）有意义·有意思·有意韵 ……………………… 237

  （二）戴铜的幸福教育哲学 …………………………… 240

  （三）追求内在的教育和谐 …………………………… 244

  （四）戴铜：踏实执着的追梦人 ……………………… 245

二、媒体报道 …………………………………………… 247

  （一）为爱与美的教育

      ——江苏省淮安市实验小学教育片段 ………… 247

  （二）把幸福写在教育的旗帜上

      ——江苏省淮安市实验小学"幸福教育"简述 … 257

（三）学校，把时间流成幸福的河

    ——淮安市实验小学幸福教育纪实 ·············· 261

（四）轻负担　高质量　有特色——不再是教育的乌托邦

    ——访江苏省淮安市实验小学校长　戴　铜 ······ 268

（五）"幸福教育"，建塑师生终极目标

    ——江苏省淮安市实验小学"幸福教育"访谈 ··· 274

附　录

一、发表论文（部分） ·············· 281

二、主要编著（主编） ·············· 282

三、"幸福教育"实践研究记事 ·············· 282

我的成长之路

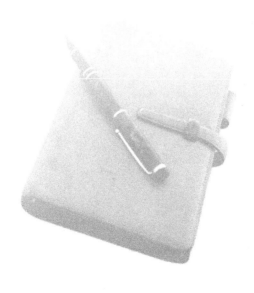

一、注定的从师之缘

（一）艰辛的初学经历

我是一个农民的儿子，是家中六个孩子中的老大。我一出生便赶上了三年困难时期。可以想象，在一个偏僻、落后、贫穷的村庄，在一个人口多、劳动力少的家庭，仅靠父母务农每天"工分"折算不到两毛钱的收入，家中生活是何等的艰辛。感谢我的父母，在我七岁的时候送我进了大队（村）的小学读书，这比一般孩子到八九岁才上学要早一两年。因此，从小学到初中，在班级里我都是年龄较小的学生。

现代京剧《红灯记》中李玉和有一句经典的唱词——"穷人的孩子早当家"，对此，我有着真切的体会。很小的年纪，除了上学，还要帮父母照顾弟弟妹妹们，做很多家务，要拾粪割草交到生产队换"工分"，还要帮父母完成队里分配的生产任务……历经磨炼，到初中毕业时，生产队所有的农活我都会做，而且做得不错。虽然辛苦，但在当时的环境下，这都是最普遍的、正常的现象。家中的老大应该为父母减轻一点负担，应该为家里尽一点责任，应该为弟弟妹妹们做出榜样。

在"文化大革命"前期，我所在的小学基本上还能坚持上课，尽管除校长外，老师们都是民办教师，但他们还是能认真工作，教我们写字、读书、算术、游戏，教给我们知识，带给我们快乐。当时在大家心目中，学校就是一个最有文化的地方，学校的老师就是最了不起的人。尽管学校的教室就是土墙茅草屋，尽管我们老师大多是高小、初中的毕业生，尽管遇到雨雪天气就可以不上学，但我心里还是对学校充满向往、对老师充满敬畏、对上学充满期待。小学五年半的时间，我学习是比较勤奋、刻苦的，虽然没做过一次家庭作业，但我的学业成绩在班级都还是很好的，经常受到老师的表扬，也经常成为村庄上邻居们教育孩子的"样本"。1972年年底，受教育"小回潮"的影响，教育逐步走向正轨，教育质量受到重视，我们宋集公社（现在的淮阴区西宋集镇）组织"小升初"统考，作为两个数学满分的考生之一，我迈进了宋集中学的大门，进入初中学习。

到了初中后，教育形势又发生逆转，"批林批孔"弥漫校园，"白卷英雄"影响深远，"学工学农"冲击课堂，学校正常的教育教学秩序受到破坏，学科学习受到影响。在这样的环境中，由于在班级中我的年龄较小，各项"政治活动"没机会"勇立潮头"，只能揣着有限的几本教科书，"偷闲"读读、算算、写写，偶尔能借本破旧的没有封面的小说，在柴油灯下偷看通宵看完，即使第二天早上鼻孔里满是油烟黑灰也乐此不疲。这样，在两年半的初中学习阶段，虽然只有为数不多的几次考试，我的各科成绩在班里都是数一数二的，尤其是数学最好。到1975年6月临近毕业时，我也成为一名光荣的共青团员。

当时，废除了招生考试制度，上高中是不需要通过考试的，中学招生实行"群众推荐，领导批准，录取学校复审相结合"的办法。尽管我表现良好、成绩优秀且是标准的根正苗红的"贫二代"，无奈我们生产队三个应届初中毕业生只分到一个上高中的指标，我因在队里"没有关系"而无缘被推荐。对此，当时村里有很多人为我打抱不平，父母经常在家唉声叹气，我自己也很苦恼郁闷，但最终还是要"认命"，谁叫我们家没有一个在生产队"当官"的亲属呢。

我在学校的学习成绩好，不仅在生产队，就是在整个大队也是"名声在外"的。初中毕业回村后我也确实得到了"重用"：一是当时我们那儿刚开始"旱改水"（将种旱作植物改为种水稻），但对怎么种水稻大家都缺乏经验，队长就安排我这个比较"有知识"的人做队里的水稻技术员，指导大家"科学种田"。二是当时我们那儿疟疾盛行，很多人都有患病的经历，队长看我做事认真，又安排我做了比"赤脚医生"还低一个层次的"卫生员"。经过简单培训后，我背着大队卫生室配发的药瓶，拎着热水瓶（当时很多农户家都没有），挨家挨户地按人头分发预防疟疾的"乙胺嘧啶"等药物，并要当面看着他们吃下去（因为有的人吃了有点反应，会不想吃随便扔掉，甚至把邻居家养的鸡都毒死了）。三是按当时当地的时髦做法，大队（村）安排我临时到邻近的生产队当"蹲点干部"，以"钦差"的身份参与队里的日常管理，一个十五六岁的"大孩子"担此重任，在当地也可能是"空前绝后"的吧。

在这近一年半的时间里，我尽心尽力做好每一件事，甚至是憋着劲认真做好每一件事，得到领导和村民的认同和鼓励。但是，我还是"读书之心不死""学习之梦常有"。繁重的劳作之余，我会翻看初中的教材，还会借阅高中的书本，还会找机会学习自己觉得有用的知识。

（二）在村办高中求学

1976年10月6日，"四人帮"被打倒，"文化大革命"宣告结束，全国人民欢欣鼓舞，各条战线百废待兴。时近深秋的一个晚上，在村小做民办教师的叔叔告诉我一件事，为落实毛主席的"七三〇"指示，公社决定在邻村的朱庄小学办一个"七三〇"高中班，问我愿不愿意去。这个消息让我兴奋不已，彻夜未眠。第二天早上，我就和父母商量，征求意见。当时尽管我这个强劳力所挣的"工分"对家里非常重要，但父母还是同意并支持我继续到学校学习。

当时和我一样报名参加这个班学习的有30余人。朱庄小学是个村小，还有"戴帽"的初中，报到时只有一间半砖半瓦的教室，里面空空如也。当天，老师就带领全班同学，自己动手制作泥桌子、泥凳子。几天后，我们就已经能在泥桌凳上铺上一张报纸（或其他能隔灰的东西）上课了。

这个班级只有两名老师，一位是班主任徐如俊老师，他是"老三届"的高中毕业生，负责数、理、化学科的教学；另一位是年过半百的"老右派"王谷正老师，负责语、政、史等学科的教学。两位老师都非常敬业，学识功底非常厚重，教学工作非常努力，辅导答疑非常耐心。他们都是"文化大革命"的受害者，动乱结束了，他们要把自己过去所受的压制、把自己未能实现的愿望，化为工作激情，投入来之不易的教育工作之中。

在老师的指导下，作为班长的我，学习进步很大，每科的成绩几乎都是班级第一。到1977年秋天，学校还推荐我参加县里的数学竞赛。在这所有小学、初中、高中的校园里，我是个"名人"：全校做操，我是领操员；全校大会，我是发言人；大队集会，我作为学生代表讲话；推荐到县里参加数学竞赛，我是唯一选手。

1977年10月下旬，恢复高考制度的消息轰动全国，给一代人提供了改变命运的机遇。尽管我高中学习时间还不到一年，很多书本知识还没有学完，但由于成绩好，校长为我交了五毛钱的报名费，替我报了名，鼓励我先去试试，就算考不上也为下一次的高考先去蹚蹚水，积累点经验。这让我好激动啊！能有机会考大学，这是我几辈子都不敢想的事。经过一个月的准备，我和全中国570万考生一起，走进了被关闭十余年的高考考场。在集聚了十多届高中毕业生、当年高考录取率只有

4.78%的背景下，我这个村小高中刚读一年的学生落榜，也属意料之中。但这个经历确实让我看到了希望，我学习也更加勤奋努力。

转眼到了1978年的夏天，高考报名开始了。记得当年高考是一份试卷，志愿可以填高校（大专及本科），也可以填中等专业学校。王老师和徐老师很关心我，帮我分析，凭我当时的成绩，如果报考高校，有60%的希望，如果报考中专，则有95%的把握。回家和父母商量后，在"跳出农门"是读书最根本、最现实的目的的指导下，我决定选择考最有把握的中专。在7月20日，我和全国610万考生一起，第二次走进高考考场。在录取率只有6.6%的情况下，我以超出分数线近30分的成绩被江苏省淮安师范学校录取。当年我们全公社只有三人考取中专，这在当地引起了轰动，公社的电影队还专门到我们村放了一场电影庆祝，我也成了村里家长教育孩子好好学习的最现实的榜样。感谢一年半村小的高中教育，改变了我人生的命运。

（三）播下从师的种子

记得1994年春节联欢晚会上宋祖英演唱了《长大后我就成了你》，这首歌柔美的歌声、优美的旋律给我留下了深刻的印象，特别是精美的歌词唱出了我儿时的真切感受。"小时候我以为你很美丽，领着一群小鸟飞来飞去。小时候我以为你很神气，说上一句话也惊天动地……小时候我以为你很神秘，让所有的难题成了乐趣。小时候我以为你很有力，总喜欢把我们高高举起……"小时候，我对老师这个职业充满敬仰、充满喜爱、充满向往。在我心目中，老师是万能的，在老师面前是没有难题的，当老师真好啊！

俗话说，"亲其师，信其道"，老师的言行会对学生产生重要的影响。小学时的语文老师武玉顺，极有才华，特别是写得一手好字，粉笔字工整漂亮犹如正楷字帖，学校和生产队的墙上都是他用石灰水写的政治口号和标语。放寒假时很多人买来红纸请他书写春联，真让人敬佩。还有初中教化学的徐乃政老师，看他板书真是一种享受，一支普通的粉笔，在他手中成了道具，随着手中粉笔不停地旋转，一行行精美的行楷字就"流淌"出来了。我们在学习掌握知识的同时，亦在欣赏书法表演，真让人羡慕。两位老师的"字"对我影响较大，也是我后来刻苦练习把字写得"像个样子"的最原始的动力。

上小学的时候，"老三届"高中毕业的叔叔也成为我们村小的民办教师。很多年后，他有机会转了正，退休前还做了小学校长。客观地说，在当时能够做一名民办教师，也是值得农村人羡慕的事，除了工作能折算工分，每月还能有几元钱的工资，同时还能受到大家的尊重，经济地位、社会地位都要比一般的农民高出很多。从功利的角度说，这也是我萌生做老师想法的一个理由。

在朱庄小学"七三〇"班一年多的高中学习，我成了当地的"名人"。当时，农村孩子"跳农门"的唯一途径就是"读书"，争取"学而优则仕"。特别是国家恢复高考制度后，家长更是非常重视孩子的学习成绩。我的数学成绩好，经常有上初中的学生在家长的陪同下，在我上学必经之路的生产队打谷场上等我，请我辅导数学难题。我也毫不客气，就地取材，拿根树枝当笔，找块空地当纸，画示意图，添辅助线，分析、证明、计算，一会儿就搞定，有时比初中老师讲得还利索、透彻，家长和孩子都佩服极了。这样，一个传一个，在路上拦我讲题目的人更多了。虽然这会耽误我的一点时间，但我的心里还是很开心的，我体验到了"予人玫瑰"的快乐，享受到了"乐为人师"的幸福，在心里也悄悄地播下了"当老师"的种子。

和可爱的学生在一起

基于上述原因，在填写高考志愿的时候，我既考虑到自己的兴趣理想，又兼顾家里的经济负担，第一志愿就是师范专业（当时上师范是免缴学费的，连伙食费也是国家承担的）。在我的影响下，几年后，我的弟弟、妹妹的高考志愿都是师范专业，他们现在都在中学当老师。说心里话，直到现在，我都为自己当初的选择感到欣慰。所以，后来我经常和老师们及师范专业的大学生讲，人要选择自己喜欢的，更要喜欢自己选择的，包括自己的职业。

(四)扎实的中师学习

可能是恢复高考第一年，新生入学是在 1978 年春季，学校的各项准备工作还很仓促，以至于我们淮安师范 78 级新生入学时间拖到 1978 年 12 月 18 日。学校 78 级中师录取两个班级 100 人，我被分在中师一班，班主任是王之琦老师。我们当时开设的课程有政治、语文(含习作)、几何、代数、物理、化学、历史、教育学、体育、音乐或美术(二选一)等。学科老师专业水平都很高，教学认真负责，学校常规管理也很严格。同学们都很珍惜这来之不易的学习机会，全身心地投入学习活动之中。

作为班级年龄较小的几位学生之一，我更是严格地要求自己，一心用在学习上，课前做好预习，上课用心听讲，认真完成作业，遇到疑难问题及时请教老师或和同学讨论，积极参加班级组织的各项活动，每学期各科成绩优良，其中数学成绩尤其突出，还被评为"三好学生"，受到学校表彰。

在中师学习时，对我影响最大的是王之琦老师。第一年，他是我们的班主任兼语文教师。王老师的专业水平很高，工作能力很强。第二年，他做了学校的教务主任，后来他还升职先后担任淮安师范、淮阴师范的校长。他是一位很"正统"的学者型老师，有一颗很强的责任心，一口标准的普通话，一笔工整的粉笔字，一套有效的教学法。他给我们讲斯霞老师的故事，鼓励我们给斯霞老师写信，汇报自己的职业理想，坚定我们的职业信念。他关心每一个学生，身教重于言教，处处以身作则，凡要求学生做到的，他自己一定做到。即使是下雪天的早晨，他也亲自带着我们跑步锻炼，既增强体质，又磨炼意志，还培养大家的团队精神。最难忘的是在淮安师范范集农场的劳动场景。在初冬季节，我们班的任务是做好农场的水利建设，修整农田间的水渠，清理渠中的淤泥。当时渠中的浅水里还结着一层薄冰，王老师第一个脱下鞋袜，挽起裤腿，跳进渠中劳动，不一会儿小腿和脚面都冻红了。在王老师的影响下，全班同学包括平时比较娇气的女生们都争先恐后地下到水里，热火朝天地劳动起来。可以说，王老师的优良品德、人格魅力、工作精神和学术追求，不仅在当时，而且对我的一生都产生了积极而重要的影响，以至于常有同学和老师笑谈，中师一班学生的身上真是有王之琦老师的影子。

虽然我们在校学习的时间只有一年半（最后半年是到预分配的学校顶岗实习），但对我来说，是脱胎换骨的经历。扎实的师范专业的学习，帮助我实现了农村青年到预备教师的转变，无论是职业理想的确立、专业知识的学习、教师基本功的训练，还是教育见习实习的磨炼，都为自己以后从事小学教师这份职业打下了坚实的思想基础、知识基础、能力基础。尽管后来淮安师范学校已并入淮阴师范学院，但我心中的母校情结是永远抹不掉的。

二、充实的教师生活

（一）初为人师

1980 年 8 月 23 日，我和淮安师范中师班的另外 12 位同学一起，来到淮阴师范附属小学（今淮阴师院第一附属小学）报到。我们将在这里进行一个学期的顶岗实习。

淮师附小当时是淮阴地区文教局直属的学校，地处地区机关东、西家属院之间，主要为机关工作人员及属地附近繁荣和富强大队村民的孩子提供小学教育。当时附小和附中刚分开办学，小学的规模为 30 个班级左右。教导主任在开学前分配课务时，我们同来的 13 人中只有我一人是教语文学科，其他 12 人都是教数学学科。客观地说，比较而言，数学更是我的强项，我想不通就去找领导询问原因。教导主任告诉我："校长在看了你们报到时填写的个人信息登记表时，觉得你的钢笔字写得最工整、漂亮，就决定让你教语文了。"

开学了，我教二(1)班的语文并做班主任，同时还兼教美术、自然和劳动等学科。当时，学校对我们这批实习老师的工作还是非常重视的，特意安排经验丰富的配班的数学汪永红老师指导我的班级管理工作，安排学校最优秀的语文骨干臧瑞芸老师做我的语文教学指导教师。刚开始一段时间，我对工作很不适应，班级管理不知从何做起，"头痛医头，脚痛医脚"，整天忙于应付，语文教学也是"东一榔头西一棒子",教学目标、教学重点把握不好。值得庆幸的是,班级管理有汪老师的及时指导,逐渐步入正轨;语文教学有臧老师手把手地指导,也逐渐有了起色。自己全身心投入工作,每天的工作就是坐班、上课、备课、批改作业、个别辅导,每一课的教案都是手写详案。学校规定新教师的教案必须经指导老师审阅指导签字后才能进课堂上课。记得下半学期的时候,学校要求每一位实习老师都要上一堂公开课,我上的是骆宾王的《咏鹅》。为了上好这节课,我查阅了很多资料,臧老师反复帮我修改教案,我还请美术老师帮我画了精美的挂图,反复试教,最终取得了理想的效果,受到校长、主任和老师们的较高评价。

刚工作的这个学期,在我的教师职业生涯中是"奠基式"的起始工程。短短几个月的教育实践,我对教师职业有了更加深刻的认识,对教师的价值有了更加清晰的理解,对"教育改变命运"这个命题有了更加现实的诠释。工作中我勤奋努力,一丝不苟,一学期没请过一次假,没有一次迟到早退,班级管理井然有序,工作常规模范执行,教学工作精益求精,教学质量比较理想。一个学期,16开本的"备课笔记"我写了满满的17本,创下了学校的"最高纪录"。另外,我还在课余时间利用自己的特长,为其他班级、办公室和学校出好黑板报,用钢板、铁笔和蜡纸为学校刻印资料等,自己的勤奋努力获得了领导、同事的认同,在年底正式分配时,我自然就被学校留了下来,成了淮师附小的一员。

由于自己厚重的数学情结,在1981年暑假,我向校长表示了自己更想从事数学教学的意愿。可能是校长看我工作勤奋扎实,第二年就安排我担任毕业班的数学教学工作。

这是一个特殊的班级——"回笼复读班",全班40多名学生全是当年本校毕业班没有考上初中的。这些孩子普遍行为习惯不好、厌学情况严重、学习成绩很差,我的第一堂数学课被闹得差点上不下去。接下来一段时间,我认真分析每一个学生的基本情况,同时也在反思自己的教学方式。我逼着自己要耐住性子、放下架子,真心地亲近他们、关心他们、引导他们,组织他们一起游戏、活动,和他们打成一片,课堂教学尽可能放低起点,循序渐进,让每个学生都能积极参与学习活动,所有数学题都能听懂会做。在教学中,我注意激发他们的学习兴趣、培养他们的学习习惯、指导他们的学习方法、树立他们的学习信心,让他们都感到数学学习并不是高不可攀的,只要努力学习就会有进步、有提高。在工作中,我还根据每个人的个性和学习状况，区别对待、因人施教，每天放学后都留下几个学生进行个别辅导，星期天家访给他们补课，有时还会为家庭困难的学生买复习资料。我的做法感动了孩子，也感动了家长。经过半个多学期的努力，学生都把我当成亲近的人，乐于和我交流，喜欢听我上课，从不拖拉作业，班风、学风也变化很大。同校的老师、领导、孩子的家长都非常惊喜，毕业时他们的数学成绩基本赶上了普通班的同学。这些学生都摘掉了"差生"的帽子，终于昂首跨进了中学的大门，学生自豪地笑了，家长欣慰地笑了，老师也幸福地笑了。这件事让我对教育、对教师的工作有了新的理解和认识——只要拥有爱心，只要讲究方法，只要持之以恒，就一定会改变落后的现状，就一定会取得预期的教育成效。

（二）第一次赛课

工作的第三年，由于"回笼班"教学成绩比较理想，学校又安排我任教毕业班的数学。

说实话，有了前一年特殊毕业班的教学磨炼，我自己无论是教学的心态，还是对数学知识的把握，都比以前要成熟一些、从容一些。我平时也注重学习一些教育理论、教学策略，在课堂教学中注意琢磨一些问题，做一些有效教学的尝试。在期中考试以后，学校组织了青年数学教师的优课比赛，在教研组的推荐下，我有幸代表年级数学组参加比赛。记得我当时参赛的课题是行程问题中的相遇问题："甲乙两车同时从相距 360 千米的两地沿同一条路相向而行，甲车每小时行 42 千米，乙车每小时行 48 千米，经过几小时两车相遇？"由于学生对基本行程问题的数量关系比较熟悉，例题的解答难度不是很大。为了上好这节课，我用几个晚上的时间备课，请教经验丰富的老教师指点迷津，和本组的老师一起研讨，最后确定基本的教学思路是引导和鼓励学生利用已有的知识和经验来自主尝试学习。为此，课前我做了动态演示的幻灯片，直观地演绎两车的行驶过程，课堂上又请两组同学到黑板前以人代车现场表演题意，帮助学生形象直观地理解题意，分析数量关系，让学生自己探究解题的方法。由于课前准备充分，启发引导得当，整节课学生始终处在积极的思维状态，能正确理解题意，分析数量关系，选择解题方法，学习效果理想。他们不仅对相遇问题的基本题型掌握得很好，还对其变式、拓展内容及追击问题等，也能举一反三、触类旁通。这节课得到听课老师们的高度认可，也得到了评委老师们的高度评价，最终获得本次赛课的"二等奖"（第二名）。学校除了发一张"大奖状"，还发了一份奖品——用红漆写上"奖"字的搪瓷脸盆和塑料壳热水瓶。其总价值相当于我当时月工资的三分之一啊！校长在会上表扬，同事在组里鼓励，学生在班里开心，兴奋之情持续了好多天。

第一次参加赛课，对我个人的专业成长来说，具有"里程碑"的意义，让我对数学教学、教学研究有了更深切的感悟——教学有法，教无定法，贵在得法。课堂教学要吃透教材，摸清学情，要突出学生的主体地位，注重调动学生学习的兴趣，利用学生已有的知识经验，引导并鼓励学生自主学习、尝试学习，感受学习的乐趣，体验学习的成功。另外，每一节课都是"唯一"的，是不可复制的，适合学生的就是最好的。只要善于学习研究，教学能力一定会有所提高。

（三）在职学历进修

在 20 世纪 80 年代，小学教师法定的合格学历是中师。但随着时代的进步，国家在倡导"革命化、年轻化、知识化、专业化"的用人标准，鼓励机关、企事业单位在职人员学历进修，党校、电大等都开通半脱产专科学历进修通道。当时，可能是教育系统控制比较严格，教师想参加进修单位是不允许的（不开介绍信报不了名）。到 1985 年，市电大"汉语言文学专业"招生，清河、清浦中小学教师可以报考，但市教育局只允许市直的实小和附小各 5 人报名参加统一的入学考试，并只能从 10 名报考人中选 5 人录取。当时我所在的附小很多年轻教师都想报名参加，为了显示公平，学校将有报考意向的近 20 位教师集中起来，通过抓阄的方式决定报名人选。我运气不好，没有"中奖"，但又很幸运。和我一起分配到此的中师同班同学沈会明老师"抓中"了，但因个人原因最后又放弃了，他就把指标"转让"给我。这样，经过短暂的复习，我就参加了入学考试。成绩出来了，我以较高的优势被中央电大江苏分校顺利录取了。

那时，电大教学管理是很严格的，学员都是"半脱产"性质，上午在单位上班，下午到电大上课学习。我们实小和附小的 5 位老师与区属学校的其他 5 位中小学同仁被编入"文秘"一班的第四小组学习。我担任学习委员，每天下午提前到电大资料室领取收录机和录音磁带，放给班级同学听。有时也会有专业课老师给我们面授、评讲作业等。每个学期课程考试的管理都非常严格、规范。参加全国统考，监考也非常严格。如果哪一科成绩不及格还要参加补考，直到及格为止。进修过程中最让我们头痛的是学费问题。电大让我们缴学费（其他学员按规定都是单位报销的），我们找校长，校长说没钱，我们再去找局长，局长说小学老师中师毕业够了，不需要进修专科，害得我们几位不断找校长、局长，但最终都处处碰壁，没有解决。我们只好和电大老师软磨硬拖。可能是电大也属市教育局主管，我们几位老师学员都很努力，最后，拖了一点时间还是把毕业证书给我们了。客观地讲，当时专业课的老师水平很高，工作也很负责任，我们学习也很认真努力，三年下来，我们积累的知识丰富了很多，专业能力也得到了较高的提升。

到 20 世纪末，省教育学院开通了中小学教师自学考试通道，中小学教师可以参加"教师自学考试"以获得本科学历。当时，小学教师专业技术职称"小中高"的评审对学历也有相应要求。1999 年秋季开始，我报名参加省"教师自考"教育管理专业的本科学习，利用周末或假期到市教育学院参加学习。说实话，当时的学习负担还是很重的。市第二实小并入淮师附小，我负责主持这个校区的日常管理工作，还带了一个寄宿制毕业班的数学课。除了正常的管理和学科教学外，我每天还要进班参加学生的早自习、晚辅导，把孩子们送回宿舍休息方能下班回家，我自学的时间都是在每天的夜里两点到六点之间。由于学习比较投入，方法比较科学，加上当时记忆力还可以，每次考试都顺利过关，甚至成绩优良。"学校管理"这一门考试时，开考不到四十分钟我就交卷了，最后成绩还超过了 95 分。就这样，规定的十二门课程，我不到两年时间就全部通过了考试，顺利取得本科学历。更重要的是，通过学习，我进一步丰富了自己的教育理论素养，提升了自己的教育管理理论和实践能力。在取得本科学历证书之前一年，我已经破格通过了"小中高"的职称评审。

两次的学历进修，我体会到，继续教育对教师的专业发展非常必要。在职进修尽管条件艰难，压力巨大，但只要自己努力，肯吃苦，工作学习两不误还是能兼顾好的。

（四）尝试教学研究

自从 1982 年秋那次学校优课比赛以后，学校就让我在毕业班"站桩"了。除去 1985—1988 年在电大半脱产进修三年外，直到 1996 年，我都是教毕业班的数学。

当时应试的氛围很浓，压力很大，当地最好的初中每年招收的人数很有限，每个班级能考上多少人就是对教师教学质量的评价标准。毕业班的数学教学，除了完成教科书的教学内容、达成教材的教学目标外，还要进一步拓展数学学习的宽度和深度。与此相配合，"全国小学生奥数比赛""江苏省小数报比赛"都是重要的"推手"。每天早上七点前就上课，晚上放学很迟，一般要辅导到七八点，很多家长把晚餐送进教室，周末也要补课，几乎每周都要考试练习，老师的工作负担、孩子的学习负担都很重。这在今天是不可思议的事，但在当时都属"正常现象"。

在这样的环境中，我们也开始思考，如何通过有效的教学研究，优化数学教学的内容，改进教学的方式，提高课堂教学的效率，适度减轻学生的学习负担。我和教研组的同仁变单兵作战为团队合作，从教学内容的整合、练习内容的设计，到测验试卷的刻印，大家都分工明确，责任到人，合作互助，实现共赢。如在平时教学中，大家相对保持教学进度一致，对教材的重点难点加强研究，对教学方法多讨论交流，对练习设计多借鉴共享，注重学理辨析、方法指导，重视因材施教、个别辅导，强化系统训练，减少题海战术；在总复习阶段，按学习内容，分数学概念、数学运算、几何知识、实践应用等进行分工整理，再通过集体研讨补充优化，班级教学时再适度增减，体现针对性，提高有效性等。扎实的教学研究收到了较好的效果。

在毕业班的数学教学研究中，我们特别注重学生计算习惯的培养和运算能力的提高，注重学生实践应用能力的提升。经过总结多年的实践经验，梳理多年的教学积累，我牵头和教研组的老师们一起，利用一个暑假的时间，精心编写了一本《精编小学数学应用题系列训练》，由陕西人民教育出版社正式出版发行。该书紧扣教材，力求对小学数学应用题的各种类型及其数量关系、解题方法做比较系统的介绍，同时对教材未涉及的一些特殊数量关系的典型应用题及特殊的思考方法做了介绍。全书计二十余类，每种类型均由三部分组成：一是"知识提要"，简要介绍该类题的题型特征、常用的数量关系；二是"举例分析"，通过对典型例题的分析，介绍该类题的分析思路和解题方法；三是"练习题"，每个类型都安排一定数量的习题，既注重典型性、启发性和趣味性，注重知识的综合运用，又体现知识的层次性（基本题、综合题、思考题），供不同层次的学生选用。此书出版后大受欢迎，很多买不到书的家长甚至把全书都复印了。后来应出版社的要求，我们将此书进一步修订完善，改名为《小学数学应用题训练大全》，于1996年5月出版。由于市场需求旺盛，出版社在

1999 年 10 月又再版发行，在社会上产生了积极的影响。另外，我还牵头组织教研组的老师们，针对学生计算习惯的培养和计算能力的提高，编写了一套 6 本（每个年级一本）《帮你算得快又准》，也由陕西人民教育出版社出版发行，效果也很好。

实践告诉我，教师不能只是"埋头教书"，更要抬头看路，要注意关注学情、教情，要学会思考、研究，不要光下"苦功夫"，还要学使"巧方法"，多研究合作，可以少走弯路，多"贴船下篙"，可以"事半功倍"。

（五）兼职教研员的磨炼

1994 年起，我担任学校教务处副主任，分管数学教学，同时继续任教六年级数学。也是从这年开始，因为市教研室小学数学教研员姜政老师的鼎力举荐，市教研室聘任我担任小学数学兼职教研员，协助姜老师做一些全市小学数学教研的组织管理工作，直到 1998 年。

课间和学生交流

姜政老师是一位德高望重的老同志，正直善良，真诚友善，平易随和。他在小学数学教学与研究方面有很深的造诣，是当时苏教版小学数学教材的编者之一。他经常深入基层一线，参与学校的教研活动，帮助小学数学教师分析教材、研究教法、反思总结，积累了丰富的教研经验。他特别关心青年数学教师的专业成长，经常深入青年教师的课堂，听课指导。他工作严谨务实，精益求精，鼓励青年教师开阔视野，不断创新，在"教学有法、教无定法、贵在得法"上下功夫，手把手地指导青年教师研读教材、分析学情、确定思路、选择方法、总结完善。在姜老师的悉心指导下，全市一大批优秀的小学数学教师脱颖而出，在市级及以上级别的论文评比、优课评比中都取得了很好的成绩，"现代小学数学"及"苏教版小学数学教材"的实验研究取得显著的成绩，全市小学数学教育的质量也取得显著的进步。

作为年轻的比较幸运的数学教师，我也是因为得到了姜老师许多的指导和帮助，才有了一点进步。可以说，姜老师是我专业成长道路上的"贵人"。做了兼职教研员之后，我有了更多向姜老师学习的机会，遇到问题我随时都可以向他请教，备课时请他指导、写论文请他修改、做教研请他帮助、搞活动请他指点。特别是在做"苏教版六年制小学数学应用题整体结构教学的初步研究"的实践中，姜老师更是倾注了心血，指导我们研究这套教材编入的约 30 组 65 道例题的结构与联系，发挥教材"把数量关系相同，解题思路相近的应用题成组编排"的优势，对应用题教学一改过去一题一例的教法，实施"整体结构教学"，即"把握应用题的整体，突破一例，掌握整体"的教学方法。具体做法，一是把握整体，即把握应用题所揭示的核心数量关系（主要是部总关系系列、差比关系系列、成比例关系系列）；二是促进主动学习，即把应用题自身的结构方法转化为学习方法（主要是情节性变化的结构方法、逆向变化的结构方法、扩展性变化的结构方法）。分清应用题的结构方法是为了将其转化为学习方法，其核心环节是"改编"，即通过改编探索新知，通过改编学习新知，通过改编巩固新知。实践证明，应用题整体结构教学对培养学生的数学素养有着重要的意义：着眼学生在关系中学习，有助于促进迁移；着眼学生在新旧知识连接点上展开学习，有助于发展学生初步的逻辑思维能力；着眼学生参与知识的发生过程，激发学生自主学习，有助于促进学生终身学习能力的培养。在姜老师的精心指导下，该项研究成果荣获省教研论文评比一等奖，并在省级研讨会上交流，还被编入《苏教版小学数学教材教学实践与研究》一书（江苏教育出版社出版）。

做姜老师的学生和徒弟虽然只有短短的四年多时间，但姜老师高尚的人格魅力、深厚的专业素养、亲和的处事风格、务实的工作作风、严格的自律要求等，都对我产生了重要的影响。在姜老师的指导下，我协助他开展了几次规模和影响都比较大的全市性的教研活动，跟着他参与了几次全省的教研活动，这让我在活动中经受了磨炼，不断进步。令我终生难忘的是他处处为青年人着想，有了责任自己担当，遇到机会执意让给年轻人，自己不图名、不图利，甘当绿叶，无私奉献。他是一位永远值得人敬重的老师。

三、务实的学校管理

（一）创建第二实验小学

1997 年 9 月 11 日下午，时任淮阴师范学校附属小学（今淮阴师院第一附小）教务主任的我，接到教育局领导的谈话通知，组织上决定让我负责筹建市第二实验小学，任副校长主持学校工作。

第二实验小学筹建的基础是原来清河区城北乡的一所村小，地处富强村，不大的校园，几排破旧的平房，12 个班级 400 余名学生，30 余位老师。市政府决定在老校园西北 200 米处规划 60 亩地投资建设新校区，并委托刚退休的淮阴师范附小的蒋忠校长协助新校区建设事宜。

上任之初，校级管理人员只有两人，我委托原任村小校长现任学校副书记的丁鸣德同志和蒋校长负责新校区建设的规划、设计等工作，我则重点做好学校内部管理工作，从教师管理、教育管理、教学管理、后勤管理等方面抓起。我认为，一所村小升格为一所市直属小学，不仅仅是换块"牌子"，而是要实现学校管理水平、内涵品质和办学特色的全面提升。

首先是全校教师要统一思想。"村级小学"升格为"市属小学"，无论是对学校发展还是对教师发展，都是一个难得的机遇，同时也是一个严峻的挑战，我们必须用市直学校的标准严格要求自己、发展自己，我们不仅要建设一流的新校园，还要建设一支优秀的新型教师队伍。我们要爱教育事业、爱学校、爱工作、爱学生，要教书育人、为人师表，要遵守规范、钻研业务，要团结协作、共同发展。为此，我经常和老师们谈心，了解他们的真实想法，倾听他们的合理意见，解决他们的实际问题。在广泛调研的基础上，在大家共同参与的基础上，我们进一步完善学校的规章制度，进一步明确学校的规范要求，进一步规划学校的发展愿景，让大家行动有规章、教育有规范、发展有目标。在较短的时间内,学校的工作氛围就发生了显著的变化,教师的精神面貌也出现良好的转变。

其次是提高教师的业务能力。我注重借用外力,经常请市实验小学、淮师附小的骨干教师来校示范教学、现场研讨,经常请市教研室的专家来校听课、讲座,经常安排老师外出观摩、学习培训。学校定期开展新教师汇报课、青年教师评优课、骨干教师研究课,定期开展教学督导,引领老师们形成科学的教育观、教学观、质量观,营造浓郁的教育教学研究氛围,激励老师们不断学习教育理论、课堂教学规范、班队管理策略,指导老师们带好班、备好课、上好课、做好作业设计与评改、写好教学反思、做好发展规划。经过努力,学校初步形成良好的教育、教学、教研文化,大家都把心思用在做好本职工作上,教育教学质量也实现初步提升。

为了把新校区建设好,我请市局领导带队赴苏州、无锡等地学习考察,一是做好校园的规划建设,二是定位学校的发展方向和教育特色,为学校的建设发展做好前期准备工作。

在学校建设上,由于前期进度滞后会对新学年交付使用造成很大影响。为此,我积极向上争取建设经费及时拨付,督促基建管理人员强化管理,提高效率。特别是从1998年5月起,我每周召开两次基建工作例会,对施工方、监理方、材料供应商等相关方面提出具体要求,增加施工人数,提高施工效率,确保每一个环节不拖后腿。我每天早上六点半之前一定会赶到工地,催促项目经理组织施工,以至于背地里有人都笑谈我像《半夜鸡叫》中的催人上工的"周扒皮"。到8月中旬,学校就组织老师们提前上班,参加建校劳动。教师们戴着草帽,拿着镰刀,清理校园半人高的杂草,整理校园的卫生环境,把办公用品从老校园搬到新校区,把全部是自己加工的几百套学生的课桌椅搬到新的教室,我和所有管理人员带头为大家做表率。这段时间,大家虽然非常辛苦,但没有一个人叫苦叫累,虽然没有一分钱的加班费,但老师们都积极参与,没有一个人有怨言。若干年后,老师们谈及此事,还觉得那是我们最值得自豪和怀念的事情。就这样,在大家的共同努力下,土建工程、校园辅助工程、设施设备安装等所有准备工作,终于在开学前几天顺利完成,没有影响学校的正常工作。

在学校发展上,我们以"三个面向"为指导,精心谋划,从校园规划布局到校舍的功能设计、从校园的绿化景点到楼面的色彩风格、从学校的办学特色到个性的课程设置等，邀请专家、领导参与指导，不断完善。学校最终定位为：当地第一所以英语教学为特色的、走读寄宿并行的、公办民助性质的现代化的实验学校。学校的名称除了"第二实验小学"外，还有一个名称是"外国语实验学校"。普通班免费招收施教区范围内的适龄儿童，外语班则面向社会招收寄宿制新生，按办学成本收取学费。为了实现既定的办学目标，我向市教育局申请，第二年就从市实验小学、淮师附小调进数名各个学科的骨干教师来校担任中层管理人员，承担各个学科的教学引领工作，并择优录用多名应届大学毕业生来校任教。这样，教师的年龄结构、学科结构、学历结构和性别结构都得到了很大的改善和优化，教师队伍的整体素质得到了进一步提升，教育教学质量得到了进一步提高，英语教学特色也初步得到彰显。短短两三年的时间，外语寄宿班由第一年的 25 个人，增加到 300 多人，学校的知名度和影响力逐渐提升，当时分管教育的副省长都曾来学校视察。

（二）加盟市实验小学

2001 年 8 月，经我个人申请，市教育局调我到市实验小学工作，任副校长。这是一所有悠久历史和厚重积淀的市直小学，素以教学质量高而受到社会的广泛认同。当时我是学校唯一一个在职的有"小中高"职称的教师，也是全校拥有本科学历的两位教师之一。

我的管理分工是负责学校的教学工作，教学管理对我这个教务主任出身的人来说，并不是件难事。我和教务处的同志一起研讨，在总结以前工作经验的基础上，研制出台了"学校教学管理规程""数学备课规范""教学研究制度"等，把"教学六认真"的要求规范化、具体化、常态化，进一步强化教师的教研意识，提高集体备课的质量，为高效的课堂教学提供基础保证。此举得到了校长的认同和支持，也受到老师的理解和赞同，大家都认为我还是一个"懂行"的管理者。

一个人要想融入一个新的团队或被一个新的集体接纳，需要一个过程，也需要一个契机。在做教学管理的同时，我还任教四年级一班的数学课程。我们教研组几位老师的教学水平都很高，都曾经是"奥数赛"的指导高手，教研能力也很强，教学质量都很好。作为一位"初来乍到"的人，我的教学工作还是很有压力的。在平时工作中，我注意虚心向他们学习，遇到问题多向他们请教。记得有一次，组内教研活动开始前，组内一位最年长的、在学校也是德高望重的老教师对我说："戴校长，你是一位教学专家，也是我校唯一一位在职的有'小中高'职称的教师，我在辅导毕业班学生时遇到一道难题，能否请你指导一下？"我答应了和大家一起研讨，从隔壁教室拿来一块小黑板，挂到办公室的大黑板上。审题以后，我就开始边分析边画图：从这个角度思考，可以画出这样的线段图，并列出算式解答；如果从另一个角度考虑，还可以画出另一种线段图，列出不同的算式解答。短短几分钟我就解决了问题，老师们都投来赞许的目光。那位老教师对我说："在实小让我佩服的人不多，你是值得我敬佩的人，是名副其实的教学专家。"后来有老师悄悄告诉我，那天的事，也是他和老师们顺便"考验"我是"徒有虚名"还是"实至名归"。从那以后，老师们都不再把我当外人看待，我也逐渐变成了"实小人"。

2002 年春天，市委组织部开展"公推公选"任用处级领导干部。我们的黄校长是两年前全市第一位"民选"的校长，他政治素养高、业务能力强、群众基础好，是一位很优秀的学校管理者，在"公选"中脱颖而出，就任市教育局副局长，同时还兼任实小的校长。同年的 9 月 11 日，市局领导找我谈话，组织上决定让我再兼任学校的副书记，主持学校的全面工作(说来真是巧合，5 年前主持市第二实小工作的时间也是 9 月 11 日)。由此，我开始了历时 13 年零 4 个月的主政实小的工作。

(三)初出国门学习

2004 年 11 月，我和其他 22 位校长幸运地成为江苏省教育厅组织的首批小学校长团成员飞赴英国，进行了为期一个月的学习考察。因为我们是第一批校长班，省教育厅、苏曼中心和英方都很重视，学习考察活动都是精心策划、周密组织。在英期间，我们听取了中、英教育官员和教育专家的近二十场专题讲座，学习、考察了近二十个学校及社区教育中心的教育教学情况，初步了解和认识了英国的基础教育现状。第一次出国培训，真是开阔了视野，增长了见识，激发了思考。回来后，我整理自己的考察培训体会，以"英国小学教育的特点和启示"为题，在《小学教学参考》杂志 2005 年第 15、18 期刊载，与大家分享研讨。

1. 英国小学的教育投入很充裕

国家稳健的经济基础、悠久的文化积淀以及政府对国家发展与社会进步的高度重视，使教育成为国家战略的重要方面，教育投入达到国家财政预算的 20%(仅次

在英国培训

于军火费，排第二位）。国家对3～16岁少年儿童实行义务教育，其中5～16岁是法律规定的强制教育阶段。国家强调为每个儿童提供良好教育，让每个儿童都能享受主流教育。学生所需的学习费用由政府提供，根据家庭的经济状况，部分学生在校午餐和水果的费用也由政府承担（在曼彻斯特，有些小学享受免费午餐的学生高达75％，甚至有的小学为了加强家校联系，还鼓励家长带孩子一起到校享用免费早餐）。学校的教育经费由教育行政主管部门以学年为单位，标准相同，按照各个学校的学生人数拨给，每生每年为2 000英镑（约合人民币3万余元，其中含教师工资）。由于充裕的财力支持，全国各地之间、城乡之间的校舍建设、师资配备、设施设备等办学条件差别不大，师生比均在1∶15左右，各校均有大片的活动场地、室内体操房、计算机房，每个教室都有计算机，每位教师都配有笔记本电脑、每所学校都接入互联网。除此以外，政府还倾注相当的财力和人力，积极开发教育资源，在国内建立100多个城市教育中心，配备专业的工作人员及先进设备，内容涉及教育的各个方面，免费为学校、学生提供服务。

　　就我国而言，改革开放以来，国家对教育的重视程度、对教育的投入力度都有很大的进步，学校的办学条件有所改善、教师的待遇有所提高。但由于我们的特殊国情，人口众多，家底薄弱，是穷国办大教育，国家财政中的教育份额相对较小，在一定程度上制约了教育的快速发展。当今世界竞争激烈，说到底还是人才的竞争、教育的竞争。随着经济的发展和综合国力的提升，我们应该像其他国家一样，把教育当作竞争的筹码，不断加大对教育的投入，至少应该保证对教育（特别是基础教育）的投入能实现同步增长；同时，国家和政府在基础教育的均衡发展、社会教育资源的整合利用方面要多做统筹协调工作，尽可能地让每个孩子都能接受良好的教育，尽可能让现有教育资源的效能达到最大化、最优化。

2. 英国小学的课程设置很灵活

英国把3～16岁儿童教育分为以下几个阶段：3～5岁为基础阶段（即学前教育阶段），5～7岁为第一阶段（小学一、二年级），7～11岁为第二阶段（小学三、四、五、六年级），11～14岁为第三阶段（初中），15～16岁为第四阶段（高中）。从1989年起，英国由国家制定统一的课程大纲，作为学校教学的"法律"必须执行，在7岁、11岁、14岁、16岁实行的全国统考的依据也是"大纲"。英国规定小学开设的课程有10门：英语、数学、科学、设计与技术、信息技术、历史、地理、艺术与设计、音乐、体育，每门课程都有具体的要求。其中，英语、数学、科学三门是最重要的学科，也是全国统考的学科。在整个小学的课程计划中，国家规定的课程占80%，由学校和教师决定的课程占20%。虽然"大纲"相当细化、标准具体，但由于没有统一的教材、教参，学校具有很大的课程开发与创新的空间，特别是活动课程和其他特色课程，完全由学校根据师资等客观条件自行安排，教师教学有很大的自主权，可以自由地设计和自编教材，自主确定教学内容和教学进度。因为小学一般每班配备一名教师和一名助教（助教只是协助教师工作，四级助教方有资格帮助教师批改作业），教师要承担所有学科的教学任务（这对教师的要求较高，必须是"全能"教师，事实上真正达到"全能"的教师很不容易），教师根据"大纲"制订教学方案，一般每天各有1小时的英语、数学教学时间，其他学科的教学则更趋整合，同一课时中能融入和渗透多学科的内容，课时安排也较为灵活。

从课程设置来看，英国的小学不开设外语，其他与我们基本相同。但在课程的建设方面，我们还有很多事情要做。我国要在国家《课程标准》的指导下，以科学的态度全面推进校本课程建设，尤其是学校综合课程的开发与建设，真正实现课程建设的社会化、生活化与现代化，使课程与学生的生活、与时代的发展同步，在发扬语、数、英专业教师教学优势的基础上，加强其他学科的整合，鼓励教师不要依赖教"教材"，而要学会科学地使用教材，充分地开发和享用各种教育资源，树立"差异即资源、学生即资源、环境即资源"观念，充分地认识资源的可再生性、可整合性和可利用性，特别是要充分利用现代教育装备，积极创建良好的学习平台，为每个学生的主动、全面、和谐和可持续发展创建良好的发展时空。

3. 英国小学的"全纳教育"很成功

英国是个移民国家，在第三大城市曼彻斯特，全市小学生中使用的语言有140多种。在我们考察的一所小学，有30多个国家的孩子在一起学习、生活。这种民族差异、文化差异、家庭差异、语言差异、基础差异给教育带来诸多挑战。为了保证全英的孩子都能享受平等、优质的主流教育，英国政府提出了"全纳教育"，倡导"一个都不能少"的教育理念，并通过系统有效的工作和对学校实在的帮助来实现这个目标。政府方面，教育行政部门都有专门的机构负责这项工作。在曼城教育局，下设有350名专业人员的"多元全纳教育中心"，分点办公、深入基层、调查研究，协助做好学校、家长、社区等多方工作，确保来自不同国家、民族及吸毒、失业人员(有的小学有近60%的学生家长失业)、难民、单亲(有的学校单亲孩子达50%)等的子女能正常上学。同时，英国还致力于对贫困、语言交流障碍、身体残疾等各种需要特殊服务的孩子的个别教育与辅导(仅曼城就有70多名有特殊需要的学生在享受一对一的教育服务)。教育主管部门把学生的"出勤率""特殊需求教育"作为评价学校办学成绩的重要指标。学校方面，"一个都不能少"的观念深入人心，并化为校长、教师的自觉行为。他们特别重视学校与家庭的联络，保证孩子的出勤。每所小学都有专门的残疾人卫生间，有特殊需求辅导室，甚至有的小学还为几个残疾学生设计安装了专用电梯，学校还设有"心理按摩室"，由心理专家和教师为有心理障碍的学生进行按摩治疗，帮助他们克服自卑、建立自信、体验成功，树立积极的人生目标。在辅导室，我们看到教师在不厌其烦地指导智残儿童"a"的写法；在城市音乐大厅，我们看到两位高度脑瘫学生在教师的照顾下与同学们一起享受音乐，尽管他们不停地击掌、尖叫，但上千名来自不同国家、不同学校、不同年级的学生都没有表现出惊讶和厌恶，彼此理解和接纳。经过努力，一些带着很多"差异"入学的孩子，到毕业时基本上都能达到国家规定的考核要求，"一个都不能少"的教育成效显著。

客观地讲，我们的"面向全体学生""为了一切孩子"也是"全纳教育"的体现，我们对特殊的教育对象也倾注了更多的爱心、付出了更多的时间和精力，取得了一定的成绩。但由于历史和文化背景等差异，我们的社会"全纳"意识、基础设施建设、教育评价方式、学校班额太多等因素，都影响和制约着我们"全纳教育"的成效。随着经济的发展、社会全纳意识的增强、教育评价制度的改革和不断完善、小班化教育的逐步实施，我们的"全纳教育"也一定能做到"一个都不能少"！

4. 英国小学生的学习很自主、很轻松

由于历史和文化的影响，英国小学生的学习是自主的。学习通常被认为是学生自己的事情，学习什么、如何学习，教师和家长只是起引导作用，甚至学校课堂授课内容和问题设计有时也是依据学生的兴趣和要求来确定。一般说来，小学课堂教学低中年级大多是学生坐在地毯上，教师坐在前面的椅子上授课，中高年级的学生则分组坐在桌前，教师站在前面授课。教师的教学很有针对性，注重分层教学，对不同层次的学生提出不同的要求，重视对学生"人性"的尊重。在课堂上，学生无拘无束，自由讨论发言，听懂了可以做自己喜欢的事，口渴了随意喝点饮料，课堂练习不做也行，有事了还能走出教室。学生的学习习惯也不做统一要求。同时，学生的学习也很轻松，几乎没有太重的学习负担。从时间上看，9：00起是教学时间，每节课之间休息10分钟，12：00午餐、休息，13：30起又是教学时间，15：30放学。上午一般是文化课，主要是英语、数学、科学，下午是活动课，有参观、游戏、艺术或手工制作等。文化课的内容也很简单，六年级的数学只相当于我们二、三年级的水平。学生的作业很少，毕业班一天的作业也只需30分钟左右，双休日和法定节假日一般不布置作业，作业的内容不限、形式自主，可以是文字、图画、图片、图表、卡片等，数量可多可少，不做统一规定。在考察中，我们了解到，英国的小学教育虽然将知识教学的难度降低，但很注重学生学习能力和探究精神的培养。在课堂上，学生通过展示收集的资料、发表自己的意见、与同学讨论交流理解和掌握新知，这对尊重学生的个性发展、激发学生的学习兴趣，提高学生的创新意识和实践能力是很有益处的。

相对来说，我们的小学教育要"严格"和"规范"得多：有全国统一的《课程标准》，有系统严密的教材，有扎实有效的教学。从基础知识和基本技能的掌握水平看，我国的基础教育是世界第一（受此影响，英国小学中中国孩子的学习成绩都是最优秀的）；但从培养学生的个性发展、全面发展和持续发展方面就没有太多的优势了。因此，我们应该认真反思我们的小学教育，理性地对待"他山之石"：如何看待英国小学生轻松、自主的学习？它有利一面的背后是否也有缺陷？过分自由的课堂效率是否低下？过分自由的行为是否不利于良好习惯的养成？如何发挥自身优势，学习和借鉴他人的成功经验，全面推进我国的素质教育？

5. 英国小学的学习评价比较务实

国家对小学教育的管理主要是规定统一"大纲"、统一考试和提供服务支持。从1999年起，英国的新版大纲开始实施，每门课程都有具体的标准，在第一阶段结束时(7岁)和第二阶段结束(11岁)时，要实行全国统一考试，其中各学校11岁这次统考成绩要在媒体上公布排名。统考的科目是英语、数学和科学，最高成绩为6分，国家期待的最低成绩为4分，3分以下为不及格。大纲具体规定的小学各个年级必须达到的标准是：一年级(5~6岁)达到1级或2级；二年级(6~7岁)必须达到2级；三年级(7~8岁)达到2级或3级；四年级(8~9岁)必须达到3级；五年级(9~10岁)达到3级或4级；六年级(10~11岁)必须达到4级。由于英国的社会构成比较复杂，孩子入学时的差异很大，学校在实施教学过程中，非常注重分层教学。同一个年级的学生按不同的层次分班，每个班级也根据学生的情况分组，这样教师在教学过程中就可以有的放矢地进行教学和辅导，很有针对性，效果也较好。经过一段时间的学习后，再对学生进行分班、分组，因材施教，真正做到分层教学贯穿于整个教学过程，这对提高成绩、保证质量起到积极的促进作用。英国小学没有留级制度，达不到要求的学生可以通过"特殊需求服务"后补考达标再升级。另外，英国小学一般不搞学科竞赛，每学期也不评"最优秀学生"，而是注重对学生平时的评价、对学生学习过程的评价。平时的学习状况也在学科成绩的评定中占有一定的比例，每天、每周、每月、每学期随时对学生的优秀表现进行奖励，如谁出勤率高、谁行为美、谁功课好、谁进步大等，学生有突出表现的可以到老师、校长处领取奖牌(卡片)，学生还可以把同学的优秀表现写到班级或学校的"表扬箱"中。

总的来说，英国小学学习的评价标准、评价方式、评价内容和评价手段的多元化还是比较务实的，符合教育教学规律和学生的身心特点，评价效果也有较积极的作用。但作为国家管理教育重要手段的"全国统考"还是有些消极影响的。统考(排名)不受教师和学生家长的欢迎(据说20世纪90年代以来已经有两次国家统考受到教师的联合抵制，有70%的家长要求改革或停止举行"全国统考")。有的学校和教师为了在统考中取得好的成绩，提前三四个月就进行强化的迎考训练，只教学统考科目(英语、数学、科学），其他学科的学习受到很大的冲击和影响，不利于学生的全面发展和综合素质的提高。这些已引起英国教育主管部门的重视，他们正在积极地酝酿新的改革方案。

就我国来说，新课程倡导的评价理念如果能得到很好的落实，在学生的学习评价、教师的工作评价、学校的发展评价等方面进行有效的实践研究，学生不以一次成绩分优劣、教师不以一次分数论英雄、学校不以一次升学排名次，重视面向全体，注重全面发展，坚持重过程、轻结果，坚持综合评价，就能使"评价"真正成为推进素质教育的"催化剂"，成为促进学生健康、全面、和谐发展的"指挥棒"。

6. 英国小学教育的"生活化"特色显著，"教育即生活，生活即教育"

在这方面，英国的小学教育具有鲜明的个性色彩和成功经验。就学校来说，校园的规划、建设都是家园式的创设，校舍都是紧密相连的（这种设计有缺陷，进门后，所有的走道都是相通的、封闭的，教室里的玻璃窗大多是固定的，空气不流通，我们在里面半天即感到头晕、郁闷，对健康不利），走道全部铺上地毯，曲折回旋，教室内的水池、沙池与相对分隔空间的建构，为学生之间、师生之间的交流，学生个体私人空间的寻找与保护提供了条件。幼儿园活动场地的设计，在原平整的地面上修建幼儿骑车道路时，有意识地做成曲折、高低不平的"仿真"道路，让孩子从小就认识和适应道路交通的常规状况，为以后的生活提供直观的感性认知；花园里辟有学生的"植物园"，孩子们亲自栽种和管理，随时写下观察日记，介绍经验，享受劳动成果，在实践中增长知识、提高能力。另外，学校的环境建设也颇具匠心：色彩上强调温馨明朗，内容上强调教育的层次与价值，既有精神与意志的倡导，如生活规范、学习目标及个人成长期待等，又有学生作品展示，如学生的生活照片、手工作品、秋天实物收集陈列等。学校努力营造"家"的氛围，教室外的走廊里整齐地挂放着学生的外套，有时还用学生桌椅围成接待家长的"客厅"。校长与员工、教师与学生、学生与学生之间所建立起来的尊重、理解、关心和激励，也为学生建立了良好的成长心境。师生之间就像家长和孩子（幼儿园的孩子经常叫男教师为"爸爸"），低年级学生情绪低落时可以坐到老师的腿上听课，课堂教学中也都紧密联系生活实际。孩子们经常走出校园，参加社会实践活动，如足球俱乐部、社区活动中心。学校组织学生爬山、游泳、攀岩、划船等，在活动中培养学生团队合作精神，磨炼学生的意志品格，促进学生健康成长。

随着课程改革的不断深入，我国小学教育的生活化色彩也由淡渐浓，从《课程标准》现代理念的确立到教材的编排，都逐渐靠近社会生活，都注意联系生活实际，知识变成了有源之水。在学校的教育教学中，教师和学生也基本"从生活中来，到生活中去"，充分利用已有的生活知识和生活经验，为"教"和"学"服务。但由于受到客观条件的制约，我国的校园建设、生活实践基地建设、生活服务设施配备等还有待于进一步的改进和完善，社会观念的改变、校园氛围的营造等都还需要全社会的共同努力。

(四)国培班的收获

2006 年 11 月，我很荣幸地作为江苏的两位校长学员之一参加"第十六期全国小学校长高级研修班"的学习。在素有"中国教师摇篮"之称的北京师范大学，即教育部小学校长培训中心进行为期一个月的封闭式学习。来自全国 31 个省份的 63 位学员，重新回归"学生时代"——住在学生公寓、吃在学生餐厅、学在班级教室，白天听讲座、话研讨，晚上还要自习消化、做作业。参加这种国家最高规格的校长培训，对每位校长的专业化发展都会起到非常重要的"催化"作用。

培训期间，我们围绕"新课程与素质教育""校长专业化与依法治校""校长与教师的心理沟通""加强和改进未成年人思想道德建设""学校发展规划与学校管理决策分析""管理体制的转换与校长素质要求""学习型学校与学校管理创新""21 世纪成功校长""学校文化建构""艺术教育与人的素质"等专题，听了褚宏启、杜育红、向蓓莉、苏君阳、姚计海、陈孝彬、楚江亭、程凤春、洪成文、陆士桢、毛亚庆、钱志亮、赵德成、周荫昌、刘儒德等近 20 位专家教授的学术讲座和刘可钦、刘畅、卓立、张忠萍等专家校长的专题介绍，参观考察了北京史家小学、中关村一小、北京一师附小等名校的教育教学管理现场，还有很多场次的班级或小组的学习研讨和交流分享。通过学习，我们对国家教育改革与发展的规划要求有了更清晰的认识，对校长角色定位与学校管理的规范方略有了更深刻的理解，对学校文化建设的价值追求与校本研究的策略选择有了更理性的把握，对自身的专业发展和学校的规划愿景也有了更明确的方向。学习期间，我重新回顾梳理了百年老校的发展脉络，分析了学校发展中面临的良好机遇和严峻挑战，反思了学校继承传统、创新发展的成功与不足，对学校的办学主张和文化建构进行再学习、再思考、再凝练。回校后，我又通过与管理人员、教师代表和学者专家的座谈会、研讨会等，进一步广泛征求意见，最终形成核心的办学理念——"坚持以人为本，促进和谐发展"。可以说，这是参加国培学习的最大的收获，其同题解读文章在《淮安日报》分三期连载。

为了适应时代发展和国际竞争的需要，国家将新一轮课程改革作为教育改革的一项重要工程，党和政府对教育工作、学校工作、教师工作充满期待。小学是教育大厦的根基，更加引起社会的广泛关注。"发展是硬道理"，"发展"应该是教育改革的根本目的，一切改革措施都要围绕"发展"这个中心进行，都要服从于、服务于这个中心，学校要以科学发展观和现代教育思想为指导，坚持以人为本，促进和谐发展，即要坚持以人的需求为本、以人的发展为本，更好地促进学生的发展、教师的发展、学校的和谐发展。

1. 坚持以生为本，更好地促进学生的素质发展

今天的小学生从大的方面来说，是民族的未来，是我国社会主义现代化事业的建设者和接班人；从小的方面来说，他们是一个家庭、一个学校的希望。若干年后，他们将要承担重任。小学教育的根本任务就是要更好地"塑造人、培养人"。学校和教师要牢固确立一切为学生的发展服务的意识，所有工作都要以学生的发展为中心，树立科学的教育观、人才观，自觉遵循教育教学规律，不断改进和完善教育教学工作，更好地促进学生的素质发展。

（1）面向未来，促进学生的全面发展。学校是学生成长的"加油站"，教师是学生发展的"引路人"。作为国家现代化事业的建设者和接班人，他们需要的不仅仅是知识和技能，他们应该是"全面发展的人"。在素质教育大力推进的今天，学校和教师更要树立正确的教育观和科学的人才意识，对学生的明天负责，为学生的未来奠基。学校和教师既要重视学生文化知识的学习，更要关注学生身体和心理素质的培养；既要重视学生科学文化知识的积累，更要关注学生良好行为习惯的培养；既要重视对学生知识技能的传授，更要重视学生创新能力的培养；既要重视学生的学业成绩，更要关注学生情感、态度、价值观的培养，帮助学生学会做人、学会生活、学会学习、学会合作、学会创造，在未来的生活和工作中立于不败之地。

（2）尊重个性，促进学生的自主发展。学校和教师面对的是一个个鲜活而有思想、有个性的教育对象，他们在生理、心理、行为习惯、学业基础、学习能力等方面都存在一定的差异，学校和教师要充分认识和尊重这种差异，因材施教，进一步改革教育方法，努力营造民主平等、和谐安全的学习氛围，不断激发学生学习的积极性、主动性和创造性；要积极倡导"自主学习、合作学习、探究学习"，充分利用学生已有的知识和经验，在新旧知识的"连接点"上下功夫，努力提高学生的学习能力、实践能力、创新能力；要发现学生的"与众不同"，尊重学生的兴趣爱好，丰富学生的学习生活，为学生提供学习的"课堂"，搭建展示的"舞台"，更好地培养学生的个性特长，促进学生的个性发展，让每个学生都能成为学习的主人、成长的主人，都能为未来的发展奠定坚实的基础。

（3）因材施教，促进全体学生的发展。面向全体学生是学校工作和教师教育的基本要求，也是古今中外的教育家所积极倡导的教育理念。但在实际工作中，要真正做到并非易事。一般来说，优等生无论是在受学校、教师的关注程度，还是得到来自学校、教师和社会的激励都要多于、优于发展暂时相对滞后的学生。我们知道，人都是有差异的，特别是小学生，虽然他们先天的智商没有明显的差异，但由于来自不同的家庭，受不同的学前教育的影响，加之初步形成的个人的性格、习惯和兴趣，呈现在学校和教师面前的就是一个个"只像他（她）自己"的学生。作为学校和教师，要有崇高的道德观和强烈的责任感，把爱的阳光普洒到每个孩子身上，把教育的责任落实到每个学生身上，面向全体学生，因材施教，让每一个学生都得到应有的发展。教师绝不能因为暂时的成绩不理想就漠视他们，不能因为暂时的行为习惯较差就歧视他们，不能因为暂时的落后就放弃他们。他们应该也必须享受到来自学校、教师、同学、社会的公正的待遇，接受公平的教育。在学校和教师眼里，每个孩子都是重要的，孩子们只有成长、发展的先后之分而没有好坏之别，要实施"全纳教育"，真正做到"一个都不能少"，要相信他们"天生我材必有用"，每个人在世界上都会有一个属于他的位置并将在这个位置上发挥作用。学校和教师的责任就是通过教育使他们得到良好的发展，想方设法为不同的学生创造不同的发展机会，让每一个学生都能在原有基础上有所进步、有所发展，都能享受到学习的乐趣，体验到成功的快乐。

2. 坚持以师为本，更好地促进教师的专业发展

民族振兴，教育为本；教育振兴，教师为本。教师是学校工作的主体，是学校发展的主人，是学校质量的主宰。因此，学校发展规划的实施、学校教育活动的开展，都要依靠也只能依靠广大教师的努力工作。学校要树立正确的教师观，以教师为本、替教师着想、为教师服务，把更好地促进教师的专业发展作为队伍建设的立足点和归宿。

（1）目标引领，导航教师的职业理想。教师的发展，既是教育事业发展的需要，也是教师自身的主观愿望。作为受过系统职业教育的人，教师的专业思想是比较牢固的，教师的职业理想也是远大的，每一个刚毕业的师范生都会把"做一名优秀教师"作为自己的奋斗目标。但由于教育工作的复杂性、艰巨性与长周期性，教师的职业成就感在一定时期内不能充分显现，不少教师容易产生职业倦怠。作为学校，要坚持通过目标引领来导航教师的职业理想，要不断组织教师学习教育大家的教育思想，感受大师的风范；学习当地教育专家的丰富经验，感受名师的风采；学习身边的教育骨干的事迹，体会他们的成长经历，坚定教师终身从教的信念。学校还要引导教师将个人价值取向与学校的发展目标有机地结合起来，把自己的专业发展成为一种迫切的心理需求，把学校当作自己专业成长的土壤，觉得自己在学校工作"有奔头"。同时，学校还要引导教师在学校发展规划的指导下，制定自己个人的发展规划，确定自己不同时期、不同阶段的发展目标，并在教育工作中不断实践和反思，不断实现和跨越目标，走螺旋上升的发展之路。

（2）文化建设，塑造教师的职业精神。学校要真正成为师生共同成长的精神家园，其中最重要的是要加强学校的文化建设，要为教师营造一个优美舒适的工作环境，为教师建设一个高度认可的制度环境，为教师创设一个愉悦和谐的心理环境。在这样的环境里，教师能感受到职业的崇高和责任的重大，能体验到工作的乐趣和合作的重要，同时还能更好地自律和规范自己的职业行为。学校要把每个教师都视为"要发展、可发展、能发展"的"最重要"的人，既重视教师个体的成长，更关注教师群体的发展；既重视教师业务水平的提高，更关注教师师德行为的规范；既重视教师教育教学的状况，更关注教师身体心理的健康，要让每个教师都能感受到集体的力量和"家"的温馨，都有一种强烈的归属感和成就感，使教师不仅把"教师"当作谋生的一种职业，更多的是把它作为自己为之奋斗并在其中实现自我价值的一项事业。学校要积极创造条件，使教师精神生活不断得到丰富，心理需求不断得到满足，个体价值不断得到体现。

（3）系统培养，提升教师的职业品位。由于历史的原因，学校教师队伍的个体素质存在一定的差异。学校要根据各人不同的情况为他们提供不同的服务。学校要充分利用新课改的机遇，强化校本培训，帮助教师进一步确立科学的教育理念、增强科研意识、改进教学方法、提高教学质量，做到既注重研究教材，更注重研究学生；既注重研究教法，更注重研究学法；既注重教会知识，更注重教活知识；既注重双基训练，更注重能力培养。学校要紧密联系教学改革中的实际问题，使教师形成边学习、边研究、边实践的合作机制和群体发展的良好局面。学校要创造条件，为青年教师的发展"搭桥铺路"，为他们提供拜师学艺的课堂，提供实践磨炼的机会、提供展示才华的舞台，帮助青年教师脱颖而出；为骨干教师的发展"架设云梯"，以"研究型""学者型"教师为目标，替他们创造学习的机遇，为他们提供研究的园地和发展的空间，促进骨干教师在教学中、在"传帮带"的实践中，教学相长，实现多赢。学校要期待教师成为自己职业发展的设计者、实施者和自我教育者，通过学校和自身的努力，促进各层次教师都能有所提高、有所发展，使教师的职业品位不断得到提升，队伍的素质不断得到优化。

3. 以校为本，更好地促进学校的内涵发展

学校是人生教育的主阵地，是教师实现人生价值的舞台，是学生成人成才的摇篮。学校要立足校本，根据自身的历史背景和文化传统及师资队伍、生源结构等主客观因素，认真规划学校的建设与发展，以更好地适应社会对优质教育资源的渴求和学校自我发展的内需，更好地打造"名校"品牌。

（1）思想引路，确立科学的办学理念。教育是面向未来的事业，在机遇和挑战并存的时代，学校必须坚持全面贯彻教育方针，遵循教育教学规律，更多、更好地培养"四有新人"，更好地为学生服务、为家长服务、为社会服务。学校必须不断强化内涵发展的思想，确立"坚持以人为本，促进和谐发展"的教育理念，确立"为学生未来奠基，让每一个学生都拥有成长的快乐，为教师发展搭台，让每一个教师都享受职业的幸福"的办学宗旨，以"更好地促进学生的素质发展、更好地促进教师的专业发展、更好地促进学校的内涵发展"为目标，依法办学，以德治校，以科学的人才观、质量观、教育观、发展观来审视学校的建设与发展，强化教育风气建设，不断调控学校的办学行为，办好人民满意的学校。

（2）措施落实，提升学校的办学水平。在竞争激烈的时代背景下，学校之间也弥漫着看不见的战火。要想立于不败之地，学校就必须把科学的教育理念转化为教育行为，要注意分析学校发展的有利因素和不利因素，探索适合自身特点的管理模式，制订切实可行的措施，努力改善办学条件，加强校园文化建设，不断优化和整合教育资源，有效培植和利用优质资源。校本管理力求科学化、制度化、民主化、现代化，不断深化校内人事制度、分配制度改革，进一步完善学校的评价体系，调动一切积极因素，尽可能地实现办学效益最大化；校本研究追求针对性、实效性、创造性，为教育教学服务；校本培训做到有目标、有计划、有措施、有成效。学校工作既重视学生发展，也关注教师发展；既重视教育质量，也创造办学特色；既重视"硬件"建设，更注重"软件"开发；既保证今天的发展，更有利于未来的可持续发展。

(3)特色创建，打造靓丽的学校"名片"。新一轮课程改革为学校的发展提供了一个难得的机遇。学校要充分挖掘有利因素，整合校内外的优质资源，在继承传统特色的同时，还要与时俱进，不断创造新的特色。学校要着力打造"书香校园、双语校园、数码校园、生态校园、艺术校园"，把学校办成"更像自己"的学校，让"高质量、轻负担、有特色"不再是教育的"乌托邦"，让每一个学生都喜欢学校、喜欢老师、喜欢学习、享受成长，让每一个教师都热爱事业、热爱学校、热爱工作、热爱学生，让校园生活的每一天都很精彩、很幸福，让学校在建设和发展的进程中树立良好的形象，打造金色的品牌。

现在，"和谐"成为社会发展的主旋律，基础教育担负着更重要的历史使命。"以人为本"是我们的指导思想，"和谐发展"是我们追求的目标——对学生来说，要成为"道德品质高尚、行为习惯良好、知识技能扎实、身体心理健康、创新意识较强、综合能力较强"的一代新人；对教师来说，要成为"师德高尚、业务精湛、善于合作、勇于创新、乐于奉献"的教师典范；对学校来说，要成为"孩子喜欢、家长放心、质量优异、特色显著""能促进师生共同发展"的精神家园。再者，"学生的素质发展、教师的专业发展、学校的内涵发展"三者之间密切联系，相互促进。名师创名校，名校塑名师，名校、名师又可以更多、更好地培养高素质的学生，这种良性循环，可以更好地追求理想的教育，更好地实现教育的理想。

(五)隆重的百年校庆

2008年是我们学校建校100周年。如何抓住学校百年华诞这个契机，更好地回顾悠长的办学历史，总结丰富的办学经验；如何进一步深化学校的文化建设，规划学校的发展愿景，提升学校的知名度和影响力，成为我和学校管理团队面临的不可回避的重任。

为了做好校庆工作，我们提前两年开始思考规划，请教育局主管领导担任筹建工作组组长，成立校史资料组、校友联络组、丛书编写组、史馆建设组、活动协调组、演出策划组等若干个工作小组，组织和动员校内外的力量，大家群策群力，积极参与到校庆筹备工作中。

由于过去史料意识不强，学校基本上没有现成的校史资料，我们积极协调，先后到江苏省淮阴中学（建校时附属于它）、市档案馆、图书馆、省教育厅档案室（历史上实小曾是省属学校）、江苏省档案馆等单位查阅史料，复制存档；到本地老领导、老校长、老教师、老校友家访问；还先后赴武汉拜访著名校友、建校之初两任校长李更生先生的儿子、我国著名的经济学家、全国人大常委会委员李崇淮，赴北京拜访著名校友、被誉为"中国话剧皇后"的人民艺术家朱琳，联络著名校友、远在台湾的邢祖援等。听校友讲述学校历史，征集校史资料，校友联络组在各级媒体印发"校庆公告"，广泛征集校友信息，搜集校史资料。

学校成立"中国百年名校丛书编委会"统筹规划，明确编撰思路和编写体例，分工整理素材，分头编撰成册，反复校对定稿。经过80多位编者近两年的辛勤努力，近160万字的《中国百年名校丛书》一套六册——《百年长歌——学校文化的传承》《和谐发展——校园永恒的主题》《教育特色——学校亮丽的名片》《开放创新——课堂教学的灵魂》《素养提升——数学教育的价值》《自主合作——园所发展的源泉》由陕西人民教育出版社出版发行。该套丛书既记录有学校一百年历经沧桑的发展历史，也有学校百年来辉煌业绩的真实展示，还有一代代实小人孜孜以求、一脉相承的责任担当。它是了解实小的一扇窗户，讲述的是实小故事，体现的是实小精神，凝聚的是实小文化。它的出版是百年校庆最重要的成果之一，凝聚着很多领导、专家的心血。省教科院杨九俊院长、省教育科学规划办彭钢主任、省教研室苏教版小学数学教材主编王林老师、《江苏教育》杂志张俊平主编、淮阴师院顾书明教授、市教育局朱亚文局长等，都在百忙中为丛书撰序。

经过近一年的规划建设，校园内300余平方米的校史陈列馆顺利落成。校史资料比较丰富，历史脉络真实清晰，发展历程催人奋进，校友事迹激励后生，众多荣誉让人自豪。教育部、团中央、省政府、省教育厅、市委市政府等贺信及著名校友的书画作品陈列其间。早在规划之初，我们就给史馆定位：这是百年实小的宝贵财富，是学校永远的教育资源，新教师入职的第一课是在这里学习，一年级新生第一次活动是在家长和老师的带领下参观校史馆，毕业班的最后一课也将在这里完成。

与此同时，学校还进一步规划校园建设，新建"桃李园""更生广场""春风风我亭""丰济仓碑亭"等，努力营造厚重的校园文化氛围；进一步发挥学校艺术教育特色优势，邀请著名校友策划拍摄"百年校庆专题片"，编排"百年校庆专题文艺演出"，编印"百年校庆画册"和师生艺术作品集等。

在学校百年校庆活动中致辞

2008年10月8日上午，淮安市实验小学百年华诞庆典活动在市体育馆隆重举行。来自省教育厅、市四套班子领导及驻淮高校、市政府有关部门、友好单位的领导及来自全国各地的知名老校友，与学校的老校长、老教师、在校学生及家长代表四千余人，欢聚一堂，共同回顾学校百年历程，总结学校发展经验，畅想学校未来美景。庆典活动历时两个小时，淮安电视台现场全程直播。下午校园对外开放，接待历届校友和社会人士来校参观。校庆活动高端设计、组织有序、成果丰硕、影响深远，受到领导、校友、师生及社会各界的高度评价。

筹办了两年多的校庆活动，是一种历练、是一场考验、是一份责任。我们付出的是心血、智慧和汗水，收获的是文化、精神和成功。通过校庆活动，我们重新建构了学校的文化，强化凝聚了学校的精神内核，尽情分享了学校的发展成果。我们在传承优良传统、总结成功经验的同时，进一步规划学校发展、优化办学理念、提升教育品质、彰显特色内涵，以此为新的起点，翻开学校科学发展、和谐发展、持续发展的新篇章。

（六）自觉的责任担当

李更生是我国现代教育事业的早期开拓者和实践家，他出生于淮安书香之家，23岁起从事教育工作。他坚信"兴邦必行教育"的真理，曾手书"竖起脊梁担事"的横匾，悬于室内，作为座右铭。毛泽东同志曾赞誉他"毁家办学"的革命爱国行为。

李更生先生曾两度担任我们学校的主事（校长），是一位教育理念超前的智慧校长。他非常重视对师生的爱国主义教育、责任担当教育。这种优良传统代代相传，成为学校文化的灵魂，并在教育实践中得到了很好的体现。

作为一所当地相对优质的学校，我们除了严格依法办学、规范办学、特色办学、优质办学之外，我们还要有承担和履行社会责任的主动与自觉，还要利用自身的优势为促进当地基础教育又好又快发展做出应有的贡献。进入21世纪后，为进一步扩大优质教育资源，我们报经市教育局批准，组建淮安市实验小学教育集团，按照国家规范办学的要求，于2007年在学校内部融资近4000万元，自主招聘人事代理教师100多名，在淮阴区征地56亩，异地新建民办长征小学，实行资源共享，集团一体化管理。同时，利用已有校舍改造成幼儿园，以解决属地适龄幼儿的入园问题。经过几年的努力，长征小学及附属幼儿园已经跻身名校名园行列，为淮阴区及全市基础教育的优质均衡发展做出了积极的贡献。

2009年，为拉动高教园区的发展，满足当地群众"入好园""上好学"的需求，应开发区管委会的邀请，经市政府协调，实小托管高教园区新建的天津路小学及附属幼儿园，使其成为实小教育集团新成员。我们派优秀的管理人员和学科骨干教师主政管理，只用了三四年时间就把天津路小学及其幼儿园打造成在全市当属一流的小学、幼儿园，让更多的孩子有机会享受优质的学前和小学教育，并在开发区很好地发挥了示范引领作用。

2011年，我们按照市委市政府的决策安排，在生态新城（新的行政中心）新建实小教育集团新城校区，安排优秀管理团队、教师团队兴教创业。短短几年时间，它就发展成了有六十多个班级的"热点小学"，同时实小幼儿园托管的生态新城幼儿园在建园第二年就顺利通过了"省优质园"的验收。

2014年应清河区政府邀请，实小托管了"清河实验小学"；2016年应生态新城管委会的邀请，实小又托管了"生态新城实验小学"。这样，实小教育集团已经在五个行政区拥有小学六个校区、幼儿园四个园区，成为"五区布点、幼小联动、资源共享、特色发展"的有一万五千多名师生的"基教航母"，较好地实现了"办好一所学校，造福一方百姓，成就一方孩子，促进一方文明"的教育愿景，受到领导和社会各界的广泛认可和高度评价。

作为一个从农村走出来的人，我深深地感受到"教育改变命运"这句话的分量。我非常关注农村小学教育、学前教育的发展现状。当下城乡基础教育的差距要比三十年前还要大很多，农村的孩子也需要拥有和城市孩子一样的"蓝天"。在工作中，我积极倡导和农村小学、幼儿园结对帮扶，主动接纳近十所农村小学组建学校发展共同体，按计划定期组织管理培训、现场观摩、教学研讨等，每年都安排多名骨干教师到乡村支教，安排多批次优秀教师送教下乡，接待乡村教师、教育骨干来校跟岗挂职锻炼。我还牵头组织"幸福教育乡村行"公益活动，邀请全市的特级教师、学科带头人等名师志愿者深入学校，示范教学、指导科研、引领管理，同时还义务接待全市幼儿园园长和骨干教师来园学习培训，为乡村基础教育的优质发展尽微薄之力。

(七)"培育工程"的滋养

2009年10月，省教育厅正式启动了"江苏人民教育家培养工程"。它从50岁以下的学前及中小学特级教师中遴选50人作为首批培养对象。经过严格的申报与评审后，我有幸成为其中的一员，与孙双金、薄俊生、李伟平、芮火才、钱阳辉、杨金林六位小学校长及崔利玲园长组成"小幼校长（园长）组"，开始为期五年的学习实践培育工作。

省教育厅对此项工作非常重视，专门出台配套文件及培育工程实施方案，为各组选聘了五位国内、省内著名的学者、专家担任导师，全程负责培育对象的学习、实践、研究的指导工作。我们"小幼校长（园长）组"的导师分别是教育部小学校长培训中心原主任、北师大管理学院院长褚宏启教授，著名特级教师、研究员、省教科院杨九俊副院长，南京师范大学博士生导师、教育哲学专家金生鈜教授，南京师范大学博士生导师、教育系主任吴永军教授，著名特级教师、省小语会理事长、原南京市北京东路小学袁浩校长，导师团队真可谓是规格高、阵容强，为我们的专业成长提供了高端、专业、务实、有效的指导保障。同时，省教育厅每年还组织"专家报告""大家讲坛""省外学习考察""牵手农村教育""学习实践汇报"等活动，小组更是有

为了共同的目标我们走到一起

针对性地开展"规划论证""读书学习""话题研讨""主题论坛""实践观摩"等学习培训活动，激励学员们自主学习、交流研讨、合作共享、反思提升。为了保证培育工程能达成预期目标，省教育厅还强化过程管理，要求每位培养对象制订"五年发展规划"，签订"目标任务书"，每年上报"学习实践计划和总结"，严格"中期汇报考核"，实行终期"专家答辩""现场考核"评估，并由省厅和各市教育局举办培养对象的"教育思想汇报会"，综合考核成绩达标方能顺利结业。

回顾从教三十六年的实践经历，可以说这五年培育工程的学习实践，应该是我生命长河中最重要的事件，让我终生难忘；应该是我职业生涯中最重要的机遇，让我充满感激；应该是我专业发展中最重要的推手，让我不断进步。

不会忘记，我是首批培养对象中苏北地区唯一的小学校长，以杨九俊先生为首的导师们对我这个"差生"特别关照，给我很多个性化的指导和帮助，他们对我的"发展规划"多次修改指点，对我的"教育思想"多次研讨点拨，对我的"专著提纲"多次论证审定。他们还在百忙中多次来到淮安，深入我们学校实地问诊把脉，悉心指导。导师们以他们高尚的人格魅力感染我们，以他们渊博的专业学识引领我们，以他们丰富的实践经验指导我们。在导师们心贴心、手把手地教诲中，我学会学习、学会思考、学会实践、学会提升。可以说，杨九俊等导师们是助推我生命成长和专业发展的"高人""贵人"。

导师杨九俊先生带我们出访加拿大

不会忘记，我是"小幼校长（园长）组"中年龄最大、基础最薄弱的学员，以孙双金校长为首的其他七位同学都是在省内外享有盛名的名师、名校长（园长），具有很高的专业学术素养。他们对我这位"老兄"很尊重、很关心，很慷慨地与我分享他们的思想主张、学习体会和实践经验，他们带着我一起开展读书分享、话题沙龙研讨，带着我"走进名校体验""牵手农村教育"，帮助我修改发展规划任务、专著撰写计划，帮助我完善个人办学主张、学校实践方略。他们坚定的教育情怀、执着的事业追求、厚重的专业素养、谦和的人事之道，都对我产生了积极的影响。同学五年，我们在共同提升专业素养的同时，也收获了纯真的友谊。可以说，孙双金校长等同学们也是我人生和事业历程中的"良师""益友"。

不会忘记，我是百年老校、万人大校的校长，我学习实践最重要的使命和最根本的任务是更好地促进学校的发展、推进教师的发展、成就学生的发展。为此，我认真研读多部经典的哲学、教育学名著，系统学习研究苏霍姆林斯基等教育大家的思想与实践，吸纳国际教育最先进的理念，关注教育的本源价值，思考学校教育的意义所在，努力继承和弘扬教育先贤李更生"儿童本位"的教育思想，积极探索和实践"人本和谐"的教育理念，努力发展和创新"幸福教育"的办学主张，倡导并践行"办幸福教育，建幸福学校，当幸福教师，育幸福学生"的办学追求。在导师的指导和同学的帮助下，我在学习中实践、在研究中思考、在发展中创新。以学校的"幸福校园"规划、"幸福管理"实践、"幸福团队"打造、"幸福课堂"研究、"幸福班队"建设等为抓手，我扎实推进"幸福教育"的学习研究和"幸福学校"建设实践，让"做幸福的人"成为全校师生终极的价值追求，让学校真正成为"一个让人幸福的地方"。

感谢江苏省教育厅为我们搭建了非常好的学习成长平台，我倍加珍惜这五年难得的学习机会，严格按照省厅的规范要求，严格按照导师们的指导要求，积极主动地参与每一次的学习实践活动，努力认真地完成各项学习实践任务。五年学习，压力很大；五年实践，辛苦多多；五年努力，收获丰硕。我顺利通过了中期、终期的答辩考核和现场考察，成绩优秀，并顺利举行了个人"教育思想汇报会"，得到领导、专家的高度认同和积极评价。五年培养工程，帮助我更加坚定我的理想信念，我的教育情怀更加厚重、教育思想日臻成熟、研究成果日趋完善——在省级以上专业报刊发表论文 24 篇；主编出版编著、专著 7 本，为 8 个省份的校长、教师做专题讲座近 30 场；完成省级以上课题研究 4 项，《素养提升——数学教育的价值》获得江苏省首届基础教育教学成果二等奖；参与指导 18 位教师在省、市优课评比中取得优良成绩。五年的学习实践，也为我所在的学校带来了可喜的变化：学校的文化内涵更加丰富，教育主张更加适切，教师队伍更加优化。五年中，我校有 6 人被评为江苏省特级教师、60 多人被评为市级学科带头人。我校教育质量持续提升，办学特色更加彰显。

（八）幸福教育的实践研究

参加"培育工程"学习之初，按照省教育厅的要求，每位学员都要明确、凝练自己的教育哲学思想。在导师的指导下，我传承学校的优秀文化，反思教育的本源与价值，提出"幸福教育"的思想主张，并成功申报江苏省"十二五"教育科学规划重点资助课题"幸福学校建设的实践研究"，后来又被确认为"江苏人民教育家培养对象专项课题"，开始关于幸福教育的系统的理论学习和实践研究。

我认为，教育应该关注人的生命成长，学校应该是一个让人幸福的地方，追求"教育为了人的幸福"这个哲学命题，让学校真正成为一个有意思、有意义甚至有意蕴之所，让学校充盈生命文化的内核，关注学生和教师当下的快乐学习与幸福工作，重视学生和教师人生幸福所必需的幸福观念、幸福品质和幸福能力的培育和提升，努力实现幸福学校"每件事都是教育独特的风景，每个人都是发展最好的自己"的理想愿景。

我认为，"幸福学校建设的实践研究"是有重要意义的，因为它是基于学校发展现状提出的，因而具有独特性和现实性；它是基于学校"儿童本位""人本和谐"等办学理念提出的，因而具有传承性和挑战性；它是基于"以成就人的幸福为核心"的价值追求提出的，因而具有普适性和示范性；它是基于学校建设的现实需要提出的，因而具有规律性和辐射性。

从系统论的角度解读，幸福学校是一个综合的、动态发展的要素集合。我们认为，幸福学校建设的实践目标与内容理应从以下几大板块展开。

一是确立幸福的价值追求。"理念"是人们经过长期的理性思考及实践所形成的思想观念、精神向往、理想追求和哲学信仰的抽象概括。它既决定着学校办学的方向，也指导学校管理的实践，更影响师生的成长发展。我们以"做幸福的人"作为共同的发展愿景，使之成为全校师生高度认同、积极实践的价值取向。

二是培育幸福的师生团队。教师和学生是学校教育的主人，学生快乐学习、健康成长，教师幸福从教、实现价值，体现学生幸福与教师幸福的统一，这是学校教育的使命和追求。我们开展团队建设的实践研究，旨在探索教师团队发展、学生团队成长的路径、策略，努力提升师生工作学习的幸福感。

三是打造幸福的课堂样态。课堂是师生互动最主要的时空所在，课堂的质量决定教育的品质。幸福的课堂也是师生享受学习、体验幸福成长的一个重要平台。我们探索"四生"课程的研发、实施路径，开展幸福课堂建设的实践研究，研讨"幸福课堂的样子"，探索幸福课堂的实践模式，培植幸福课堂的核心元素，培育幸福课堂的操作样本，总结幸福课堂的实践经验。

四是营造幸福的校园文化。文化是学校的灵魂，内润师生之心，外化师生之行。我们借助文化之力，重视物质文化、精神文化、行为文化的内涵建设，构建以"做幸福的人"为价值认同的学校文化特色，探究师生发展与校园文化建设的双向作用机制。

在专家的指导下，我们开展了系统的学习研究、总结反思，凝练、提升工作方法，五年中，我们的研究主要经历了以下几个阶段。

第一阶段，初步调查阶段。经过不断地学习、思考，我们对"幸福教育"和"幸福学校建设"有了进一步的认识和更加深刻的思考。在专家、导师的指导下，我们进行问卷调查和分析。调查一："倡导幸福教育，建设幸福学校"问卷调查，向教师、学生和家长发放调查表 2 860 份，全部有效收回。调查二："我心目中的好老师"，对教师、学生和家长三类群体进行问卷调查。通过统计分析，我们了解了基于学校的幸福教育现状，学生、教师、家长对"幸福"的认知状态以及他们对幸福教育、幸福学校、幸福教师的"应然"描述，为进一步实施研究提供了基础保证。

第二阶段，学习研讨阶段。为了做好"幸福学校建设的实践研究"，我们持续扎实有效地开展学习研讨活动，并将之贯穿课题研究的始终。一是编辑 80 余万字的"幸福学校建设文献汇编"，撰写一万多字的文献综述供课题组学习研讨；二是分教研组开展"幸福课堂的样子"研讨活动，各个教研组整理后在全校汇报交流，深化集体认知；三是分校区、年级开展"做一名幸福的教师"座谈会，促进教师明确努力的方向；四是分年级开展"幸福班队大家谈"及班级"幸福教育故事"联展活动，探索"幸福学生"的培育路径与策略；五是开展"幸福团队沙龙活动"等，使学生和教师对幸福课堂、幸福师生、幸福团队、幸福学校等有了较丰富的感性认知和较深刻的理性思考。

第三阶段，实践研究阶段。为了将幸福学校建设的理性认识转化为可操作的行动，课题组开展了基于校本的幸福管理、幸福教师、幸福学生、幸福课堂的实践研究。开题论证会后，我们根据专家建议和学校实际，报经市教育局同意，成立了幸福教育研究中心，统领课题研究工作，开展了四个子课题研究：一是基于校本的幸福管理的实践研究，旨在提升教师的幸福教育价值观念，形成核心价值认识，开发实践案例等；二是基于校本的幸福教师的实践研究，旨在厘清教师对于幸福的期待、变化、发展状态等，对幸福教师建设进行动态调控，进行认知引导以及实践策略改进；三是基于校本的幸福班队的实践研究，旨在进行班队文化建设、建构策略、活动反思、评价标准等方面的研究；四是基于校本的幸福课堂的实践研究，旨在研究幸福课堂的特质和构成要素、实施策略及评价标准。

第四阶段，总结深化阶段。为了更好地总结研究经验，深化课题研究，我们按

江苏省名校发展论坛

照子课题研究目标，主题聚焦式梳理了课题的研究成效。通过个案跟踪、行动研究等方法提炼典型案例，先后编辑了《幸福课堂的样子》《幸福团队的足迹》《幸福班队的故事》等文集，校本教材《做一个幸福的孩子》，编著的"幸福教育丛书"(《太阳下面的风景》《一树一树花开》《追寻生长的脚步》《面朝幸福的远方》)出版发行，研究专著《学校，一个让人幸福的地方》如期出版。我们还全面、系统地提炼了"幸福学校建设"的实践经验，形成研究报告，总结物态和动态的研究成果。

　　幸福教育的实践研究得到了省有关部门和市教育局的大力支持，省教科院先后在我校举办"倡导幸福教育，建设幸福学校"主题论坛活动和以"幸福学校建设"为主题的江苏省名校发展论坛，省教育学会连续三年在我校举办"江苏省幸福教育论坛"，市教育局专门成立"幸福教育研究会"，省教科院和市教育局隆重举办我个人的"教育思想报告会"，编印拥有省级准印证的《幸福教育》杂志。在专家导师的指导下，通过课题组成员的潜心研究及全校师生的积极参与，幸福教育的实践研究取得了预期的成果。通过课题研究的引领，学校的文化品质得到进一步提升，发展内涵得以进一步丰富，办学特色得到进一步彰显。2015 年 5 月上旬，省教科院组织专家现场指导课题结题，研究成果获得高度评价。该课题还是全省唯一一个小学入选"江苏省六大人才高峰"的 B 类项目，得到省政府 10 万元的科研专项经费，并在省教育科学规划科研成果评审中荣获"精品课题"。

四、深刻的成长感悟

(一)我和学校共成长

教师是一份特殊的职业,学校不仅是教师养家糊口、安身立命的岗位平台,更是教师实现专业成长、体现职业价值和生命意义的精神家园。教师的发展与学校的发展息息相关,学校的发展与教师的发展也是相得益彰的。校长作为一所学校的核心与灵魂,对学校的发展、对学校师生的发展负有重要的责任和使命,因此陶行知先生曾说,要评价一所学校,首先要评价他的校长。同时,学校的内涵发展、师生的优质发展也会影响和促进校长的专业成长。一般来说,名校和名校长是相辅相成的,还可能是互为因果的。

从1997年9月起,我负责在一所村小的基础上筹建一所现代化的市直小学,经过和师生员工的一起努力,不仅实现校容校貌日新月异的变化,更重要的是教师精神形象的华丽转身和专业素养的不断提升,使学生的行为习惯发生蜕变,学业成绩不断进步,学校教育质量持续攀升,办学特色初步彰显。同时,这个阶段也是我的责任意识逐步强化和业务水平不断提升的阶段。

2002年9月起,我在市实验小学主政13年零4个月,从校园环境的规划改造、学校文化的传承创新、管理机制的变革规范,到教师队伍的优化提升、教育特色的影响辐射、促进均衡的担当坚守等,我和管理团队、学科同仁们,组成学习研究和合作互助的发展共同体、命运共同体,我们一起谈事业理想、职业情怀、专业素养,一起学习传统、变革创新、谋划发展,一起备课上课、听课评课、研讨课题,一起参加工作学习、文体娱乐、聊吧沙龙。大家坚定的事业信念、执着的职业理想、朴实的教育情怀、敬业的师道规范、严谨的工作态度、无私的奉献精神,都深深地感染着我、影响着我、激励着我,就像一股奋勇向前、永不停息的巨浪,推动百年实小这艘巨轮,载着万名师生,也带着我不断地向前、向前。

首先,我们磨炼出一支优秀的教师队伍。我们确立"名师创名校、名校塑名师"的发展战略,走"科研兴校、科研强师"之路。我们注重师德师风建设,做实做优校本培训，助力教师专业成长，成就教师个性发展。我校先后有 70 多位教师晋升高级职称，80 多位教师被评为"市级学科带头人"，有 12 位教师被评为"江苏省特级教师"；参加江苏省"教海探航"教育科研征文评比，成绩连续 9 年名列全省学校最前列；每年有数百篇教育教学论文在市级以上获奖，每年有近百篇论文在省级以上报刊发表；出版教师专著、编著 15 本，60 多个国家级、省级和市级研究课题结题或在研，200 多人次在市级以上优课评比中获一、二等奖。一支"师德高尚、业务精湛、善于学习、勇于创新、乐于奉献"的教师团队快速发展，特别是名特优教师扎堆爆发式成长，被省内教育媒体誉为"淮安实小现象"。

　　其次，我们培养出一批批优秀的学生。我们坚持立德树人，为孩子当下的快乐学习和终身发展打好底色。我们通过开展丰富多彩的德育活动，让学生亲历活动过程，感悟活动的意义，体验活动的价值；通过强化班队建设，注重培养学生的小主人意识，增强自我教育、自主成长的动力；通过多元选择的社团活动，激发学生的学习兴趣，培育学生的兴趣特长，增强学生的团队精神；通过深化课堂教学改革，培养学生自主学习、合作学习、探究学习的能力，真正实现全员发展、全面发展、自主发展和个性发展。学生良好的行为习惯、团结向上的精神面貌、比较扎实的知识基础和高雅的特长爱好、较高的综合素质、可持续发展的潜力，都得到社会、家长和中学的广泛认同。其中，机器人代表队先后获得江苏省、华东地区、全国比赛的一等奖和香港国际机器人大赛的冠军。作为"江苏省优秀少年科学院"，学校有十多名学生被评为"江苏省少年科学院小院士""中国少年科学院小院士"；课本剧《寻找九色鹿》在江苏省中小学生艺术节的舞台上展示，获得了表演一等奖、创作一等奖的称号；创意节目"超级烹饪"参加了"江苏省第二届青少年创新创意大赛"，以最高分荣获创新创意大赛的总冠军。最值得自豪的是，我为十四届毕业生签发了 12468 份毕业证书，把这么多实小优秀的孩子送进中学的大门。

　　再次，我们培育了一个优质的"基教航母"。我们坚持依法办学、依规治校，全面贯彻教育方针，积极推进素质教育，强化学校内涵发展，不断提升办学品质。在管理体制改革、学校文化建构、教师队伍建设、教育质量提升、办学特色彰显等方面成效显著。学校由小变大，成为在五区布点、幼小联动、资源共享、特色发展的超万人的教育集团，为推进地方基础教育的优质均衡发展做出重要贡献。学校先后荣获"全国教育系统先进单位"等 60 多项国家级、省级表彰奖励，各级主流教育媒体

为毕业生颁发毕业证书

都曾有过专题介绍，学校的知名度和影响力不断提升。我们坚持开放办学，曾先后十余次承办省级教学研讨或主题论坛活动，接待近 20 个省份的教育行政领导、小学校长、教师来校考察，作为苏北唯一的省小学校长培训基地先后接待近 10 个省份的小学校长来校挂职跟岗，牵头组建有 14 个省份 40 余所小学参与的"幸福教育学校联盟"，在中国教育报刊社人民教育家研究院牵头组织下，积极参与组建有 20 余个省份 70 多所学校参加的"全国幸福学校共同体"，定期开展学术研讨和交流分享等活动。另外，学校还积极参与国际教育交流活动，与英国、美国、韩国、加拿大、澳大利亚等国家的多所小学结为友好学校。

　　最后，在学校、教师和学生发展的同时，作为学校团队重要的一员，在和学校师生共同努力的过程中，校长的教育信念、职业理想和专业素养也会得到相应的提升。在内外因素的影响下，校长的责任意识、学习意识、发展意识都逐步得到强化，教育情怀、大局意识、合作精神、示范引领、卓越追求等方面也得到增强，校长一定要想得比别人远、干得比别人多、做得比别人好，在管理过程中练就高尚的人格、高远的视野、高贵的品质、高度的责任、高强的才能，实现校长和教师、学生共同成长。十多年的校长生涯，老师、学生和学校也成就了我个人的发展：带头参加本科学历进修，破格参评高级职称，积极引领教育科研，先后在省级以上专业报刊发表论文 40 余篇，出版编著十余本，主编的《爱我淮安》获省校本教材评比一等奖，并受市委宣传部委托将其改编为"市民读本"；出版专著《学校，一个让人幸福的地方》，并获市社科成果二等奖、省科研成果二等奖；主持省级以上研究课题多项，获得省首届教学成果二等奖，入选江苏省"六大人才高峰"项目，先后为十余个省份的校长、教师做专题讲座 30 多场。我个人的努力得到领导、专家的肯定，先后当选江苏省教育学会副会长、省小学数学教育学专业委员会副理事长、淮安市小学数学教育专业委员会理事长，被云南省教育厅聘为"荣誉校长"，受聘担任江苏省人民政府教育督导委员会专家组成员、淮安市人民政府督学、淮阴师院兼职教授、江苏师范大学硕士研究生校外导师；我个人的努力也得到了社会的认可，先后被评为"淮安市劳动模范""江苏省特级教师""江苏省有突出贡献的中青年专家""全国五一劳动奖章获得者"，2015 年被评为"全国先进工作者（劳模）"，受到党中央和国务院联合表彰；省教科院和市教育局为我个人成功举办"教育思想报告会"；2015 年年底，在我"按杠子"到龄退出校长岗位的时候，市委市政府又关心我，安排我到机关工作，让我担任市人民政府教育督导室副主任，分管全市的初等教育、教师培训、教育装备、教育信息化，负责筹建市教师发展学院等工作，继续为淮安基础教育事业的发展做贡献。特别荣幸的是，我还作为江苏省中小学的唯一代表，被国务院教育督导委员会聘为第十届"国家督学"。

（二）不能忘却的感恩

前年除夕，按照惯例，我们兄弟姊妹六个小家庭和父母在家门口的酒店订了团圆宴，开始前我们请老父亲致"祝酒词"。当时已经 83 岁高龄的父亲充满深情地说了下面一段话："现在，我们大家庭的生活很好，和过去比是翻天覆地的变化，老人很幸福，每个小家庭也很好，有今天的好日子不容易，大家都要感谢党和政府，一定要好好工作啊。"这是一位只有初小文化、偏僻农村的纯粹的老农民发自肺腑的、真实朴实的心声表达，我们晚辈都很感动，大家都点头赞同称好。

是的，古训说得好，"吃水不忘挖井人"。我们每个人的成长发展，都受很多人的惠泽帮助，无论怎样，我们都要不忘过去，都要学会感恩。

回顾我走过的半个多世纪的岁月，回望我教师职业生涯的 36 个春秋，真是感慨万千，感受无穷。一个贫穷家庭的农村娃，成长为有一定文化知识的初中毕业生，成为

在人民大会堂参加授奖活动

一位比较优秀的师范生，成长为市属小学的人民教师，成长为有一定知名度和影响力的小学校长，再成长为市教育行政部门的领导干部，这是我几辈子做梦都不会想到的事情。在这个过程中，我受恩于很多人，受益于很多事，这些都令我终生难忘。

感谢伟大的时代。在一定的条件下，贫穷也是一种而财富，磨难也是一种资源。那个封闭落后的乡野、那个温饱都成问题的农家，可以激发男孩子为家庭、为父母分忧的担当，可以坚定教育改变命运的信念。虽然从小学到高中都买不起书包和文具盒，但这让我更加懂得生活的艰辛、更加珍惜现有的生活，养成俭朴节约的习惯和知足常乐的观念；虽然除了上课时间都要参与家里、队里的劳作，但这更让我懂得生活、了解社会，广袤厚实的黄土地、朴实厚道的乡土情孕育了我淳朴的情怀和胸襟。刻骨铭心的苦日子磨炼了我坚强不屈的意志，增强了我迎难而上的决心。感谢国家在我人生最关键的时刻给了我实现教育改变命运的梦想，感谢党委政府对基础教育事业的重视，让我们这些没有特殊背景的普通老师也有了事业的平台、发展的机遇和回报社会的可能。

感谢我的父母家人。父母给了我生命，给了我一个家。父母是孩子的第一任老师，他们勤劳、善良、厚道、俭朴的品德深深地植根于我的心中。他们直面困难的坚毅、笑对生活的乐观、知恩图报的情怀，时刻在教育我们，也必将影响我们的一生。特别是在那么困难的情况下，七周岁就送我入学，自己舍不得吃穿，满足我最最基本的学习需求。在家里最需要我劳作挣"工分"养家的时候，他们鼓励我去参加当时还看不到希望的村小农办高中班学习。在我从教以后，他们经常教育我要珍惜这来之不易的工作，要做"好老师""好校长"，在我取得一点成绩时，他们为我高兴，给我鼓励。要感谢我的爱人，她在区属的小学工作，是非常优秀的语文教师，工作经历和我很类似，我们同时教学毕业班、同时做教务主任、同时做副校长、同时做"兼职教研员"。但是，在我当校长以后，为了支持我的工作，她做出了很大的牺牲，主动承担起养育孩子、照顾老人、管理家务的所有事务。本科学历进修她报了名，但又放弃了；特级教师再努力一下就能成功，她也放弃了。作为同行，她还从局外人的视角看我的管理工作，给我提出合理化的建议，提醒我要多吃苦、善用人，把学校办好；鼓励我要示范引领教师发展，帮助我守好"廉洁底线"。她关心支持我的工作，苦恼着我的苦恼、快乐着我的快乐、幸福着我的幸福，最后在小学书记岗位上退休后，继续支持我的工作。

感谢我的老师。在我成长过程中有过许多老师，他们对我的影响都很大，对我的品行、学业、专业、管理等都有积极的帮助。他们教给我知识技能，传授给我做人的道理，引领我专业成长，指导我管理学校，帮助我实现梦想。特别是在我人生发展关键节点时，恩师的帮助更是至关重要。村小高中班王谷正、徐如俊老师的教育辅导助我"跳出农门"，成为"吃商品粮的人"；中师时的王之琦等老师给我的为师之道奠定了良好的基础；姜政老师带我迈进教学研究的门槛，我开始关注教育科研的实践；"培养工程"杨九俊等导师引我深思教育的本源、规划学校的发展、建构校园的文化、确立个性的办学主张，并在学习实践过程中给予高端、专业的学术指导。特别是杨九俊先生对我的厚爱令我终身铭记。他不以"老师"自居，而以"老兄"自称，让我们学生感动不已；他给我们"有压力"而"无负担"的管理艺术，让我们自主、创造性地学习与实践；他注重个性、尊重差异的悉心指点，让我们学生充满自信并各具特色地发展；他大爱无私、提携后生的博大胸襟，让我们学生拥有机遇和发展平台；他的人生观、价值观、教育观以及深厚的学养、高尚的人格等，都对我们学生产生了重要的、积极的影响。还有中国教育报刊社张新洲副社长，中国教育报刊社人民教育家研究院徐启建院长，国家督学、原江苏省教科所成尚荣所长，国家督学、江苏省教育科学规划办彭刚主任，《人民教育》赖配根副主编，《江苏教育》张俊平主编，《江苏教育研究》金连平社长，江苏省教育学会叶水涛副会长等，他们都曾多次亲临学校，为我个人的进步、教师的成长和学校的发展，提供了非常专业的指导和热忱无私的帮助，他们都是我心中的"高人""贵人"。

　　感谢我的团队。俗话说，"一个人可以走得很快，一群人才能走得更远"。十多年的校长生涯，让我感受到集体的价值和团队的力量，感受到同伴互助合作的重要，感受到"众人划桨开大船"的意义。感谢我们的教师团队，在百年名校，一个班级、一个年级、一所学校、一个集团，大家坚守同样的事业情怀，坚持共同的目标愿景，坚定一样的理想信念，付出一样的不懈努力，体验共同的职业幸福；感谢我们的管理团队，大家初心不改，同心同德，理解支持，群策群力，发展规划汇聚着大家的目标和追求，文化建构凝聚着大家的智慧和才华，校区建设记载着大家的辛劳和奉献，集团办学体现着大家的责任与担当；感谢我们的研究团队，大家除了承担正常的教育教学工作，还要带领老师学文献、做课题、搞实验、写总结，还要编印杂志、编写丛书、组织活动，用自己丰富的学术素养、积极的教育思考、较强的研究能力、无私的奉献精神，营造积极的"磁场效应"，引领着幸福教育实践研究不断深化、发展……正是有了大家的共同努力，才成就了孩子的成长，成就了教师的发展，成就了学校的辉煌，同时也成就了我这位校长的发展。

　　在我成长过程中，还有很多需要感激的人和事。我赶上了好的时代，碰上了好的运气，得到"恩人养育"，得到"高人指点"，得到"贵人相助"，得到"好人做伴"，对此，我会常怀感恩之心、感谢之意、感激之情，永远永远……

我的教育思想

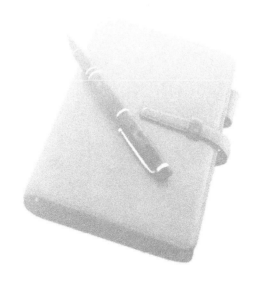

一、我的教育理想

从事教育工作三十多年，随着年龄的增长、实践的丰富，我对教育的本质有了比较理性的认识，对教育的基本规律有了比较深刻的理解，对儿童的成长需求和发展规律也有了比较准确的把握。无论是做教学研究，还是搞教育管理，我感到自己也比较成熟了、从容了。

2009 年年底，我有幸成为"江苏人民教育家培养工程"首批培养对象，通过系统的理论学习、高端的专家指导、丰富的实践探究和深刻的工作反思，我对教育的本真意义、对学校的价值旨归有了更深刻的思考。在全面总结百年老校文化传统的基础上，立足当今世界基础教育的发展要求、社会文明的美好期盼以及学校教育的现实诉求，我萌生了"幸福教育"的办学主张。在 2010 年 6 月初的培育工程常州小组活动期间，我将此想法向导师们做了汇报，得到了导师们的鼓励、肯定和指导，让我有了比较明确的研究方向。

2011 年 3 月，我们学校承办了由江苏省教育科学研究院主办的，以"倡导幸福教育，建设幸福学校"为主题的"江苏人民教育家培养对象送教周总理故乡"活动。杨九俊院长的主题报告"幸福教育的样子"，给我们学习实践和研究幸福教育指明了方向。金生鈜教授的主题讲座，孙双金等多位名师、名校长的课堂示范和管理讲座，都给我们提供了很好的指导和帮助，更加坚定了我们对学习实践"幸福教育"的理想追求，也让我们逐渐明晰了实践"幸福教育"的路径与策略。

为了有效实践"幸福教育"的办学主张，在专家指导下，我主持申报了"幸福学校建设的实践研究"课题。该项目获批为江苏省"十二五"教育科学规划重点资助课题，并入选"江苏人民教育家培养对象的专项课题"。我们组建了由一批优秀教师、教学骨干参与的研究团队，邀请了一批在省内外有重要影响力的专家学者组成的指导团队，围绕"办幸福教育，建幸福学校，当幸福教师，育幸福学生"开展了为期五年的实践研究。

（一）幸福教育的研究背景

为了进一步深化对幸福教育研究的认识，我们编印了近10万字的参考文献，组织课题组成员学习研讨，帮助大家认识教育对人类社会文明进步、对"人"的成长发展的重要价值，认识幸福教育对教育改革、学校发展、师生成长所承载的重要意义。

1. 实践幸福教育是社会文明进步的需要

首先，人类一直在努力寻找——幸福是什么？

"幸福"是一个美丽的、极富魅力和诱惑力的词汇，它是人的生命发展的理想状态，也是人类追求的终极目标。无论是达官贵族，还是平民百姓，都会对幸福充满向往，也会为了幸福做出不懈的追求。但是，"幸福"到底是什么？从古到今都没有一个准确的、公认的定义。尽管这样，却丝毫不影响我们对"幸福"的理解、认识与憧憬。

翻开人类的发展史，我们会感到它就是一部人对幸福的追求史。世界上每个人都在渴望幸福和追求幸福。在西方，最早对幸福进行研究的是梭伦。他认为幸福是人所追求的最高目的，幸福在于善始善终；苏格拉底认为幸福是由智慧和知识决定的；柏拉图认为德行和智慧是人生的真幸福；亚里士多德则认为幸福是关于人的功能之最充分的发挥，"幸福是至善""幸福是心灵合乎完全德行的活动"。

在东方，我国历代的哲学家对"幸福"也有丰富而深刻的研究和阐释。老子认为，人类应该回到"自然态"中才有幸福，只有成为"自然人"才能活得其所、活得自由、活得幸福；而孔子则主张人的幸福要建立在对社会的奉献上，主张个体的价值要融汇于集体的价值中来显现，重视个人的品德，倡导仁义之道、君子之道。他正视现实生活，重视建立社会高度的精神文明和物质文明，主张建立"天下为公"的"大同世界"，来实现"使老有所终，壮有所用，幼有所长，鳏寡孤独废疾者皆有所养"的人类共同的理想社会、幸福社会。

在中文《辞海》中，"幸福"被定义为"在为理想奋斗过程中及实现了预定目标和理想时感到的满足状况和体验"。在《现代汉语词典》中，"幸福"的含义是：第一，使人心情舒畅的境遇和生活；第二，指生活、境遇等称心如意。著名的基础教育研究专家、特级教师杨九俊先生曾和我们老师们这样诗意梳理和解读"幸福"：第一，幸，在甲骨文中就是解除枷锁，获得自由，幸福就是精神自由加上物质享受；第二，幸，可以当动词解，是企盼、期望，幸福就是期盼、追求幸福的过程；第三，幸福就是"心情舒畅的境遇与生活"；第四，常人感受的幸福就是称心如意；第五，总体来看，幸福是人生的重大快乐，往往体现主观性与客观性的统一、物质性与精神性的统一、个体性与社会性的统一、过程性与终极目的性的统一。

其次，社会普遍关注——你幸福了吗？

著名心理学家马斯洛认为，人类的需要是分层次的，由低级到高级分别是人的生理需求、安全需求、爱和归属需求、尊重需求、自我实现需求。在过去很长一段时间里，由于物资极度匮乏，人们把处在第一位的温饱问题作为最重要的需要。如果人们连衣食住行这样的基本需求都得不到满足，他们不会感到幸福。在这样的情况下，收入每提高一点，就会使人感到更幸福一些。经过几十年的改革开放和发展经济，我国已经跃身于世界第二大经济体，13亿国人不仅解决了温饱问题，还即将全面迈入小康社会。当物质文明对民众幸福感提升的贡献越来越小的时候，人们对心理和精神层面的需求将日益凸显。人们对生存环境、食品安全、人际交往、自我实现等的要求越来越高，对社会和谐、公平正义、诚信文明、价值体现等更加向往，对幸福生活的期待和追求也就更加迫切。

在这样的背景下，"幸福"这个概念成了公众街头巷尾议论的话题，各大媒体、研究机构都把"幸福"作为调查研究的关键词。几年前央视的"幸福"调查，更是将人们对"幸福"的关注推向新的高度。据不完全统计发现，在我国大陆地区，至少18个省(市、区)在正式场合明确提出"幸福"概念。这一概念已经进入众多省市的官方文件，成为地方政府的施政目标，全国已有100多个城市提出建设"幸福城市"。

2. 实践幸福教育是教育改革发展的需要

教育可以促进人的幸福感的提升，这是一个普遍的共识。但是，教育也不是万能的，教育也是有差异的。思想家卢梭说："误用光阴比虚掷光阴损失更大，教育错了的儿童比未受教育的儿童离智慧更远。"由此可见，失当的教育，不仅不能达成预期的教育目标，还会让其走向反面。在这方面，惨痛的教训、负面的影响不断出现，应该引起教育人的关注和重视。

第一，要关注和改进学校教育的现状。当下的学校教育，师生的幸福感缺失现象较为普遍。在现实的教育环境下，幸福概念的窄化、幸福体验的淡化、幸福观念的异化、幸福能力的弱化，都让我们对教育的理想生态更加向往。追求学生的幸福成长，成就教师的职业幸福，成为学校教育非常重要的、迫切需要研究的课题。教育指向于人的幸福的本真价值亟待强化。

第二，要促进和提升师生幸福的价值。教育是幸福的源泉，幸福是教育的本质。在现实情境中，学生的学习负担比较重，教师的职业倦怠比较普遍，功利化的教育观、人才观及应试教育的影响等，都让教育偏离了本真的意义和价值。《国家中长期教育改革和发展规划纲要（2010—2020 年）》明确提出，教育改革发展的出发点和落脚点都是为了学生的健康成长，教育的理想就是让所有学生成为幸福的人。理想的学校教育应该为成就人的幸福发挥重要的、应有的作用。

教育是一项特殊的事业，关乎人的健康、快乐、成长、发展和幸福。20 世纪末，在西方兴起的"积极心理学"得到快速的发展，以塞利格曼为代表的心理学家对人类幸福的研究，取得了重要的成果，产生了积极的影响，也为人类追求幸福提供了实践的路径。积极心理学把研究的重点放在人自身的积极因素方面，主张以人固有的、实际的、潜在的、具有建设性的力量、美德和善端为出发点，提倡积极思维，以乐观的态度看待人生；提倡研究人的美德、力量和积极品质，注重内心和谐，让生活更有意义。可以说，积极心理学的研究为探究人类幸福、提高幸福认知提供了现实的理论基础。对此，世界各国都非常重视教育的改革与发展，都在积极地探索教育促进和实现人的幸福的规划路径和实践策略。当代教育学、心理学、管理学等重要学科的快速发展，也为教育更好地服务人的成长发展提供了可能。

为适应教育改革与发展的需要，我们思考学校教育的价值定位，从人的需求、人的发展的视角审视学校教育，从人与个体、群体、社会关系的视角，从未来社会对人才需求的高度，来思考学校教育的意义所在。

3. 实践幸福教育是学校内涵提升的需要

作为一所百年老校，我们学校具有丰厚的文化积淀和优良的办学传统。为更好地推进新的课程改革，我们在传承"儿童本位"的教育思想的基础上，提出"以人为本，和谐发展"的办学理念，实践"让每一个学生都拥有成长的快乐，让每一位教师都享受职业的幸福"的办学宗旨。为此，我们确立了"倡导幸福教育，建设幸福学校"的办学主张，并将其列为学校"十二五"发展规划的重要目标，在教育实践中学习和探究幸福学校的成长之路。

幸福教育研讨活动

　　"十二五"初期，学校已经从"一校两园"发展成为"五校五园"的超万人教育集团。原有的优质资源受到稀释，新课程改革进入深水区，学校内涵发展亟待丰富，社会对学校教育寄予厚望等，这些现实问题制约和影响着学校教育品质的进一步提升，而这需要通过科学的理念引领、务实的实践研究加以解决。为此，学校教育需要通过"强化管理创新、优化队伍建设、深化课程改革、提升文化内涵、打造品牌特色"等实践研究来实现教育的理想。

（二）幸福教育的理性表达

1. 教育与幸福的关系

　　什么是教育？杜威说"教育即生长"。我的理解，这种"生长"是基于生命自身具备的需要发展、能够发展、必须发展的内在力量，是源于教育那种积极的、适切的阳光雨露般的滋润培育。这种"生长"应该是自主的、自由的、自然的、自在的，我们仿佛可以感受到这种生长快乐的、幸福的拔节声，在持续不断的"生长"过程中，实现"人的社会化、理想化"的发展。

　　幸福，既然是人在特定环境下的主观感受，或特定情景中的心理体验，那么，人的个体的差异就决定了其对幸福的理解、认知的差异就决定了其对"幸福"的感受或体验程度的不同。学校教育肩负着"教书育人""让人幸福"的使命，学校通过适切的、有效的教育来培育和提升人的幸福观念、幸福品质和幸福能力，增强人的幸福感受和幸福体验。

在校园里，老师和学生对幸福的认知与理解将是学校教育的起点，对实现师生的幸福有着重要的意义。我们也许不太容易从学理思辨的角度去厘清教育与幸福水乳交融的关系，但我们可以走进校园，走入跟教育最密切的群体，从他们所理解的幸福中，我们可以品味出教育与幸福的关系意蕴。

近几年，我们常常和大家聊幸福、话幸福、品幸福，和大家一起分享属于实小教师的职业幸福感和自己心目中的教育幸福或者幸福教育。已经从教十余年的王清环老师认为："幸福就是一种心态，得到时，告诉自己知足常乐；失去时，亦能让自己心平气和。心态决定状态，有了好心态就有了好心情。教师有了好心情，就能笑对生活，就能爱每一个学生，就能通过言传身教让学生接受情感的洗礼、引导和激励。"不难看出，在教育中教师可以得到幸福。世界上没有两片相同的叶子，面对个性鲜明的学生，教师能够保持开放的胸怀、包容的气度，淡然处之、泰然自若本身就充满着教育的艺术，也会在师生之间播撒下幸福的种子。

这种教师的气度还表现为甘为人梯的精神。孟子说："君子有三乐，而王天下不与存焉，父母俱存，兄弟无故，一乐也；仰不愧于天，俯不怍于人，二乐也；得天下英才而教育之，三乐也。"三乐中，父母兄弟，一家人和睦相处，应该说是亲情之乐；为人处事，一切都问心无愧，应该算是自身之乐。以上二乐，很多人都有机会能做到，而三乐就不同了，并不是人人都能"得天下英才而教育之"的。因而，三乐乃极乐，是亲情与自身之乐无法相比的。这才是教师职业独具有的责任、感受和体验。

胡卫俊老师这样表达他的幸福："2009年8月，学校公开选聘中层管理人员，我积极参与，竞聘演说后全校教师投票推荐，最终学校聘任我担任现代教育中心的副主任。我成为最年轻的部门管理者。我很高兴，高兴的不是'升官'，而是同事和学校给予我充分的肯定，在人才济济的实验小学，能得到更多的机会发展自己，在更大的平台上展示自己，能更好地为大家服务，体现自己的价值。"是啊，教育人的幸福来源于文化的魅力，这种魅力激励我们做传统经典文化的传承者、现代优秀文化的创造者、未来先进文化的引领者，让身处校园的每一个个体都能身处公正公平、合作竞争、积极进取的文化氛围中，让幸福感在彼此心间传递。

张慧老师是市优秀青年教师，她和大家交流时说："回望自己近十年的工作经历，感受很深，从普通老师到班主任，从教学骨干到教研组长，从优秀教师到年级主任，再通过竞聘担任中层管理人员，我的每一步都走得那么坚定、那么踏实。一点点的成长、一点点的进步，给我带来的一种感觉，它就叫幸福。"姜雅典老师在执教《掌声》汇报课后的教学反思中这样写道："几次磨课，收获颇多，课堂上的每个孩子都积极表现，课堂教学与学生情感是水乳交融的，老师品尝课堂酸甜味道的同时，也感受到职业带来的深深的幸福。"

魏嘉红，一个自称平凡的老师，她认为："幸福就是有着自己喜爱的职业，时刻感受到自己的价值；有着温馨美满的家庭，时刻感受到自己被需要；我爱的人和爱我的人都健康快乐。"

快要退休的王乃红老师则深情地表达："老师的幸福很简单，当你看到班里的孩子都进步了，你就会感到成功和幸福；老师的幸福很实在，当你喉咙哑了，学生倒来一杯热水，递来两片含化片，你就会感到温暖和幸福；老师的幸福很普通，当家长向你表示谢意、当领导向你表达肯定，你就会感到自豪和幸福。"充满激情的潘绪琴老师认为："幸福就是教师和学生整体快乐成长的笑脸。"

这几位老师的感言，让我们更有理由相信"教育"与"幸福"无法割舍的联系。借用我校特级教师刘须锦的话就是："教师的幸福一定与职业相关，一定和儿童相关，一定和爱相关。教师的职业幸福就是在付出后获得的成功，在体现自身职业价值的同时，实现自我人生的意义。"

由此我们认为，在工作中教师是可以感受职业幸福的。因为幸福是一种甜蜜的感受、一种心灵的满足，是能令人快乐的事情。当你以积极的姿态行走，每一刻都能体味到不同的幸福。教师的幸福是体现在职业生活过程中的快乐体验，是源自教书育人成功后的满足、自豪，是来自孩子们"爱的回报"，是来自家人、同事的鼓励、支持，是来自领导的理解、认同，是来自家长和社会的尊重、肯定，是来自对自我专业的发展和个性成长的自信……

我们再看看学生对幸福的理解和感受。

我曾在两周内主持召开了六次学生代表的座谈会，每次从一个年级的所有班级里按学号随机选取50名左右的学生，以"幸福是什么？你现在幸福吗？你觉得怎样才会更加幸福?"为主题,对低年级的同学进行访谈,对中高年级同学则进行问卷调查。为获取客观真实的信息,我没有让班主任或辅导员参与,只是我一人和这些学生代表交流聊天。在这个过程中,我能感觉到学生对于幸福的认知——更具体、更实在,也更具感性。他们从校园到家庭,从老师到家长,从自己到同伴等各个方面,结合自身实际情况进行的个性表达,充满童真。

学生座谈会

下面呈现对四年级同学进行问卷调查的结果梳理。

第一题:你觉得现在的学校生活幸福吗?

结果一:"幸福"有51人,占98.1%。

理由说明:(部分)

学校有老师和同学的爱护,让我快乐起来。老师的教育让我长了知识。

在学校可以学到很多知识,也可以认识很多朋友。

老师每次上课脸上都有幸福的笑容。

老师对我们十分严格,同学之间互相友爱。

老师对我们和蔼可亲,而且学校的绿化很多,有新鲜的空气,闻着很舒服。学校很美,我们的教室很新,很好看,我喜欢。

学校不仅教给我们知识和做人的道理,还有自由的空间。

我们每天都有很多好的课程,现在上课好好上,下课自由玩,每天无压力。

　　每周五天的校园生活都是快乐幸福的，下课时和同学们一起做游戏，听朋友讲在周末发生的趣事，在上课的时候听老师讲课，在体育课上一起运动。

　　这里的老师好，教的内容都很容易懂。

　　学校给我们自由，不会逼我们做我们做不到的事。

　　现在的老师也和蔼可亲。每节课都很有趣，老师也很关心我们。

　　我有许多朋友关心我。老师很照顾我们，还有许多的课外活动。

　　在学校里可以交到朋友和大家一起学习，一起上课。

　　该有的科普课，教育课都有。布置的作业量也很合理。

　　在学校有小伙伴跟我一起玩，还有老师的耐心教导。

　　老师都非常幽默，我们的校园景色也很美，下课时玩得也很开心。

　　我和同学们相处得很好。老师教得非常好，让我们爱上了学习。

　　学校很美丽，每天都能交到新朋友，并且老师经常教我们一些新知识。

　　现在作业少了，现在学校很漂亮，学校也能听取我们的意见。

　　每天老师辛苦地教育我们，还有一个很好的校长，我觉得这个是最甜蜜的了。

　　老师教课时非常有趣，又能学到知识。所有的科目都很有趣，我很喜欢。

　　校长、老师对我们非常和蔼可亲，老师上课也非常有趣。

　　学校里每一位老师、校长都非常尊重我们，带给我许多知识。

　　在学校门口，不管刮风还是下雨，每天上学时都会有老师、校长在门口迎接我们。

　　有同学、老师和我一起成长。

　　在学校里可以跟同学们一起玩；上课时，老师会给我们讲历史故事；学校食堂的饭菜很美味，尤其是肉丸、酒酿元宵……

　　学校的环境特别好，作业也很少，不像别的学校作业多得要命。大家在学校也很开心、很快乐，过得很充实。

　　老师还关心小事，比如春季流感预防等。

　　因为学校的环境很好，老师说话都很温柔，不懂的地方老师都会讲懂。

　　我只要进步一点，老师就会表扬我。

　　老师像朋友，下课和我们一起做游戏。

　　……

　　结果二："不幸福"有1人，占1.9%。

理由说明：

因为有时候同学不和我玩。

第二题：你觉得现在的家庭生活幸福吗？

结果一："幸福"有 50 人，占 96.2％。

理由说明：（部分）

在家庭中，我感到很幸福，因为有妈妈的关心和爸爸的爱。

我感到在家很幸福，因为我写完作业后，爸妈常拿来一些水果给我吃。

因为现在家家都有钱，要什么有什么，开心得很。

因为妈妈和爸爸都非常关心我，中午和晚上妈妈都会做好香喷喷的饭菜，我做完作业爸爸都会认真给我复习和预习。

从幸福的学校离开，我们又有爸爸、妈妈的关爱，我觉得家庭生活很幸福。

因为每天回到家都能闻到很香的米饭，有时候还会和爸爸、妈妈说说心里话，星期日他们还会带我出去玩。

学校作业做完，家长不会再给我其他的作业了，现在生活很轻松。

每天有爸爸、妈妈就感到特别幸福，快乐、开心。

我有一个爱工作的老爸，有一个爱我的老妈，他们每天都教育我，所以我觉得最幸福了。

在现在的家中，我爱爸妈，爸妈爱我，一家相爱，所以才幸福。

爸爸、妈妈都爱我，所有的学习用具都会帮我买，有不会的题目都会及时教我。

每天吃的喝的都很好，父母为了给我上好学，在外面干活儿挣钱，我感到幸福。

爸爸妈妈给我们学习的机会和资本，让我们健康成长。

还有一个可爱的小弟弟陪我玩，所以我是幸福的。

爸爸妈妈尊重我们良好的选择，不会无缘无故地说我们。在万圣节可以举办假面舞会，让所有女生都是公主，让所有男生都是王子，不让自己自卑。爸爸妈妈关心我，爸爸妈妈也从不吵架。

妈妈爸爸从不吵架，有时间就带我去玩，其实例子还有很多。

爸爸妈妈关心我，还经常带我出去玩，家里还养了一条小狗。

父母每个周末都带我去公园玩，锻炼身体；应该得到的关爱我也都有；父母不给我布置课外作业，把课余时间给我看书。

家里可以做一些课外的小题目。家长会经常满足我的要求。

每天妈妈和爸爸都会带我出去玩，而且每天也不给我加作业，只让我去上我喜欢的唱歌、跳舞课，所以我很幸福。

我们在家做完作业就可以自由活动、运动、玩。

在家里爷爷、奶奶、爸爸、妈妈都很爱我，关心我，所以在家里生活很幸福。

因为每次回家都会看到妈妈做菜，妈妈做的菜有一种幸福的味道，所以我感到很幸福。

在家，爸爸妈妈对我很好，他们每天工作这么累还帮我洗衣服、倒茶倒水，所以我感到很幸福。

家长都能满足我小小的要求。

……

结果二："不幸福"有2人，占3.8%。

理由说明：

爸爸、妈妈会吵架，妈妈又被爸爸打。

家长逼我上兴趣班。

第三题：你最想通过校长向老师提出哪些建议和要求？

统计结果：（部分）

没有，老师对我们很好。

老师要少发脾气，和我们多交流，下课让我们去操场玩。

让作业再少一点，我每晚要上辅导班，做到9点才睡觉。

我想和老师有最真实的交流，让老师少操心、少生气。

多开展一些实践活动，少点练习。

老师对我们再严格一点就好了。

如果考不好老师不要说我。我是班长，一旦考不好，同学们都笑话，压力很大。

希望老师不要拖堂，不能不问清楚就乱批评、乱推责任。

希望老师多和我们一起玩，希望老师管得松一点。

希望老师带我们在学校里包饺子、做寿司。

老师上课时可以多做幻灯片，这样更生动，我们学的更快更好。

希望老师对我们严一点，在六一儿童节多搞一些活动。

老师多多和我们交流，更多地认识我们，不要对我们很凶，不要占用其他"副科"时间。

对表现不好的同学可以谈一谈，不要太批评。

老师要更幽默风趣，让我们在课堂上哈哈大笑。

希望老师把一些可以表演的拿出来表演，有活动尽量让每个学生都参加。

不要用成绩决定学生好坏，老师再温柔一点就好了。

老师不要偏心，多给我们一点课外活动时间。

可以把每节课 40 分钟改成 50 分钟。

希望老师不要操劳，为我们操碎了心。

老师可以讲点难题和不易懂的题目。

老师脸上多一些笑容，特别是上课时。

……

第四题：你最想通过校长向家长提出哪些意见和建议？

统计结果：（部分）

讲解孩子不会的题目时，家长要仔细、要深入，还可出点类似的题目。

不要对我的要求过高，可以多买些书让我增添知识，不逼我做不喜欢做的事。

可以不用上太多的辅导班。爸妈不要在讲作业时没听懂就大骂。

回家可以只完成老师布置的作业，不用再做其他课外作业。

不要把成绩看得很重，多陪我们玩一玩。

不要因为我考差了，生气打我，我也很害怕。

对我的学习可以管得严一点。

不要给我做像山一样高的练习题。

家长不要老让我们上培训班，希望他们能给我们点自由。

校长叫家长少布置作业。

我想让家长多做一点实践活动，把学习带到快乐中去，这样学习可能会更轻松。

希望不要再买课外作业了，一直到六年级都不要让我上补习班。

希望父母不要对我很凶，对我好点，也不要在我犯错时骂我，动手就打。

不要不知道事实就说我们这不好那不好，责怪我们。

我希望妈妈多关心我一点，多打一些电话问我在学校好不好，多和老师交流交流。

爸妈不要太偏心。（因为我有个姐姐）

爸妈不要拿我和别人的孩子比。

你们不要老发火，我会很难受，也要给我们几天休息。

不要经常生气，这样第一会让我受委屈，第二会伤身体。

周六周日有余下来的时间带我们去公园玩。

多带我们去实践，给我一点时间玩。

我希望你们晚上早点回家，多陪陪我，这样我可以更开心。

希望家长让我们安排属于我自己的时间。

给我上一些兴趣班，比如小提琴。让我多点时间看电视吧！

妈妈您只要多分点家务给我就好了。妈妈能多接我晚上放学。

希望爸爸妈妈能为我少报一些辅导班，双休日带我出去感受大自然。

希望爸妈在家不要吵架，妈妈对爷爷奶奶好一点。

……

第五题：你还有什么心里话想对校长说？

统计结果：（部分）

学校再建个游泳馆，每周安排一节游泳课。

让我们多出去参加实践活动，多带我们到校园外面玩，这样同学会更喜欢学校。

开设情商教育课，南京外国语小学就有这项课程。

我希望能把学校的建设放在假期，因为有时上课时听到机器声，听不到下课铃声，想和您说又不敢，您应该和我们多沟通。

想和校长多一点亲自见面和谈话的机会，希望校长多和我们零距离接触。

希望校长能建设一个更大的图书馆，希望学校有一些健身器材，多组织一些活动。

我想可以多一些体育方面的内容，如游泳课、羽毛球课和乒乓球课等，谢谢。

考试少一点，假期多一点，活动也多一点，希望四年级升五年级时不要分班，很不想跟我的好朋友分开。

可以把喷泉打开吗？我很想看喷泉，也想看鱼儿在水里游。

谢谢您，我们的学校现在很漂亮、很温馨。

可以和我们多多交流，我们的校服可以换一个样子，多搞一些有趣的活动。

请校长多安排做一些活动，如做寿司、包饺子等。

希望学校再招初中生，这样我们毕业后就不会到别的中学上了。

搞点科学实验，是我们自己做的。

……

另外，从其他年级的问卷或访谈看，孩子们表达的意愿既是丰富多元的，结果也是相对趋同的。这既符合儿童的年龄特征，也反映了儿童的个性差异。具体如下。

一年级学生认为：幸福就是老师会把一些问题变成游戏，体育课的时候还可以自由活动、可以玩；幸福就是有老师和同学的爱护，让我快乐起来；学校非常漂亮，老师也非常好，下课带我们一起玩。

二年级学生认为：幸福就是有小伙伴经常一起玩儿，可以学到新知识，有喜欢的美术课，还可以和老师下棋。老师每次上课脸上都有幸福的笑容，老师都非常幽默；学校的绿化很多，有新鲜的空气，闻着很舒服。教室很新、很好看；学校食堂的饭菜美味好吃，尤其是肉丸、酒酿元宵等。

三年级学生认为：幸福就是可以和大家一起学习、一起玩，作业不多，老师不说我们做错事，老师从来不打我们；老师像妈妈一样，带着我们遨游在知识的海洋中；学校是我家，我是学校的主人，下课我们玩跳跳球，上课也非常好玩。有老师的教育，让我长了知识，还可以认识很多朋友。

五年级学生认为：幸福就是校长、老师对我们非常和蔼可亲，老师、校长都非常尊重我们，不管刮风还是下雨，每天上学都会有老师、校长在门口迎接我们。教师教学很有趣，教给我们许多知识。学校建设得很美，现在下课时和同学一起做游戏，听朋友讲在周末发生的趣事。在上课的时候听老师讲课，在体育课上一起运动。

六年级学生认为：幸福就是老师每天布置的作业不多，做对了老师布置的难题有一种成就感；每天上学总能收获许多知识、朋友、欢乐；可以听老师给我们讲丰富知识，讲一些有趣的事情；每天都可以和同学、老师在学校里快快乐乐地学习，有时也会发生一些小过节，但是结果总是美好的；学校里经常有一些活动，让我们的生活多姿多彩，让我很幸福。

探讨"幸福"是什么？就是对幸福相关因素的探讨和研究。无论在校园，还是在家庭，成长环境的温馨、人际关系的和谐、学习内容的适宜、活动形式的丰富、发展评价的激励等，都将影响教育者和教育对象的"幸福体验"，都会产生相应的幸福感受，都能决定不同的"幸福指数"。研究这些，对实施学校教育意义重大。

我认为，尽管每个个体对"幸福"的理解与表达不尽相同，但它们有着共同的特点：第一，所谓"幸福"，它是人的自我的主观感受、快乐的心理体验，是人认识到自己的需要得到满足、自己的理想得以实现而产生的一种美好的情绪状态，它也是人类生活追求的终极目标。第二，所谓"幸福"，它具有复杂的内涵，是一种客观的状态。就同一种需求的满足程度或者同一种客观的状态，对不同的人或相同的人处在不同的时空，其感受和体验是不一样的，因而其"幸福"的程度也是各不相同的。对"幸福"的体验和感受，是受到人的幸福观念、幸福品质和幸福能力的影响的，教育的使命就是帮助学生树立正确的人生观、价值观、幸福观，就是帮助学生提高发现幸福、感受幸福、创造幸福的能力。同时，教育还要实现教学相长，让教师能够享受到职业独特的幸福体验。

2. 幸福教育的意义

人是追求幸福的，教育对人的幸福是负有重要使命的。苏霍姆林斯基说："理想的教育是培养真正的人，让每一个从自己手里培养出来的人都能幸福地度过一生，这就是教育应该追求的恒久性、终极性价值。"由此可见，真正的教育、理想的教育就是孕育幸福的教育。教育的对象是人，教育的目的就是培养人的幸福情感和幸福能力。也就是说，教育的目的或者结果都是为了人的幸福，教育的过程就是人体验幸福的过程，实施这种价值取向的教育方式就是幸福的教育。

幸福教育要把"幸福"视为最核心、最终极的教育理念，以人的终生幸福为发展目标，在实践活动中创造、生成丰富的幸福资源，培养出更多能发现幸福、体验幸福、创造幸福的人。幸福教育要以尊重人、理解人、满足人、服务人、发展人、成就人为出发点和归宿，努力促进师生全员发展、自主发展、个性发展、和谐发展，让每一个学生都拥有成长的快乐，让每一位教师都享受职业的幸福。

如果再具体一些，我认为，所谓"幸福教育"，就是把人的终生幸福作为发展目标，儿童在丰富多元的校园生活中，兴趣得到激发、习惯得到培养、能力得到提升、个性得以张扬，每个人都能享受到学习的快乐，获得成功的体验以及鲜活的、真实

校训石

的生命成长；教师在富有创造性的工作实践中，通过自己"幸福地教"，促进儿童"幸福地学"，在促进和成就学生幸福的同时，较好地实现自身职业的价值与意义，享受到教师职业所赋予的尊严与幸福；同时，学校教育的"幸福源"能较好地辐射到家庭、弥漫到社区，促进社会的和谐与幸福。

幸福教育的特点主要体现在教育的主体幸福和客体幸福之间的内在统一上，即教师幸福与学生幸福的内在统一。这两者是紧密联系的，也是相互促进的。教师是学生幸福的创造者，教师的幸福影响并决定学生的幸福；同时，学生的幸福也反作用于教师，学生幸福是教师幸福的重要源泉。

3. 幸福教育的内涵

我们认为，对幸福教育的认识与理解，不能仅仅停留在感性、表象的层面，不能认为幸福教育就是一种高调的标语口号，就是一种固化的教育模式，或者就是一种简单的教育现象。幸福教育有着丰富而深刻的内涵。我们可以从四个方面来认识和理解。

（1）作为一种教育理念。幸福教育把"人的幸福"作为教育核心的价值追求，通过教育理解、发现、创造、分享、传播幸福。德国著名文学家赫尔曼·黑塞曾经写过这样的诗句："人生的义务，并无其他。仅有的义务就是幸福，我们都是为幸福而来。"叶澜老师说："教师是一种使人类和自己都会变得更加美好的职业。教师以其创造性的劳动去实现自己的生命价值，并在创造性的劳动中享受因过程本身而带来的自身生命力焕发的欢乐。"教育，是教会每个个体追求幸福的事业。

(2)作为一种教育目标。幸福教育把"做幸福的人"作为教育终极的目标追求。在丰富多彩的教育实践中，培育师生拥有幸福人生而需要的幸福观念、幸福品质，提升他们发现幸福、体验幸福、追求幸福、创造幸福、享受幸福的能力。我们真正需要建构的是指向"幸福"的教育，而不是指向"成功"的教育。这两者有着本质的差别。朱永新教授倡导我们帮助师生过一种幸福完整的教育生活。幸福，是目的、是方向；教育的目的，不是成功，而是幸福；教育的质量，不是分数，而是成长。

(3)作为一种教育实践。幸福教育把"做幸福的教育"作为学校最重要的行为方式。通过幸福管理实践、幸福团队建设、幸福课堂打造、幸福活动开展等，教师幸福地教，学生幸福地学。在师生充满激情与活力的生命互动中，学生拥有成长的自由与快乐，教师享受职业的尊严与幸福。所以，在规划和实施教育活动时，我们有必要三思而后行，想一想我们的活动是否指向于儿童的幸福成长、是否指向于儿童的身心健康、是否指向于儿童的年龄特征、是否关注教师的专业发展与职业体验、是否关注学校的内涵提升和特色建设等。有了这样的思考过程，我们就会距离"做幸福的教育"近一些，更近一些。

(4)作为一种教育生活。幸福教育要把"幸福地做教育"作为学校生活的应然状态，坚持科学、民主、人文、开放、创新的学校管理，促进全员、全面、自主、个性的师生发展，提升普惠、公平、优质、独特的教育品质。教育本身就是生活的基本方式，而这种方式是以现实、现世的幸福为道德准则展开的。师生本身就应该享受幸福的教育生活，这既是对教育终极意义的思考与追求，也是对当下不当教育提出的治疗计划与行动。

幸福是教育的目的，贯穿于整个教育的过程。幸福教育要让教育者拥有一种物质、精神和心灵的幸福生活，不仅要给受教育者一个幸福童年，还要给儿童一个幸福人生。另外，学校教育的幸福元素还要影响和促进家庭和社区的幸福。因此，可以说，教育是人生幸福的源泉，学校应该是使人幸福的地方。

(三)幸福教育的愿景规划

我们实践幸福教育就是要努力追求和实现教育对人生幸福的积极意义。实践幸福教育的理想是什么？我们认为，从学校层面来说，就是要"办幸福教育，建幸福学校，当幸福教师，育幸福学生"。

1. 学校成为精神的家园

把"做幸福的人"作为学校文化的底色与基调，在学习实践中，形成"高度认同的价值取向"，不断借鉴运用现代教育理论，深入探究幸福管理的实践路径；在工作实践中，提供"动态发展的制度保障"，对涉及学校发展、教师发展等重大问题，充分发扬民主，科学决策；在教育实践中，打造"自觉规范的行为文化"，充分发挥师生的主观能动性，促进师生在规则意识下的个性发展；在生活实践中，萌发"追求卓越的积极心向"，激励师生的进取意识和卓越追求。在幸福校园里，力争"每件事都是教育独特的风景，每个人都是发展最好的自己"，让学校真正成为师生心灵向往的学园、流连忘返的乐园、没齿难忘的家园。

2. 教师成为幸福的使者

教师是学校教育最重要的资源，也是影响和决定教育品质最核心的要素。实践幸福教育，教师成为幸福的使者，有两层含义：首先，教师是个幸福的人，能够体面而有尊严地学习、工作和生活，体现自我的价值与人生的意义；其次，教师还是"促进人幸福"的人，教师是人生幸福的理解者、发现者、创造者和传播者。通过教育，教师把自己科学的幸福观念、优良的幸福品质和较强的幸福能力，传递和移植到儿童身上，使其成为儿童内在的品质，为儿童的人生幸福奠定基础。

3. 儿童成为最好的自己

实践幸福教育，我们要立足于、服务于儿童的成长与发展，不仅给儿童一个幸福的童年，更要为儿童未来的人生幸福打好底色，让每个儿童都能参与"健康快乐的学习"，拥有"自由自在的成长"，实现"富有个性的发展"，享受"充满幸福的生活"，都能成为"最好的自己"。学校要通过创设丰富多彩的活动，为学生提供学习实践和交流展示的平台，激励学生自主发展、自我教育、个性成长，实现"我的学习我做主""我的成长我负责"，真正把时间还给学生、把活动交给学生、把责任传给学生、把快乐留给学生。

4. 教育成为人类的福源

幸福需要教育，教育成就幸福。人类对幸福的追求在很大程度上依赖于教育，人的幸福所需要的幸福观念、幸福品质和幸福能力的形成与发展，必须要以优质的教育作为依托，通过教育来实现幸福的理想，通过教育来提升幸福的指数。可以说，幸福是教育价值的本义，教育是人类幸福的源泉。

"福源"石

(四)幸福教育的实施路径

办幸福教育，是一种在先进的、科学的教育哲学的引领下，为了成就人的当下及未来幸福、促进学校内涵品质提升而进行的创造性的实践活动。实践幸福教育，还要有适切的路径和有效的策略。

1. 形成正确的观念

幸福观念是人们对幸福的观点以及追求幸福的途径、看法和标准，是个体人生观和世界观在对待幸福方面的表现。正确的幸福观要求人们学会正确处理幸福与痛苦的关系、个人幸福与集体幸福的关系、当前幸福和未来幸福的关系、创造幸福和享受幸福的关系。人只有了解什么是真正的幸福才会有幸福感。北京师范大学肖川教授在《教师的幸福人生与专业成长》一书中提出："人生就是一项自己的工程，我们今天做事的态度就决定了明天幸福的指数。"关于幸福的传递，肖教授这样表达："教师脸上的微笑有多少，学生心中的阳光就有多少。"关于幸福的意义，他这样解读："教学的真正目的应该是完整的人的成全，一个人如果有能力帮助他人，这是一种福分，也是一种造化。"教师只有心中怀着正确的教育观、教学观、教师观、儿童观，心中拥有幸福的种子，教育事业就会浸润在充满温情和关怀的气韵之中。

2. 培养高尚的道德

真正的幸福是与真、善、美等价值追求相联系的，是与高尚道德相联系的。具有良好道德素养的人，他对幸福的感受能力是比较高的，他的幸福感是比较强的，他能从内心体验到人生的价值和意义，体验到愉快、满足和幸福。幸福感不是买来的，而是通过持久的努力而拥有的一种技艺和能力。俄裔美国哲学家、小说家安·兰德认为：幸福不会在反复无常的情感的驱使下实现，使你在无条理的幻觉中盲目成立的并不是幸福。幸福是一种处在全然没有矛盾的快乐之中的状态。这样的快乐不带有罪责和罪恶，不和你的价值发生任何冲突。你的目的不是要毁掉你自己，不是要挣脱出你的头脑，而是要对它充分地利用。她说，你生命中道德的唯一目的就是获得幸福。这个幸福不是痛苦或者失去头脑后的自我陶醉，而是你人格完整的证明。幸福是因为人格和心灵的强健而自然得到的一种奖赏。一个人格和心灵不完善的人永远不可能有真实的幸福。在她看来，只有自由的人才能够幸福，也只有自由的人才有能力去爱别人；反过来，一个爱别人的人，一定是一个自由的人，而且是能够让别人自由的人，一个人只有在爱的状态下，才可能是幸福的。自由、幸福和爱，这三者是三位一体的。在幸福创造与达成的过程中，它们一定是与高尚、智慧等道德准则高度契合的。幸福教育也一定是以道德的方式展开，是培养高尚道德的过程。

3. 营造愉悦的环境

人都是生活在特定的环境中的，并在其中产生各自的社会体验。我们要选择适合教师和学生的教育，要关注每一位师生，服务每一位师生，为他们的个体成长提供良好氛围，满足他们合理的心理需求，帮助他们快乐工作、快乐学习，提高师生的主观幸福感受。学校要真正成为师生共同成长、共同发展的精神家园，最重要的是要加强学校的文化建设。对教师方面，学校要精心营造一个优美舒适的工作环境，建设一个为教师高度认可的制度环境，创设一个愉悦和谐的心理环境。在这样的环境里，让教师感受职业的崇高和责任的重大，体验工作的乐趣和合作的重要，同时更好地自律和规范自己的职业行为。学校要把每个教师都视为"想发展、可发展、能发展"的"最重要"的人，既重视教师个体的成长，又关注教师群体的发展；既重视教师业务水平的提高，又关注教师师德行为的规范；既重视教师教育教学的状况，又关注教师身体心理的健康。让学校的每一项工作都能让教师感受到集体的力量和"家"的温馨，看到自己在这个集体中的"不可替代"的作用，体验到自己被领导重视、被同事尊重、被学生和家长认可的价值，从而产生一种强烈的归属感和成就感。

4. 发展健康的心理

幸福是一种心理体验，它与个体心理品质和心理状态紧密相关。健康的人格、乐观积极的生活态度是获得幸福的核心要素。学校要引导师生适时调整自我期望水平，建立良好的人际关系，引导个体对自我生命的认同、肯定、珍爱，从而拥有快乐、获得幸福。心理健康是人发育、学习、生活、工作的基础，是每个人执着的追求。学校要用先进的文化引领教师的工作、学习、生活，激发教师教书育人的责任感与积极向上的专业追求，营造平等和谐的校园校境，实施公正多元的激励评价，调动教师的积极性、主动性和创造性，让教师的人生充满阳光、充满大爱、充满幸福。学校要加强心理健康教育，关注学生的情绪变化，做好心理辅导工作，培养他们的博爱、宽容、感恩、自信、快乐、奉献等积极情感，激发他们对真善美的追求，形成健全的人格。通过老师的努力，学生身心俱健，每个人都能平安健康、快乐学习和幸福成长。

5. 提升幸福的能力

幸福学校建设是为了人更好地生存和发展，在回归人性的过程中实现幸福。人的能力素养是知、情、行的统一。一个人能否获得理想的幸福，取决于他幸福能力的高低。幸福能力包括发现幸福、体验幸福和创造幸福的能力。

有则寓言故事说，三位石匠在雕刻石像，天使问他们在做什么？第一位石匠回答："我在凿石头，这份工作很辛苦，凿完后我才可以回家。"第二个石匠回答："我在雕石像，这份工作虽然辛苦但酬金很高，我可以养家糊口。"第三位石匠骄傲地说："看见了吗？我正在进行艺术创造！"同样是石匠，同样是雕刻，三人的感受不同：第一位视工作为负担，第二位视工作为责任，第三位视工作为一种生命的享受。

高尔基曾经说过："工作快乐，人生便是天堂；工作痛苦，人生便是地狱。"对大多数人来说，工作是生活最主要的活动，是人生命中最主要的组成部分，也是人生成功的基础。一个人工作是否快乐，直接影响其生活的幸福，直接影响其生命的质量。快乐工作，源于对工作的热爱。斯霞老师坚守"童心母爱"教育，即使到 85 岁正式办理退休手续后，在南师附小的校园里还时常见到她的身影。被周恩来总理誉为"国宝"的霍懋征老师，坚定"没有爱就没有教育"的信念，从事小学教育 60 多年，她曾无限深情地说："我一生从教的体会，那就是六个字：光荣、艰巨、幸福。"从一名普通教师成为著名教育家的李吉林老师，潜心 35 年学习实践研究"情境教育"，虽已 79 岁高龄但还一直行走在教育科研的路上。无论对教师还是学生来说，幸福都是一种能力。这种能力源于对学习或工作的热爱，源于对学习或工作的心态，源于自己对学习或工作的自觉担当。

（五）幸福教育的实践建构

幸福教育的实践研究必须坚守教育的本真追求，必须立足校本实际，在幸福教育的旗帜下，坚持"做幸福的人"的理想信念，以幸福教育的核心理念引领教育教学的实践，将其融于日常的教育教学活动之中，努力摸索适合自己的、富有实效的实践建构。我们尝试通过"一二三四五六"的具体操作实践来达成既定的愿景目标。

1. 形成"一种"理念

我们把"成就人的幸福"作为办学的指导思想，作为学校管理的实践哲学，通过学校的文化引领和教育实践，教师"幸福地教"，学生"幸福地学"，教育的"幸福源"融入家庭，辐射到社区，促进社会的和谐与幸福。

（1）"人本"成为学校管理的思想策略。坚持"以人为本"的思想，就要准确把握"人本管理"的核心内涵，突出人的主体地位，把人作为学校教育的核心，调动人的主动性、积极性和创造性；开发人的内在潜能，通过人的创造性工作来提高管理效能；尊重人的生命价值，发展人的个性，谋求人自由、全面、和谐的发展。在这个过程中，"人本"既是学校教育的指导思想，也是教育实施的策略和方法。

（2）"和谐"成为学校生活的理想目标。"和谐"思想是中国传统文化的核心理念，也是人类生活的价值追求。学校教育的出发点和归宿就是为了"人"的全员全面、自主个性和可持续发展。创设适切的环境，在诚信友爱、和睦相处、合作共赢、充满活力的人际环境中，所有的人都能发挥出最大的潜能，得到应有的尊重、发展，实现学校的人、物、事、景、情的高度和谐。师生在得到自主、全面、协调、个性发展的同时，也会引领社会的进步、文明、和谐。

（3）"幸福"成为学校教育的永恒追求。学校教育要以人的终生幸福为发展目标，在实践活动中创造、生成丰富的幸福资源，培养出更多能发现幸福、体验幸福、分享幸福、创造幸福的人；要通过学校的文化引领和教育实践，以尊重人、理解人、服务人、发展人、成就人为学校工作的出发点和归宿；要通过教师"幸福地工作"，促进学生"幸福地成长"，培育学生拥有幸福人生而需要的幸福观、幸福品质和幸福能力，并在教书育人的实践中实现自我价值，享受事业幸福。

2. 达成"两让"目标

一般来说，学校教育的主体是教师，客体是教育的对象即学生，但这只是相对的，主体、客体有时也会相互影响换位。学校教育最重要的人是学生和教师，幸福学校建设最根本的、最重要的任务就是服务好、发展好每一位教师和学生，就是要依靠教师和学生的主观努力，在实践中确立正确的幸福观念，培育良好的幸福品质，提升幸福能力，成就师生的幸福生活。

（1）第一个目标是"让每一个学生都拥有成长的快乐"。乌申斯基说过："教育的主要目的在于使学生获得幸福。"学校、教师要坚守儿童立场，一切以儿童的需求和发展为本，尊重教育教学规律，尊重儿童身心发展规律，努力为儿童提供适宜的成长环境和优质的教育服务，让每个儿童都能主动和谐地发展、快乐幸福地成长。通过学校的文化浸润、教师的因材施教、学生自主的学习体验，学校学习将成为儿童快乐成长最重要的生活方式。

"没有爱就没有教育"这是一条真理，也是教育人的信念。作为教师，我们要做到面向全体，让每一个学生都享受师爱，实现师爱对学生成长和发展的重要意义。在师爱的滋润下，学生不仅乐学，而且个性会得到良好的发展，形成积极向上的精神品质，在学习和成长过程中享受快乐和幸福。

我们要坚持"健康第一"，关注儿童身心，努力培养学生良好的、健康的生活与学习习惯。学校要加强体育教育，提高学生的身体素质，磨炼学生的意志品质；加强心理教育，帮助学生形成健全的人格；加强安全教育，培养学生珍爱生命的观念，帮助学生掌握安全知识、了解安全规则，提高自我防护、自我救助的意识和能力，让学生健康、平安、快乐地成长。

我们要遵从儿童成长规律，从儿童心理特点和知识经验出发，寓教育于活动之中，在落实学科课程的基础上，让学生参与到丰富多彩的活动中。教师做"有心人"，关注学生的学习状态，发现和培育他们的"闪光之处"，为学生"量身定做"激励性评价项目，辅之有效的"个性化"辅导，让每个学生都能从自己的"强项"中找到自信、感受成功、体验幸福。

我们要尊重学生的个性差异，成就学生的个性发展。学生是学习成长的主人，我们要善于发现学生的"与众不同"，尊重学生的兴趣爱好，营造和谐的学习氛围，提供特色的学习内容，并给予有效的活动指导，服务学生的个性需求，实现学生个性成长，激励学生努力成为"最优秀的自己"。

（2）第二个目标是"让每一位教师都享受职业的幸福"。教书育人既是教师的责任和义务，也是教师职业生命的价值所在，还是教师职业生活的幸福所依。教师职业幸福指数的高低，决定了教书育人的效果和品质，也影响着教师自己生命的质量和品位。我们要树立正确的教师观，坚持以师为本，充分地信任教师、尊重教师、成就教师，让教师焕发蓬勃的生命活力与工作热情，获得职业赋予的尊严与幸福。

我们从追求"自我发展"的最高需求入手，通过扎实的校本培训，促进教师的专业成长，让教师在读书学习中丰厚自身的内涵与底蕴，在培训实践中寻找个性发展的空间和路径，在发展评价中体验工作的成功与幸福。我们尊重教师的主人地位，关心教师的学习、工作、生活，坚持人本理念，让"管理就是服务"成为学校工作的核心价值。我们积极构建和谐校园，帮助教师解决实际困难，不断激发教师的主人意识，不断强化教师的归宿感、责任感和成就感。我们尊重教师的人格劳动，信任教师的主观努力与职业能力，坚持民主管理、科学决策，调动教师参与学校管理的积极性、主动性和创造性。我们要建立健全评价机制，创新多元评价实践，鼓励和引导教职员工积极参与评价过程管理，发挥评价内在的导向性、激励性、发展性功能，增强教师的职业幸福感。我们要彰显教师的个性特长，尊重教师的兴趣爱好，发展教师的专业特长；利用他们的特长优势，为学校的特色发展和学生的兴趣培养服务；也让他们在自己的"强项"中展示风采，在自我的个性发展中体验职业的幸福。

3. 坚守"三育"原则

学生的成长是个性化的、不断变化的动态过程，我们主张教育的"大质量观"——学生的"成长"高于"成绩"，学生的"素养"重于"分数"。幸福学校建设要真诚关爱所有学生，尊重学生的个性特点，关注学生的成长需求，努力做好教育服务工作，使学生快乐学习、幸福成长。

（1）"全纳教育"是基础。我们要把每个学生都看得很重要，努力做到"一个都不

邀请市领导参加青年教师集体婚礼

能少"，公平对待每一个学生，相信每个学生都具有发展的潜能，都应该获得发展，都能够得到发展，特别是那些特殊的学生，更应该得到老师和同伴的理解、尊重和关爱。

（2）"差异教育"是方向。我们要认识到每个一学生都有个性，努力做到成就每一个学生。我们要承认差异、理解差异、尊重差异、服务差异，营造良好的成长环境，实施个性化教育，为不同的学生创造不同的发展机会，让每一个学生都能体验到学习的乐趣。

（3）"保底教育"是底线。我们要相信每一个学生都能进步，努力做到"一个都不掉队"。教育是"马拉松"而不是"百米冲刺"，教育是"慢"的艺术，要善于"静待花开"，要关注"潜能生"的发展状态，进行有针对性和实效性的辅导，帮助每一个学生都能在原有的基础上有进步、有提高。

4. 实施"四生"课程

课程是教育最重要的载体，学生成长所必需的知识与技能、过程与方法、情感态度与价值观等，都是在课程实施的过程中习得和养成的。学校要科学有序地落实课程规划，实现国家课程校本化、地方课程特色化、校本课程个性化，要深化对学科课程、环境课程和活动课程的研究，凸显课程的育人价值。

(1)生本课程。课程开发与实施要服从于、服务于学生的成长与发展，要突出学生的主体地位，符合学生的认知特点，让学生在课程学习中体验、感悟先进的价值观念、道德准则、行为规范，锻炼意志品质、实践能力，享受成长的快乐和幸福。

(2)生态课程。课程开发与实施要体现先进的理念。教育的起点不是知识，教育的终点也不是分数，而是学生的健康发展和幸福成长。我们要营造适切的学习情境，师生关系和谐，教师关心爱护学生、理解尊重学生、帮助引导学生，学生能够自主学习、合作学习、探究学习，实现成长和发展。

(3)生活课程。课程开发与实施要重视与生活实际的联系，发掘生活中的教育资源，贴近学生的生活实践，引导学生利用已有的生活知识和经验，自主探究新知，理解生活与知识的内在联系，践行教、学、做合一的生活教育思想。

(4)生长课程。课程开发与实施的根本目的就是实现学生的发展和成长。我们遵循学生的年龄特点与发展规律，让学生在丰富多彩的教育活动中掌握知识技能，把握学习的过程与方法，使学生的情感、态度、价值观得到提升，精神得以成长。

5. 打造"五味"课堂

课堂是师生教与学最重要的时空所在，是师生在校生活的主要载体，是师生体验发展与成长的重要路径。学校要深化课堂教学研究，让学生在"五味调和"的课堂中享受学习，让教师在"幸福课堂"中享受工作。

(1)课堂有"儿童味"。儿童是课堂的主人，是学习活动最重要的参与人和受益者。课堂教学活动要服从于儿童的需求，服务于儿童的发展。课堂教学要唤起儿童的主体意识，适应儿童的成长需求，遵循儿童的认知规律，服务儿童的全面发展，引导和鼓励儿童积极参与学习过程，享受课堂学习的乐趣，实现自我的成长。

(2)课堂有"学科味"。每一门学科都有自身的特质和独特的育人价值。课堂教学要适应学科的培养目标，遵循学科的内在规律，体现学科的自身特点，实现学科的教育意义。同时，学校还要适度关注学科教育的整合，培养和提升学生的综合素养。

(3)课堂有"文化味"。文化是人成长发展过程中非常重要的能量，对人的成长产生潜移默化的影响。课堂教学要充分挖掘学习内容、学习方式、学习成效的文化内涵，赋予其独特的育人功能，陶冶师生的积极情感，促进师生的精神成长。

（4）课堂有"生活味"。生活是知识的源泉，生活本身就是一本活的教科书。课堂教学活动要重视引导学生观察、分析、思考，体悟生活与知识的密切关联，注重积累生活的知识经验，并将之迁移到对新知识的探究学习过程中，实现"生活知识化，知识生活化"。

（5）课堂有"成长味"。成长是教育的本质属性，成长是课堂教学的价值追求。我们要确立并实现多元的教学目标，营造和谐的学习氛围，激发学生的学习兴趣，指导学生的学习方法，发展学生的思维品质，提升学生的综合素养，促进学生拔节向上，快乐成长。

6. 搭建"六节"平台

儿童的教育除了系统的学科课程学习之外，还需要适切的环境熏陶和丰富的活动支撑。我们关注儿童生命成长需求，为学生提供自主参与的机会和展示的平台，为他们留下充裕的自主时间和广阔的活动空间，通过社会实践活动、课程超市、社团活动、节庆主题教育活动等，有效地丰富儿童的学习生活，培养儿童的高尚情操，锻炼儿童的实践能力。

（1）体育文化节。阳春三月万物复苏，正是生命蓬勃生长的季节，春季也是儿童发育的最佳时期。促进儿童了解体育文化、积极参加体育运动是体育节的最终目标。各年级的运动秀场，体育知识大奖赛，校园体育明星墙，一年一度春季运动会，吉祥物、会标的设计，现场颁发金银铜奖……当代文学家冰心女士曾经感叹"只拣儿童多处行"，在这三月的校园里就能深切感受到"儿童多处就是春"。通过讲述体坛故事、编辑体育小报，组织体育社团表演、体育游戏观摩及体育赛事举办、两操的展示评比等活动，普及体育知识，发展体育技能，增强身体素质，感受体育文化，磨炼意志品质，打造团队精神。

（2）读书节。每年的四月，伴着"4·23世界读书日"的氛围，校园读书节拉开大幕，书香校园处处弥漫着文化的气息。读书节系列活动有声有色，活动既有学校层面的"规定动作"，又有年级、教研组的"自由动作"展示，还有班级、小组的特色创新。每年学校会邀请著名儿童作家进校园和孩子们一起讨论人生、交流读书方法、传授写作技能等；各年级还开展图书义卖义捐、图书漂流、好书推荐等活动；学校举行读书汇报会、诗歌朗育会、成语大会等展示活动，开展"读书小能手""我是小书迷""书香班级"等评比活动。各种活动的开展极大地激发了学生的阅读兴趣，培育了学生的阅读习惯，提升了学生的阅读能力，发展了学生的人文素养。

读书节活动

（3）艺术节。每年的六月注定是与快乐、童趣相伴的月份。儿童节前后，校园内外处处洋溢着"过节"的气氛。班级同学自编、自导、自演的节目，成为艺术节最"接地气"的项目；学校特色社团的项目展示，精致、精美，令人惊叹，成为艺术节最"高大上"项目；师生书画展、师生音乐会、班队"三歌赛"，精彩纷呈，成为视听觉的精神大餐。班级、年级、学校、集团师生的艺术展演，学校搭台，教师导演，学生参与，普及与提高相结合，让学生接受了美的熏陶，培育了学生发现美、欣赏美、创造美的情感与能力，提升了学生的艺术素养。

（4）数学文化节。数学是自然科学中最基础的学科，数学的知识、技能，数学的思维、方法，数学的经验、思想等，对人的成长发展会起到重要的作用。我们在强化小学数学课程教学、注重"四基"目标的达成过程中，通过开展每年一届的数学文化节活动，进一步丰富学生的数学学习资源，激发学生爱数学、学数学、玩数学、做数学，用数学的积极情感，提升学生的数学素养。在活动中，学校整体规划、年级统一安排、班级个性操作，开展数学游戏、介绍数学历史、讲解数学家的故事、我爱学数学征文、美丽的数字拼图、玩转七巧板、编写数学童话、寻找生活中的数学、编辑数学小报等活动，开放学习空间，适应多元选择，满足个性需求，引导学生接受数学文化的陶冶，掌握数学的思想方法，培养学生的理性精神和思维能力。

（5）科技文化节。科学素养是人应该具备的重要素养之一。小学正是人们综合素养学习与提升的关键时期，科学兴趣、科学思想、科学方法、科学精神的种子都是在儿童时期播下的。每年一届的科技文化节活动为学生科学素养的提升发挥了重要作用。科学幻想画、科技小报、科技活动（高空坠蛋、航模展、机器人、无人机），让孩子们在玩中思，在思中研，在研中行，在行中乐。通过参观科普展览，开展小发明、小论文、小创作评比，讲科学家的故事、与科学家面对面、科技作品制作大赛、编制科技小报、科学征文等活动，给学生普及科学知识，让学生掌握科学方法，弘扬科学精神，提升学生的科学素养。

（6）英语文化节。英语是小学课程体系中重要的学科之一，学生学习英语的兴趣和方法对其后继的学习会产生重要的影响。为了培养学生英语学习的热情和营造语言学习的氛围，学校每年的英语文化节活动都会让学生在跨文化视野中感知语言的魅力。英语书写大赛、英语讲故事比赛、英语会话展示、英语小报编辑、英语情景表演、外籍教师来校、国外风俗简介、域外文化集萃等丰富的活动，有效地激发了学生学习英语的兴趣，丰富了学生的英语学习方式，培育了学生的英语听说读写能力，使学生了解和感受异域文化，开阔了学生的国际视野。

"六节"主题教育活动突出了学生的主体地位，尊重了学生的自主选择，促进了学生的个性成长，实现了"普及＋提高"的发展愿景。同时，在关键的时间节点，学校还适时组织专题教育活动。如一年级新生的"入学礼"，帮助学生确立"学生"意识，引导学生讲秩序、懂规则，养成良好的学习、生活习惯；又如学生的"十岁礼"，抓住学生人生中第一个整十的生日契机，教育学生逐渐养成"自主"意识，引领学生学会感动，懂得感恩；再如六年级学生的"毕业礼"，这是由"儿童"成为"少年"的节点，是学生人生中第一个重要的跨越。我们要把学生的"毕业课程"做好，教育学生认真跨越其人生基础教育的第一个里程碑，回顾小学六年难忘的学习生活，用心上好毕业的"最后一课"，激发学生对母校、对恩师的怀念、感恩之情，为学生的后继学习提供坚实的学业基础、坚定的自信情怀以及积极的期待愿景。

在幸福教育的实践建构中，我们突出"人本"理念，强化"人文"管理，体现"人性"张扬，紧紧抓住"做幸福的人"这个核心主旨，通过开展积极的、有效的、针对性强的教育教学实践活动，培养既符合规定的"共性要求"的人，又体现"这一个"人的独特的个性色彩，让学校教育充满"幸福的味道"。

二、我的管理哲学

所谓"管理"，是指在特定的环境条件下，以人为中心，通过计划、组织、指挥、协调、控制及创新等手段，对组织所拥有的人力、物力、财力、信息等资源进行有效的决策、计划、组织、领导、控制，以期高效地达到既定的组织目标的过程。

管理学者张俊伟在《极简管理：中国式管理操作系统》中表述："管"，原意为细长而中空之物，其四周被堵塞，中央可通达。使之闭塞为堵；使之通行为疏。"管"，就表示有堵有疏、疏堵结合。"管"既包含疏通、引导、促进、肯定、打开之意，又包含限制、规避、约束、否定、闭合之意。"理"，本义为顺玉之纹而剖析，代表事物的道理、发展的规律，包含合理、顺理的意思。"管理"犹如治水，疏堵结合、顺应规律而已。在他看来，"管理"就是合理地疏与堵的思维与行为。

(一)学校管理的主张

在现实生活中，每个人都在与"管理"打交道，都在从事"管理"之事。作为校长，我们的主要职责就是要认真履行校长的管理职能，依法、依规并创造性地开展学校的管理工作。

所谓学校管理，是学校管理者通过一定的机构和制度，采取务实有效的手段和措施，带领和引导师生员工，充分利用校内外的资源和条件，整体优化学校教育工作，有效实现学校工作目标的组织活动。

学校管理的核心目标就是全面贯彻国家的教育方针，依法治校。学校管理要紧紧围绕学校建设与发展的总体目标，在实践中学习、探索、研究并实施具有本校特色的管理模式，创造性地开展规范有效的管理行为，更好地促进学生的素质发展、促进教师的专业发展、促进学校的品质提升，在不断优化管理的过程中锻炼和提高管理者的素质。

说起学校管理，这是学校管理者、教师都很关注并都在实践的话题。学校管理的层次和水平，也随着社会的文明进步、现代科技的发展、管理者素养的提升而不断发展。

我认为，现代的管理工作，在经历了经验管理、制度管理等模式后，必将呼唤文化管理。

所谓经验管理，就是在学校管理中起主导作用的是管理者的经验、意志和个人魅力，并以此来带动和影响师生的工作与学习，引领学校的发展。这种管理的感性色彩较重。

所谓制度管理，就是学校建立健全各项规章制度，以此来引导、规范和约束师生的工作和学习，量化考核指标、细化考核内容、优化考核方式，通过有效的措施和手段实现管理的目标。这种管理的理性成分较重。

所谓文化管理，就是以文化为基础、以人为中心的管理模式。其本质是以人为本，其目标是促进人的全面发展，成就人的终生幸福。学校文化管理强调人的能动作用，强调团队精神和情感管理，强调先进文化的引领作用。通过共同价值观的培育和发展愿景的规划，在学校营造一种积极向上、健康和谐的文化氛围，使全体师生都能积极参与到学校管理工作之中，在实现社会价值最大化的同时，实现个体价值的最大化。

实践告诉我们，学校管理的关键是人的管理，管理者要把学校所有的人都"当成人来对待"，学校管理的根本目的就是促进人的和谐发展和幸福成长。

在实践中，我们注重加强管理研究，通过历史传统和经验的继承，学习和借鉴"他山之石"，把"坚持人本管理，促进和谐发展，追求幸福教育"作为学校管理的指导思想和价值追求，并努力学习实践，不断完善提升。

我认为，所谓"人本管理"，就是把"人"摆在非常重要的位置。学校管理实践必须坚持"以人为根本"，要突出人的主体地位，调动人的主动性、积极性和创造性；开发人的内在潜能，使传统的人事管理向人力资源开发转变，通过人的创造性工作来提高管理效能；要尊重人的生命价值，发展人的个性特长，谋求人的自由、全面、和谐的发展。

所谓"和谐发展"，就是把"和谐"作为发展的愿景和目标。学校管理实践要创建一个符合人性规律和教育规律的生态系统，通过管理者和管理对象的共同作用，让学校成员中个体、群体、成员之间以及学校组织与社会层面都得到积极而协调的发展，实现学校管理的理想与目标。

所谓"幸福教育"，就是把"促进并成就人的幸福"作为教育的根本目的，让教育真正成为人生幸福的源泉。在学校管理实践中，规划"做幸福的人"的共同愿景，通过教师优质的、幸福的、创造性的工作，培育学生拥有幸福人生而需要的幸福观念、幸福品质和幸福能力，让每个学生都能有效地发现幸福、体验幸福、分享幸福、创造幸福，在成就学生的同时，体现教师的人格尊严、职业价值和人生意义，同时还要实现学校教育对家庭教育、社会教育的有效引领和辐射。

民主治校　共商学校发展大计

（二）管理策略的选择

我们知道，管理是学校工作的核心，管理的品质将决定学校发展的品位。可以说，学校管理是一门科学，需要认真地学习研究。学校管理既要体现"管"的刚性的要求，要求科学合理的制度和规范的约束；又要注重"理"的柔性的疏导、调理，实现在制度规范前提下的交流、引导和协调。学校管理还是一门艺术，需要管理者正确处理好"人与人"的关系，处理好"人和事"的关系，处理好"个人与团队"的关系。管理者不能仅靠职务权力的影响力来"管"和"理"，更不能通过"管、卡、压"来发号施令。学校管理还是一种创新，教师是特殊的群体，他们都有良好的素质和较强的自尊心，都有较强烈的自我发展愿望和工作向好的追求，其主观能动性的发挥程度将会影响管理工作的效度。管理要素的不确定性也要求管理者不能故步自封，不可依靠"模式化"批量操作，而要通过管理者的创新实践，不断优化管理理念和管理方式，提高管理效能，方能实现管理的目的。作为管理人员，一定要不断学习管理理论，不断强化自身修养，以高度的责任感和强烈的事业心在管理中学习思考、总结提升。

1. 依"法"管理

我们知道，国家的法律法规是每个公民必须遵守的行为准则，具有很强的刚性约束力，任何人都不能触犯或越过这个底线。同样，学校的各项规章制度是学校全体成员共同制定、一致认可并共同遵守的从业规范，对全体教职员工都具有引领、指导和约束作用，任何人也不能例外。在管理工作中，我们要不断学习实践，努力健全教代会制度，做到"校长负责制""党组织监督保障""教代会民主决策"等制度的有机统一。学校要依靠国家相关的法律法规和学校的规章制度来实施管理，做到有法可依、有章可循。同时，学校的管理工作要做到科学民主，坚守"公正、公开、公平"等学校文化的底线。在法规和制度面前人人平等、一视同仁，不可亲疏有别，不能朝令夕改。这样，学校的管理工作就会得到教职员工的理解、认同和支持，就会收到事半功倍的成效。

2. 以"德"管理

"德行"是一个真正的"人"的人格特征的核心成分，也是评价一个人综合素质最重要的指标。作为学校的管理者，我们不仅是一个合格的社会人，也不仅是一个普通的职业人，还应该是品德高尚、业务精湛、乐于奉献的优秀的领军人。一位名人说得好："要考量一个人的德行，请给予他权力。"意思是说，人在一般普通的岗位时，可能是一位非常优秀的员工，当他（她）走上管理岗位、赋予他（她）一定权力的时候，就会面临很多的诱惑和挑战。权力越大，面临的诱惑和挑战也越大。对管理人员来说，这的确是一个严峻的考验。我曾多次和学校的管理团队讨论，作为一名管理人员，也就是俗话所说的校内的"官"，最起码要守好两个底线。第一要守住法律底线，不能违法，不能犯法；第二要守住道德底线，要作风正派，对家人、对他人、对自己负责。做到这些，你就不会犯错误、栽跟头。所以，"好德行"是管理人员最重要的标准。

什么是好德行？什么样的人是君子？弘一法师李叔同曾形象地说过："我不认识何等为君子，但每事肯吃亏的便是；我不认识何等为小人，但每事好占便宜的便是。"做管理者，只要没有私心，只要不谋私利，只要乐于奉献，群众就会接纳你、认同你、理解你、支持你。相反，作为学校管理者，如果你一心钻营，你要为自己耍"小聪明"，你要对别人玩"小动作"，做人的"德行"不好，你就做不好管理，也会毁了自己。

孟子曰："以德服人，心悦诚服也。"每一个管理人员都要以自己高尚的人格、优良的德行和修养来赢得大家的信任，用自己的人格、非权力影响力来引领和带动大家做好工作。作为管理者，要有宽广的教育情怀，要有坚定的责任担当，要有阳光的心态，要有真诚的理解宽容，要有坚守的公平原则，要有廉洁的自律要求。要有积极的榜样示范，要有无私的奉献精神，在实践中实现孔子说的"其身正，不令而行；其身不正，虽令不从"的管理境界。

3. 用"心"管理

学校的管理人员，全是来自一线的教师，也都是"想干事、会干事、能干事、干好事"的优秀教师。大家肩负着组织的重托、领导的信任和教师的期望，在完成本身的教育教学工作的同时，还要承担学校、部门或年级的管理工作。可以说，能走上管理岗位，大家都有三样本事：看"家"功夫，他们是教学业务上的精兵强将；当"家"本领，他们有独当一面的处事能力；发"家"诀窍，他们在不断寻找发展自己的新"增长点"。

管理人员要用心学习与反思，要善于取人之长、补己之短；要善于思考总结，把管理知识转化为实际的能力，使决策达到科学化、最优化；要正视自己工作中的问题和困难，虚心听取大家的意见和建议，依靠大家的智慧化解矛盾，借鉴别人的经验解决问题。

管理人员要用心实践与创新，按照学校的规划，精心谋划自己的管理工作，科学安排自己的管理工作，开阔思路、大胆探索、勇于创新；要克服惯性思维，要有主见和创意，不断挑战自我；在工作中关注细节、贵在坚持，要讲究品位、精益求精；在实践中不断积累和丰富自己的管理经验，提升管理水平，促进学校工作不断迈上新台阶。

管理人员要用心履职与担当。俗话说，"在其位谋其政"，既然身在管理岗位，管理人员就要有职业良知，就要有责任担当，就要发挥应有的作用。做管理要学会交流、合作，管理工作分工不分家，管理工作占位不空位、补位不越位、搭台不拆台；要拒绝平庸，不能得过且过；要克服中庸思想和只做老好人。凡事好好好、是是是，明知有问题，就是不愿管、不想管、不敢管，谁也不得罪，惯于和稀泥，实是不作为，这些，都是极度不负责任的渎职表现，这样最害人、最误事，会严重影响到人的进步和学校的发展，也会影响自己的管理权威，最终是领导不满意、群众瞧不起。

4. 倾"情"管理

作为学校管理的重要对象，教师和学生都是一个个鲜活的生命个体，他们有思想、有感情、有独立的人格、有各种需要，并渴望享受成长、期盼成功，实现自身的价值。作为学校的管理者，我们应该尊重师生、理解师生、关心师生，用爱心、关心、真心、诚心来打造既严谨有序、又宽松和谐的工作、学习环境，使管理者和被管理者成为彼此信赖、相互尊重的知心朋友，成为愿景一致、同心协力的发展共同体。

记得白居易在《与元九书》中写道："感人心者，莫先乎情。"这说明情感的重要。实践也告诉我们，学校管理不仅需要组织系统的理性管理，也十分需要关注非理性的感性管理。

管理者要真心热爱管理工作，热心参与管理工作，做到管理有热情、有激情、有真情，把每个教师和学生都视为"需发展、可发展、能发展"的"最重要"的人。管理者在管理工作中要注重晓之以理、动之以情、付之以行，做到制度约束与人文关怀相结合，信任大家的能力、水平，尊重他们的人格、劳动，关心他们的工作、生活，要让每个教师和学生都能感受到集体的力量和"家"的温馨，使他们产生强烈的归宿感、成就感、幸福感。管理者要做好老师和学生的服务员，多做"予人玫瑰、手有余香"的事情，这样，管理就成为一件容易的、幸福的事了。

5. 凭"智"管理

学校管理是一项复杂的系统工程，管理者面临的是各具个性的老师和学生，面对的是素质各异的家长和相关的部门领导。这就要求管理者在实践中不仅要有勇，更要有谋，不仅要有激情，更要有智慧。俗话说的"智勇双全"也是"智"在先啊。

学校管理是一门艺术，面对相同的人、相同的事，处理的方式方法不同，其效果肯定各异。管理者要不断学习积累、不断实践反思、不断总结提升，逐步适应管理工作、胜任管理工作。可以说，我们每一个管理人员都是这样成长、成熟并逐步走向成功的。

管理人员要努力学会借助情感投资，建立良好的人际关系。管理者应以自身高尚的职业道德，对被管理者施以影响熏陶，给予强有力的"感情投资"，坚持"以心换心""以情感人"，赢得广大师生和家长的信任、理解、支持，这样，管理行为方可收到预期的效果。

管理人员要学会换位思考，体谅、宽容别人的差错；要站在被管理者的角度考虑问题。可以说"换位思考"是管理沟通的润滑剂，是人性化管理的凝聚剂，是对立情绪的融化剂，是民主管理的催生剂。管理人员拥有一颗平常心，从师生的需求出发，把老师和学生的优点放大再放大，对师生的缺点和问题要调查原因、分析背景、正面引导，处理时要注意讲究策略和艺术，以实现预期的目标。

管理人员要善于利用人脉资源，学会迂回处理问题；能够团结人、凝聚人，对管理对象要有信任感、期望感、同情心；要从发展的视角看问题，坚持相信人、鼓励人、成就人。管理人员要有同事缘、孩子缘、家长缘、社会缘，学会借用外力巧妙处理棘手问题。

管理人员要把握科学方法，提升管理工作品位；要学会总结过去、把握现在和规划未来，了解学校管理的特点和教育教学的规律，从大局着眼、小处着手，大智若愚，难得"糊涂"；要能吃得了辛苦、受得了委屈、化得了误会，善于借用团队的智慧和才华，优化管理、成功管理。

学校的管理者，不管是校长、副校长，还是中层管理人员，都比普通教师多一分责任、多十分辛苦。"管理就是服务"这不是一句空话，而是要落实到实际行动中，贯穿于工作实践中。电视剧《宰相刘罗锅》的主题歌中有句歌词是"老百姓心中有杆秤"，这杆"秤"能称出每个管理者的"分量"。还有一句俗语叫"人在做，天在看"，我们管理人员的履职状态、能力水平、工作绩效、褒贬优劣等，都在学校老师和学生的心中，我们每时每刻、每一件事都在接受师生的监督和评价。因此，"打铁还需自身硬"，我们每一个管理者都要通过自身的努力，以坚定的职业理想、高尚的职业道德、精湛的业务能力和突出的管理水平、显著的工作业绩，赢得领导的认同、教师的认可、学生的喜欢，从而体现自我管理工作的价值，实现自己专业的成长和发展。

（三）强化"正能量"的管理

"正能量"本是物理学名词，而"正能量"一词的流行，源于英国心理学家理查德·怀斯曼的专著《正能量》。这是一本能彻底改变我们工作、生活、行为模式的心理学著作。

为优秀教师颁奖

理查德·怀斯曼是英国大众心理学传播方面的教授。在《正能量》这本书中破除了我们过去秉持的"性格决定命运""情绪决定行为"等认知。该书通过各种有趣新奇的实验，得出一系列行之有效的方法来影响我们的信念、情绪、意志力，并通过一系列的练习，提升我们内在的信任、豁达、愉悦、进取等正能量，同时规避自私、猜疑、不自信的负能量。也就是说，作者将人体比作一个能量场，通过激发内在潜能，可以使人表现出一个新的自我，从而更加自信、更加充满活力。

当下，"正能量"作为一个"热词"，指的是一种健康乐观、积极向上的动力和情感。"正能量"广泛运用于各种场合，我们为所有积极的、健康的、催人奋进的、给人力量的、充满希望的人和事贴上"正能量"的标签。它已经上升为一个充满象征意义的符号，与我们的情感深深相连，表达着我们的渴望、我们的期待。

幸福学校建设的学习实践，同样处在一个"能量场"中，我们学校的管理也需要"正能量"的激发。

1. 办幸福教育我们需要"正能量"

我们从事的是教书育人的伟大事业，政府把培养未来建设者和接班人的责任托付给我们，家长把全家的希望拜托给我们，我们肩负的担子分量实在是重啊！为了做好我们这份职业、成就我们这份事业，我们需要手捧良心去工作，需要创造良好的环境，需要营造积极的、健康的、催人奋进的、给人力量的氛围，需要激发浓浓的"正能量"。

2. 建幸福学校我们需要"正能量"

我们的学校是一所百年老校，历代先贤为学校积淀了丰厚的文化，形成了优良的传统，为今天的发展奠定了坚实的根基。今天的实小人在继承中发展，在发展中创新、勤奋努力、与时俱进、求真务实，把实小发展不断推上新的台阶，这其中也蕴含着巨大的"正能量"！在茫茫人海中，我们来自各地，汇聚于此，为了共同的理想，从事一样的工作，这是一种缘分——事业缘、同事缘、朋友缘！这里内涵丰富、公平正义，大家彼此珍惜、和谐共生、幸福共享，在这样的"大家庭"中学习工作，每个人"正能量"的激发，就汇聚成整个实小团队"无穷大"的"积极、向上、向善、阳光、健康、充满活力"的"正能量"。

3. 当幸福教师我们需要"正能量"

我们是"窗口"学校的管理者，是优质学校的教育者，对此，我们倍感自豪和骄傲。领导认同我们，社会放心我们，家长信赖我们，孩子爱戴我们，因为我们有师者的职业道德、有扎实丰富的专业素养、有令人信服的从业佳绩。在这里，每个教师，每个员工，代表的都不仅仅是自己，而是这个优秀的团队。我们个人专业水平的高度，就决定了团队形象的高度，就决定了办学内涵的高度。在充满"正能量"的团队里，任何人都没有理由自由散漫、不思进取，任何人都不会满足现状、停滞不前。时代在发展、社会在进步，教师从业的要求更加严格，名校的标准不断提高，终身学习应该成为我们每个人的生活方式，专业发展应该成为我们每个人的自觉追求。既然选择了教师职业,就应该热爱教师;既然选择做实小的教师,就应该做实小优秀的教师。我们从 2002 年起,每个学期末近 30 个项目的"考核表彰文件"记录下每个人的足迹,学校每年年底的《荣誉册》记载着每个团队和个体创造的辉煌。这些都留在校史馆里,永远见证作为今天的实小人的努力和奋斗。我想,每个人都会在此留下一些属于自己更属于团队的宝贵财富。所以,我们要不断地激发和释放自身的"正能量",大家一起学习实践、反思提升,在促进学校发展、在成就学生成长的同时,实现自我专业水平的提高、职业品位的提升,在教书育人的实践中享受教师职业的幸福。

4. 育幸福学生我们需要"正能量"

我们的服务对象是天真烂漫的孩童,教师的言传身教将影响和促进学生们的发展。老师是学生的镜子,学生是老师的影子,有什么样的教师,就有什么样的学生。在工作中,我们要有博大的胸襟,要有向善的人性,要有仁爱的情怀,要有厚德的风范,要有渊博的学识,要有进取的精神,用我们老师的"正能量"来影响学生,教育学生,让学生享受"师爱",让学生拥有"健康",让学生体验"成长",让学生成为"自己"。每个老师都要做学生生命成长的"贵人",教育学生健康、快乐、文明、诚信,教育学生自主、合作、探究、创造,教育每个孩子当下和未来的幸福奠定厚重的底色。同时,通过对学生的教育,把幸福教育的"正能量"辐射到家庭,弥漫到社区,促进社会的和谐幸福。

我们的学校教育,承担的是教书育人的伟大使命,我们每天要面对的是充满好奇的小学生,我们每天要做的是"传道、授业、解惑"的平常事,我们每天想聆听"向上生长"的拔节声,我们每天能体验"教学相长"的成就感。作为学校的管理者,要相信自己,积极、健康、自信,求真、向善、尚美,务实、创造、发展,这永远是我们事业的追求、工作的理想、发展的目标。它将不断激励我们学习、引领我们工作、促进我们成长,我们永远需要"正能量"!

(四)实践"集团化"的思考

作为当地相对优质的学校,我们坚守"竖起脊梁担事"的历史传承,主动关注并积极参与推进区域基础教育的均衡发展工作,努力培植、放大优质教育资源,实现优势共享、发展共赢。2006 年组建实小教育集团,通过十年努力,现已形成"五区布点、幼小联动、资源共享、特色发展"的"五校六园"的办学格局，成为超万人规模的教育集团，为促进当地基础教育又好又快发展做出了应有的贡献。

1. 示范引领，明确集团化办学的价值定位

记得成尚荣先生说过，名校是客观存在的，名校存在的最大价值不在自身，而在于影响、辐射、带动和促进。一般说来，名校都有科学的教育理念，这是学校文化的灵魂，也是学校发展的航标，虽然看不见、摸不着，但是它就像空气一样弥漫在校园的每一个角落，浸润在每一个师生的心中。它既决定学校办学的方向，也指导学校管理的实践，更影响师生的成长发展。实施集团化办学，就是要用名校的办学思想去影响和辐射成员学校，使之逐渐成为集团成员共同的教育追求和实践指导；名校都有比较成熟的管理经验，这些都是经过较长时间的探索实践并被证明是富有实效的、切实可行的管理模式、管理策略，实施集团化办学就是要通过管理人员的输出、管理思想的渗透、管理方式的嫁接等，帮助成员学校提升管理效能，优化管理品质；名校都有比较优秀的教师团队，他们爱岗敬业、勤奋学习、专心教研、乐于奉献，实施集团化办学就是要通过师资调配、名师示范、师徒结对等，带动集团成员学校的教师共同发展、不断进步；名校都有比较鲜明的办学特色，这是通过较长时期的规划实践而形成的学校品质的重要内涵，也是一所学校追求的重要目标，实施集团化办学就是要通过特色样本的解读，理解特色内涵、了解规划原则与实施策略，促进集团成员学校根据自身特点和资源优势，借鉴、学习成功的办学经验，选择"属于自己"的特色发展之路，并在实践中走向成功。

2. 强基固本，策应集团化办学的内在诉求

在集团化办学的实践中，承担"牵头"任务的"母体"的样本价值是巨大的，但其统筹管理、示范引领、辐射促进的前提是提升学校的内涵品质。为此，我们抓住学校发展的灵魂和关键，在学校文化建设和教师团队塑造上下功夫。

我们知道，文化管理是学校管理的最高境界。在实践中，我们继承"儿童本位"的教育思想，践行"人本和谐"的管理哲学，坚守"幸福教育"的办学追求，把"促进人的幸福"作为教育核心的价值所在，在科学规范的教育实践中突出人的主体地位、尊重人的生命价值、激发人的发展潜能、发展人的个性品质、成就人的终身幸福。我们把"做幸福的人"作为教育的终极追求，把"做幸福的教育"作为学校最重要的行为方式，把"幸福地做教育"作为学校生活的应然状态，坚持"人本科学、开放创新"的学校管理，促进"全员全面、自主个性"的师生发展，提升"普惠公平、优质独特"的教育品质，实现"健康快乐、成功幸福"的教育理想。

教师是学校教育最重要的资源，是办好学校的关键要素。在实践中，我们把教师队伍建设作为学校最重要的工作抓实、做好，努力培植"名师"资源。随着办学规模的不断扩大，从 2002 年到 2009 年，学校新聘了 200 余位青年教师来校工作。我们把"高尚的职业道德、深厚的文化素养、科学的知识结构、丰富的教育智慧、精湛的教学艺术"作为教师队伍建设的目标。通过理想导航，坚定教师的职业理想，树立教师教书育人的使命感、责任感，鼓励教师终生从教、幸福施教；通过规划引领，从"追求自我发展"的最高需求入手，引导教师将个人的职业追求与学校的发展目标结合起来，科学制订职业发展规划，让教师成为职业发展的设计者、实践者、享受者；通过培训提升，开展有针对性、实效性的校本培训，做实"师表工程"、做好"青蓝工程"、做优"名师工程"。经过努力，一大批青年教师脱颖而出，学校教师团队的综合实力得到较大的提升。近十年来，有 60 多人晋升副高教师职称，有 60 多人被评为"市骨干教师""市学科带头人"，有 12 人被评为"江苏省特级教师"，有 2 人被评为"全国劳动模范"。

实践证明，学校文化建设的成果，为提升集团化办学的品质提供了坚实的思想基础；教师团队培养的成功，为促进集团校区的优质均衡提供了有力的人才支撑。

3. 优管善理，适应集团化办学的现实需要

管理是一门科学，也是一门艺术。"管"是指"刚性"的制度要求，"理"是指"柔性"的引导协调。学校管理是一项综合的系统工程，我们在实践中逐渐探索出了一条适合自己的多校区集团化办学管理之路。

在管理体制上，集团校长及业务校长对各校区开展宏观管理与指导——负责各项工作的规划、协调、指导、考核。各校区校长是校区（幼儿园）的管理核心，主持各校区（幼儿园）的日常工作，规范开展教育教学活动。宏观管理和微观管理相结合、常规管理和创新管理相结合，实现了纵向到底、横向到边的全方位覆盖，消除了工作盲区，提高了管理效能。

在管理模式上，我们实行的是"校区自主，条块结合"。所谓"校区自主"，是指在校委会统一领导下，集团均衡配置师资和管理人员，委派一名校级领导负责一个校区的日常管理工作，幼儿园作为学校重要的组成部分，由一位校领导总负责，统筹几个园区的管理工作。各个校区（园区）在共享优质资源的基础上，根据自身实际，自主地、创造性地开展工作，努力创建各个校区的办学特色。各个校区（园区）都要对集团负责。所谓"条块结合"，是指学校各职能部门管理和年级部管理相结合的模式。其中，"条"管理是校长—分管校长—职能部门，在校委会领导下，由分管校长会同各个职能部门，根据自身管理分工提供优质的管理服务，负责制订各项工作的规划、计划，并做好指导、考核与总结，保证各条线上的工作科学、规范、有效；"块"管理是校长—蹲点校长—年级部，在校委会领导下，安排一名校领导蹲点年级部，学校聘任年级主任，再由年级主任提名，学校聘任学科教研组长、少先队大队辅导员组成年级部的管理团队，以年级部为"板块"进行自主管理。年级主任是年级工作的第一责任人，蹲点校领导负责指导和协调。通俗讲就是把每个年级当作一个"小学校"来经营管理。这样，集团各校区之间、条线之间、板块之间，分工合作，条中有块、块中有条，相互协调，保证集团各校区（园区）事事有人做、人人有事做、事事能做好。

4. 灵活适度，优化集团化办学的理性选择

客观地说，实施集团化办学在很大程度上是应政府引导所为，是依教育行政命令所行，这是一条新的教育改革发展之路，没有现成的经验借鉴，没有成功的模式效仿，只能"摸着石头过河"，在遵循教育规律和管理规律的前提下，探索适合自己的、形式灵活的、适度可行的集团化办学路径，实现促进基础教育优质均衡发展的预期目标。

第一，把握集团发展的"速度"。地方教育行政部门主要把集团化办学作为促进区域教育均衡发展的主要举措，积极鼓励集团化办学，通过"名校＋新校""名校＋薄弱校""名校＋农村校"等托管或领办方式，逐步将一个区域内的所有相同学段的学校，分解成若干"集合"，每个"集合"呈现"一拖 N"的格局——由一所相对优质的学校为"主机"系统，周边 N 所学校为"辅机"系统的区域教育共同体或学校发展联盟。在实践中，要把握好集团发展的速度，循序渐进，积极创造条件，既需"红娘做媒"，更要"你情我愿"，既要积极参与，更要稳健前行，条件成熟适

时扩容。我们从"一校两园"到"五校六园"经历了八年的努力，从而保证了集团发展的内涵品质。

第二，把握集团发展的"深度"。实施集团化办学，即要做好"深度归并"，又要避免"浅度应付"，不能只是"跟风"挂块牌子，实质上各个集团成员还是"各敲各锣""涛声依旧"。要重视和处理好校际文化差异、人员融合不易、管理效能不高等问题，根据历史传承、地域特点及行政区划，灵活决定合作的"紧密度"。我们有"三校三园"属于最紧密型，同属"市直"管理，一个法人；另外"两校三园"分别由三个行政区政府建设，属于次紧密型，分别由集团委托一名副校长（副园长）任法人，自主管理并接受集团及所属区教育行政的管理指导。这样，根据关系属性区别对待，关系明确，责任分明，操作便捷，成效显著。

第三，把握集团发展的"广度"。实施集团化办学的目的就是要努力放大优质资源，增强其影响与辐射功能，引领和带动更多的学校共同发展、个性发展。我们在实践集团办学的基础上，充分利用自身资源，组建"学校发展共同体"，主动接纳本市9所农村小学加盟，通过安排骨干教师支教、送教，接受对方教师来校挂职锻炼，组织专题观摩研讨、沙龙论坛等活动，实现"联盟共谋、优势互补、凸显个性、共同提升"的目的。同时，学校还倡导成立"淮安市幸福教育研究会"，牵头成立由13个省份30多所学校参加的"幸福教育学校联盟"，联合中国教育报刊社人民教育家研究院，发起成立由20个省份70多所中小学参加的"全国幸福学校共同体"，共同开展幸福教育的实践研究，探索幸福学校建设、幸福教师培养、幸福学生培育的有效路径和实践策略，以实现更大规模的辐射效应。

第四，把握集团发展的"效度"。实施集团化办学可以实现"办好一所学校，造福一方百姓，成就一方孩子，促进一方文明"的教育理想，达成集团成员"源于母体、别于母体、优于母体"的"同质异景"发展目标。具体来说，集团化办学，一是有效地促进了学生的素质发展。科学规范的教育管理，为深化和推进素质教育提供了坚实的基础，促进了学生全面发展、全体发展、自主发展和个性发展。二是有效地促进了教师的专业发展。厚重的学校文化、共同的发展愿景、务实的校本培训为教师的专业成长提供了强大的动力，也为学校管理者搭建了广阔的实践演练的舞台。三是有效地促进了学校的内涵发展。学校的文化得到优化、制度得到完善、优势得到互补、特色得到丰富、发展空间得到拓展。在实施集团化办学的过程中，我们要注意对管理绩效的把握与提升，科学改革管理体制，下沉管理重心，提高管理效能，努力探索适合自身的实践模式，最大限度地发挥集团人、财、物的综合功能，促进集团的可持续发展。

教育是一种责任，需要我们来担当；教育是一种情怀，需要我们来分享；教育还是一种幸福，需要我们来创造。集团化办学给我们搭建了"担当、分享、创造"的平台，也为我们实现教育核心价值提供了有效的实践路径。我们已经在路上，我们将努力前行。

（五）发挥"小团体"的功能

教师是学校教育的第一资源，教师的工作品质决定着育人的质量和办学的品位。教育主管部门和学校非常重视教师队伍建设，通过建立严密的组织体系、制定严格的管理制度、开展扎实的培训活动，有效促进了教师的专业成长。随着教育教学改革的不断深入和教师自我专业成长的自觉，这些"来自官方"的"正规组织"的"共性化"的学习培训活动，已经不能满足不同教师的"个性化"的发展需求，不能适应信息时代"自主化"的学习方式，不能体现各类教师"特色化"的成长路径。学校应该在"人本和谐"理念的指导下，积极倡导学习型组织建设，充分调动教师自我成长、自我发展的积极性、主动性和创造性，努力培植有利于教师成长的环境和资源，为自发萌生的学校内部和学校之间的一些"小团体"建设提供支持和帮助，充分发挥这些"小团体"的"大作用"。

1. 立足学科教学，发挥"小团体"的教研功能

教学是学校的中心工作，学科教研组是教师开展学科教学研究的最主要的平台。我们在强化教研组建设的同时，积极鼓励和支持"民间"教研组织的活动，充分发挥其自主、灵活、开放、个性的研究优势，促进教师的专业发展。其中"小语部落"就是这样的典型代表。

2007年秋，学校在五千米以外的淮阴区建设长征校区，从百余位语文教师中抽调13人前去"创业"。习惯了"大兵团作战"的他们如何进行"小分队作业"，以一二个人为独立单位的教研怎么做，真成了陌生而严肃的课题。一个偶然的机会，长征校区的几位语文教师在和淮阴师院老师们交流时，萌生了以教科室刘须锦主任为牵头人、以学科教研名义成立"小团体"——"小语部落"的想法。这个"纯民

间""草根式"的教研组织，有自己的理想和追求："为了我，为了我们，为了语文，为了我们的语文……走到一起来，共建"小语部落"，守候栖居在我们心灵中的语文，发芽、开花、结果"；"小语部落"有自己的工作内容："定期交流经验、研讨教学困惑、探索教学新路……但必须姓语名文"；有自己的活动形式："'面鼻'对话、网络交锋、电话传情"；有成员加盟标准："有三年以上小学语文教学经历，有意于小学语文教育教学研究，热心语文课堂改革、语文活动策划、语文信息传播的小学语文老师"。"小团体"平时随时、随机相互交流互动，但每学期至少开展一次相对集中的专题研究。

"小语部落"还借助高校教师的科研力量，借助"凤凰语文"的交流平台，借助《小学语文教师》编辑部和省市教研专家的资源，联盟市内外众多"志同道合"的网友，开展丰富多彩的富有针对性、实效性、特色化的教学研究。几年来，"小语部落"先后邀请大学教授、杂志社主编、省小语教研员、教材主编、小语名师来校，举办了"小学语文教学的得与失""我能为学生语文、教师语文做什么""小学古文教学""拼音教学""把想法放进课堂"等专题活动，通过沙龙研讨、网上头脑风暴、专家讲座、问题咨询等，激发了教师的研究意识，提升了教师的研究水平，提高了语文教学的效益。现在，"小团体"的"滚雪球"效应显著，逐步形成以本校教师为主体，众多市内外同行和小语研究人员广泛参与的"大团体"，其存在价值和活动意义日渐凸显。

2. 注重专题研讨，促进"小团体"的整体提升

教育科研能力是教师发展品质的重要标志，也是学校发展和教师成长的重要基础。我们在强化教师科研意识、开展科研培训的基础上，注意培植科研典型，鼓励他们带动和辐射周围的同事参与研究，共同提高。

学校在申报省、市及国家级研究课题时，由主持人面向全校公开招募成员，凡对课题感兴趣并愿意参与实践研究的教师均可参加，学校充分尊重大家的自行组合，积极创造条件支持他们开展课题研究活动，在研究经费、活动时间、安排场所、邀请专家等方面提供保证，由此形成了许多以主持人为"圆心"的大小不同的"小圆圈"。他们自主、有计划地开展研究活动，理论学习、问题讨论、课堂实践、专家指点、成果汇编等，这些"小圆圈"又汇集成覆盖几乎所有教师、所有学科的"大圆圈"，使"科研兴校、科研强师"战略得以较好地落实并取得预期的效果。

"教海探航""师陶杯"征文评选是全省小学教师重要的科研演练场，也是"含金量"很高的成果展。学校根据青年教师多的特点，以参与活动为抓手，鼓励有"专长"的教师自行组合，成立若干团队，发挥他们的示范引领作用。"理论学习组"由教育教学理论功底厚实的老师组成，他们负责向大家推荐阅读书目，开展阅读沙龙，交流读书经验，分享读书成果；"教学实践组"由特级教师、学科带头人自由组建，关注学科教学的重点、难点，有目的地开展课堂专题研究，上课、说课、评课、讲座等，为大家提供丰富的研究样本，很好地诠释了"好文章是做出来的"真经；"写作指导组"则以历届"杰出水手"和"获奖专业户"为龙头，为大家做好活动的组织和指导工作，征文信息的发布、写作主题的筛选、撰写技巧的指导、文本格式的编排等，每个人周围都有一群学有所获的"追随者"。这些"小团体"的努力，有效地促进了青年教师的专业成长，大家学习多了、实践多了、研究多了、写作多了、进步大了。从2007年至今，在省"教海探航"、省"师陶杯"教育科研论文竞赛中，我校成绩连续十年居全省学校前列，成为备受关注的"淮安实小现象"。

3. 尊重个性发展，创造"小团体"的特色优势

学校青年教师人数多、素质好，他们除了接受了良好的专业教育外，还各自拥有一定的特长、爱好，真可谓藏龙卧虎、人才济济。他们上进好学、精力充沛，除了完成正常的教育教学工作外，还希望学校能为他们提供个性发展的条件和展示才华的舞台。我们尊重教师个性发展的需求，积极创造条件成全他们的追求，使教师精神生活得以丰富、心理需求得到满足、个体价值得到体现、职业幸福感得以增强。

"金亮之声"是我校以费金亮老师为首的一个声乐团体，在学校和社会上都有一定的美誉度。费老师是一名音乐老师，他热爱声乐艺术，勤奋努力、刻苦钻研，多次到北京拜师学艺，经常和同行切磋交流，个人的声乐演唱水平也显著提高。他还吸引了校内外不少声乐爱好者向他学习。2008年5月，在学校的精心组织下，费金亮老师的个人独唱音乐会隆重举行，来自省内小学音乐教育界的同仁、师范学院音乐系的老师、市教育及文化艺术界的专家、声乐爱好者、师生及家长代表1 000余人参加了此次活动，首开我市小学教师独唱音乐会的先河。淮安电视台做了专题报道，在市内外产生了积极的影响。费老师还发挥自己的专长，组建了50多人的少儿合唱团，利用课余时间和节假日，义务为学生教学辅导，很有成效，很多学生在各类声乐比赛中获奖。"六一"前夕，经过精心准备的费金亮师生"朝霞之歌"专场演唱会在几个校区巡回演出多场，受到领导、专家的高度评价，深受师生和家长好评。

"金亮之声"的积极效应不仅反映在音乐教师团队，美术、体育老师们也开始思考、探索和发掘自己的潜能，努力让自己的专长能更好地服务于教学、服务于孩子们的成长、服务于自己的专业发展。学校的"书画俱乐部"资料齐全、"四宝充足"，课余时间汇聚了不少有此爱好的老师。他们或研讨方法，或挥笔泼墨即兴创作，每个人都有"绝活"，并带有一帮爱徒。他们让每年的"六一"师生艺术作品展成为校园最亮丽的风景。朱俊老师不仅把个人的书法展办在校园、搬上网络，还应邀送展师院，成为大学生的书法导师。也因为教师的专长得以发展，我校才有了历届全市小学生"四棋比赛"的团体第一、全市小学生艺术大赛获奖的"半壁江山"，才有了全国小学生机器人大赛的多次一等奖和国际香港赛区的冠军佳绩。

4. 组建发展联盟，实现"小团体"的资源共享

作为一所百年老校，我校积淀了丰厚的文化底蕴，形成了优良的办学传统和鲜明的办学特色。在大力推进教育均衡发展的大背景下，就如何利用自身优势，发挥好"窗口学校"的实验示范和辐射引领作用，我们进行了积极的探索和尝试，最终决定组建学校发展共同体，以实现"以校为本、资源共享、合作共赢、整体提升"的目标。

学校集团这个"小团体"，小学部有三个校区，幼儿园有四个园区，我们尝试以"校区（园区）自主、级部管理"的模式，实施动态管理。在"人本、和谐、幸福"的办学理念引领下，鼓励各个校区（园区）充分利用自身优势，创建不同的教育特色。不同校区（园区）的职能部门、年级部、教研组和教师之间，根据需要建立跨区联系，就共同关注的问题和研究的课题，自主安排活动，增强相互的合作交流，彼此分享优质资源，促进共同发展。在此基础上，我们还联络多所乡村和城郊的小学，自行组建学校发展共同体。"小团体"成员单位地位平等、目标一致、义务共担，坚持以"联盟共谋、校际联动、优势互补、共同提升"为发展愿景，以促进教师专业发展为抓手，以深化教育教学研究为中心，以丰富多彩的交流研讨活动为载体，促进对学校管理决策的深入研究，促进学校文化建设的内涵提升，促进学校教师队伍建设的快速发展。在彼此互派教师和管理人员的同时，有计划地开展学校管理、教师管理、班队管理、教学管理、科研管理、特色管理等专题研讨活动，做到每个学年有研讨主题、每个学期有研讨专题、每个月有研讨话题，共同体成员都能提前准备，轮流承办，让每个学校的教师都有机会直接参与各种研讨活动，相互学习交流，相互启发提高。实践证明，学校发展共同体建设，有效地促进了教师的专业成长、促进了成员学校的内涵发展、促进了城乡教育的均衡推进。

雅斯贝尔斯说："真正的教育是一棵树摇动另一棵树，一朵云推动另一朵云，一个灵魂唤醒另一个灵魂。"真正的能有效促进教师发展的"小团体"也应该是"团体中个体之间的相互摇动、相互推动、相互唤醒的过程"，是"'小团体'之间相互影响、共同提升的过程"。这样的"小团体"越多，教师的专业发展就会越快、越好，学校的内涵发展就会更快提升、更有品位。

(六)重视"他山石"的价值

随着现代社会的发展，教育开放已经成为重要的发展趋势，同一地区的不同学校之间、不同地区的学校之间乃至不同国家和地区学校之间的交流越来越受到重视，互动也越来越频繁。不同学段、不同地区、不同条件、不同文化背景的学校，大家都在从事"学校教育"这件事，都在追求"教书育人"的价值取向，都在服务和促进学生的成长与发展。因此，彼此都有共同的责任义务，都在遵循教育的发展规律，依据学生的成长特点，实践自己的教育理想。作为一个学校个体，经常参与校际的交流研讨，不断扩展教育交流互动，可以不断地拓宽自己的教育视野，不断丰富自己的教育实践，在交流中学习他人的教育思想，借鉴他人的办学经验，展现自己的教育思考与办学特色，相互交流，相互分享，相互学习，相互启发，相互合作，实现共赢。

2015年11月，我受省教育厅安排，有幸参加第11届中小学校长国际论坛澳大利亚分论坛的活动，接受澳大利亚中小学教育、教师培训模式以及相关案例的培训，进入澳大利亚中小学课堂开展观摩体验活动，与澳方校长进行互动交流研讨。

在此期间，我们前后到"昆州""新州"和"维州"参加活动。在布里斯班，我们参加了校长论坛，访问昆士兰科技大学与孔子学院，分组到中小学参观访问、跟岗学习，与澳方校长交流，小组讨论汇报与分享；在悉尼，参加"新州"教育部组织的校长论坛，听取澳方小学校长的主题讲座及研讨，访问"新州"的孔子学院，听取外方

参加第六届江苏中小学校长国际论坛

院长的专题报告，并就大家关注的问题展开讨论与分享；在墨尔本，我们参加了维多利亚·江苏的校长论坛，听取中外教育官员的教育简况说明和中、澳校长的专题讲座，和澳方的校长们分组开展专题研讨与交流，到澳方中小学参观访问，最后参观"维州"教育部教育领导力研究所，听取"维州"教育部人事官员关于校长选聘的主题讲座与研讨。

本次学习考察，特别是到澳方小学去参观访问，与澳方校长就小学教育的培养目标、课程设置、教育教学实践、教师队伍培训、办学特色打造等方面进行了较深入的交流，结合我们自身状况比较，感受较深。

一是培养目标的一致性。学校教育是促进人的成长和发展、为人的当下和未来幸福奠基的事业。尽管我们彼此的文化背景不同、国情制度有别、学校差异客观等，但两国小学教育的责任与使命是相同的，育人的愿景与目标是相近的，都希望通过努力，更好地促进儿童快乐学习、健康成长，都期待在自己的校园里，每件事都成为教育独特的风景，每个人都发展为最好的自己。

二是学校管理的差异性。学校管理是一项综合性工程，关乎教育目标的有效达成，关乎发展内涵的品质提升。我们双方在这方面都有自己的思考，并探索行之有效的实践路径。但由于国情不同，彼此在教师管理、学生管理、课程管理、教学管理等方面都存在一定的差异，体现了各自独特的个性。我们认为，双方教育管理的思想、路径和策略，只有个性差异，没有优劣之分，适合自己的就是最好的。

三是教育经验的互补性。在教育实践中，我们双方都很注重对儿童学习兴趣的激发、学习习惯的培养、学习方法的指导和学习能力的提高，都很注重促进儿童全员发展、全面发展、自主发展和个性发展，都很注重儿童身心素养、人文素养、科学素养和艺术素养的培育与提升。但在实践操作中，双方有着不同的方式方法和实施策略，积累了成功的经验，值得彼此交流与分享。如澳方学校的全纳教育、差异教育、特色教育及家长资源的开发与应用等，值得我们学习借鉴。

四是友好合作的可能性。随着科学技术的发展，现在的世界已经变成了地球村。多元的世界也是合作的世界、分享的世界。要培养具有民族情怀、国际视野和综合素养的世界公民，我们小学教育也需要交流分享，实现合作共赢。双方都有这个需求和愿望，并期待通过建立友好关系这个平台，实现学校之间可能的资源共享，以促进双方共同发展。

在访问交流中，澳方学校科学的教育理念、先进的教育设施、精细的学校管理、良好的办学业绩、显著的教育特色以及他们积极参与教育国际化的热情，都给我留下了很深的印象。

一是对教育国际化的重视。我们参观的几所学校的校情有别，办学规模有大有小，有的只有150余名学生，有的达到1 200多人；生源背景差异较大，有的主要是东南亚移民的子女，有的基本全是澳洲本土的孩子。但这些学校都充分认识到教育国际化对培养未来世界公民的意义与价值，并根据自身实际进行有效的实践，如与多个国家的小学建立友好关系，开展有效的交流合作。尽管有的学校目前还没有开展汉语教学，但他们都表现出对中文学习的兴趣与向往，并表达与我们缔结姊妹学校的愿望和期待。他们都希望在教育国际化的实践中分享先进经验，推动学校的发展。

二是对文化多元化的融通。被参观学校都充分认识到不同文化对学生成长的重要作用以及对学校特色发展的重要影响，所以他们注重引导师生对多元文化的理解与包容，开发实施跨文化的教育课程，丰富师生的文化体验。如马格里格小学、罗伯森小学都专门聘用了中文教师，学校配备专用的中文教室，每周安排一小时的中文课程；凯斯博瑞小学根据生源状况，聘请精通东南亚文化的专任教师，专门建设了一个"多元文化理解中心"，里面陈列由家长赠送的体现东南亚文化风格的生活用品和艺术品，布置体现东南亚民族风情的文化环境，这里好像就是一个小型的亚洲博览会，家长和学生都可以参与体验；莱伯伦小学则专门组建"教育国际化"工作团队，有七八位热心的教师参与，专门聘用意大利语专业教师，布置体现意大利文化特色的教室；有些学校还组织了八名学生到南京金陵小学体验访问，学习制作"京剧脸谱"等手工艺品，演唱、演奏我国民族特色的歌曲乐器等；南吉朗小学则在校园里布置了体现中国文化元素的学习环境，让老师和学生近距离接触和体验中国文化，加深对中国的了解。

三是对学校个性化的实践。被访问学校都非常重视学校的特色建设和学生的个性发展。他们很关注学生学业成绩的提升（全国要在三、五两个年级实施统考），实施差异教育，做到因材施教，强化个别辅导，想办法帮助每一个学生都能进步；关注学生兴趣特长的培养，通过开展丰富多元的社团活动，让每一个儿童都找到自己喜欢的活动项目，让每一个学生都成为"优秀的自己"；关注艺术教育、体育教育对人成长发展的影响作用，为儿童的学习和训练提供个性化的服务，如在学校学习钢琴，学校提供琴室，聘请钢琴教师由家长付费。有的学校专门为我们展示了一台文艺演出或中华民族特色表演，有的学校学生乐队和体育运动代表队参加的各类比赛都取得了优异的成绩，产生广泛影响。

四是对教师专业化的提升。被参观学校的教师基本上都是全科教师，所带班级的所有学科的教学任务他们基本上都要承担（除去少数的体育、艺术等课程）。国家只有课程标准和教学大纲，教材内容都由教师自主安排和组织，所以教师的专业能力就决定了学校的教学质量。因此，学校都高度关注教师的专业成长，非常重视教师队伍的培养，通过学校引导、个体自修、团队研讨等路径，为教师的学习研究搭建平台、提供服务。有的学校的校长都亲自参与教师团队的教学研讨活动，既示范引领又专业指导，帮助教师提升教学能力。校长团队重视学校发展规划的讨论与评估，并在实践过程中不断完善、不断创新，促进管理决策水平的提升，促进学校的持续发展。

五是对资源校本化的利用。被参观学校都很重视对社区和家庭等社会资源的开发和利用，特别注重发挥学生家长的作用，调动家长参与学校建设与管理的积极性，让学生家长帮助学校募集经费，捐助校园文化项目，参与学校日常管理，协助学校做好孩子的教育工作，实现学校和家庭、教师和家长的有效配合和相互支持。这点特别值得我们学习与借鉴。

俗话说，"耳听为虚、眼见为实"。本次澳洲的学习考察，我们真切地感受到，澳大利亚的小学教育是比较成功的。他们在标准加个性的基础之上，校舍建设生态自然、教育环境亲近自然、儿童成长享受自然；在教育规则的底线之上，学校自主管理、教师自主履职、儿童自主发展；在教育资源互补的规划之下，多元文化的教育彼此接纳、相互包容，共同润泽儿童的成长发展；在合作共赢的愿景之下，结对学校交流沟通，资源共享，取长补短，共同发展。

我们知道，中国与澳洲虽然文化背景不同，国情制度有别，在教育体制和办学模式等方面存在一定的差异，但彼此都很关注教育目标的有效达成，都很重视学校发展的内涵提升，都在积极探索教育改革的实践路径。我们认为，差异也是个性，适合自己的才是可行的，借鉴也是创新，他山之石，可以攻玉。我们要在学习中思考，在批判中吸纳，积极参与教育国际化建设，办好自己优质的且有特色的小学教育，为培养能适应未来社会发展、具有较高综合素养的世界公民而不断努力。

访问加拿大友好学校

(七)关注"私塾教育"的引导

关于现代"私塾"这个话题,在有关媒体上时有披露,有的家长不让孩子接受正规的学校教育,或退学到标榜"国学经典"特色的"学堂"学习,或安排孩子"在家学习"。这种现象在一定程度上干扰了《义务教育法》的贯彻执行,引起社会各界的广泛关注。2011年11月,我有幸参加教育部组织的专家座谈会,与会领导和专家对现代"私塾"现象的成因、利弊以及我们应如何应对和引导等话题进行了广泛讨论,并在《中国教育报》整版报道。

在赴京参会之前,我先后组织了小学、幼儿园学生家长座谈会,学校教师与教育行政领导座谈会,高校教授和教育专家座谈会,就"现代私塾"这个话题进行研讨,最终形成我自己对这种现象的看法和观点,并在《基础教育参考》杂志发表。

1. 现代"私塾"的成因分析

私塾是旧时私人所办的学校,是以儒家思想为指导,以读经、诵典和识字为主要内容的教育形态。随着社会进步,私塾早已被现代学校教育所替代。进入现代信息时代,这种现象又开始萌发,吸引少数学龄儿童退学读经。对此,我们要认真分析它存在的原因,以更好地应对。

(1)经济利益的驱动。部分民办教育培训机构出于生存发展和利益考虑,对原有办学的形式进行包装,以弘扬传统文化为宣传亮点,以突出个性教育为特色基础,迎合社会需求的兴奋点,迎合部分家长的心理满足,且过分放大学校教育的问题,过分夸大私塾教育的功能,高额收取学费(如某地的孔子课堂每年学费三万元,还有的每天都要几百元),以谋求丰厚的经济利益。

(2)传统文化的回归。传统文化是中华民族丰厚的遗产,对培养和提升人文素养有着积极的促进作用。但在一段时间内,民族传统文化的根被砍断了,而主流价值观的树立又离不开文化这个核心,社会对传统文化重新续接的愿望非常强烈。因此,就有部分对传统文化有着深厚情感的人想通过现代"私塾"这个教育平台来实现自己的愿望,或参与举办学堂,或把自己的孩子送进"私塾",或对自己的孩子实施"在家学习"。

(3)学校教育的不足。现代学校的班级授课制,由于班额较大(一般40～50人,有的超过80人),教师不能更好地关注学生个体、因材施教,学生不能接受理想的个性化教育。在升学的压力下，德育被冷落，忽视了做人的教育，教学方式多以传授知识为主，应试教育倾向明显，孩子的个性特长得不到充分的发展。这样，有些家长不信任学校教育，但又无力改变这种状况，只好另辟蹊径，选择自己认为理想化的私塾或"在家学习"来培养孩子。

（4）家长观念的误导。正因为学校教育存在的一些不足，少数家长因噎废食，过分强调当下学校教育存在的问题，负气、冲动地让孩子逃避学校教育；过分强调自己对孩子前途选择的权利，把孩子作为自己的私有财产，一切替孩子做主，不管孩子是否乐意；过分强调传统文化的教化作用，认为人文素养就是孩子素质的全部。

2. 现代"私塾"的利弊分析

任何事物都是一分为二的，它的存在既有所谓"合理"的一面，也会存在一定的弊端。请看以下案例。

××同学，之前接受过几年"私塾"的"国学经典"学习，因为该私塾只有小学部，家长考虑孩子后续发展的问题，于是转入我校五年级就读。办手续的那天，母子俩见到老师谦恭有礼，90°鞠躬招呼、致谢。在交流过程中，孩子只是谦卑地站着，全由母亲代言。

进班后，老师发现，该生待人文明谦让、讲话温文尔雅。《弟子规》《三字经》等国学经典，他多能流畅吟诵，一般孩子无法比拟。起初一个月，该生语文学习也较吃力，但很快适应现代语文的学习方法，后来居上，语文学习能力很强，学科成绩较好。

但是，老师很快就发现，他的数学、英语等学科的基础很差，能力很弱（原来学校没有开英语学科，数学也只是简单的运算）。进校第一次质量检测时，该生数学考了不足10分，英语更是不会，音乐、美术、体育等艺体类课程学习也较费力。与同学比较，他明显缺乏自信，缺乏少年儿童应有的朝气与活力。他除了语文学科外，其他的学习和活动都不太具备"竞争力"。与同学相处，他多是"谦让"，发生矛盾，即使是他人错误，他也多是"避让"和自责，从不和人发生冲突。

在学校近两年的学习中，他是一个听话的"乖学生"，除了对语文学科兴趣浓厚、成绩较好外，他对其他学科学习兴趣比较淡漠，成绩都不很理想。他在集体中显得较孤单，融入班级团队有些困难。

从这个案例，我们可以看出，现代"私塾"有一定的积极元素。

（1）现代"私塾"的出现，是国家和社会开放、进步的表现。国家尊重家长对孩子教育的多元选择，容许社会团体和个人举办经审批合法的有别于现代学校的教育形态，国家鼓励民办教育对公办教育的有效补充。

（2）现代"私塾"的教育形式改变了现代学校教育大班授课制的现状，一对一、一对三的教育更能体现因材施教，更有利于个性化教育。

（3）现代私塾的教学内容强化了传统文化对学生的养成教育。国学经典蕴藏着丰富的人生哲理和为人处事的道德标准，有利于促进学生良好行为习惯的养成。

（4）现代私塾的教学方法，强化了经典诵读，每天花大量的时间学习背诵国学经典，不断丰富传统文化的积淀，提高了学生对语言文字的理解和运用能力。

但是，我们也要正视现代"私塾"带来的消极影响。现代私塾作为非体制内的民间教育形态，由于主客观条件的限制，很多方面都存在问题和缺陷。

（1）办学条件不符合要求。从媒体报道的现代私塾案例中，都可以看到很多现代"私塾"的办学条件与国家规定的规范要求相差甚远。大部分是"以家为校"，建筑面积、活动场地、运动器材配备、功能教室及设备的配置都不能满足规范要求，甚至有些教师也不具备任职资格，有的甚至校长、老师、服务人员都是兼职。这些都无法保证学生学习与生活的安全，不能满足教育教学的需要。

（2）教育目标背离时代要求。《国家中长期教育改革和发展规划纲要（2010—2020年）》指出："全面贯彻党的教育方针，坚持教育为社会主义现代化建设服务，为人民服务，与生产劳动和社会实践相结合，培养德智体美全面发展的社会主义建设者和接班人。"教育学生要全面发展、自主发展、个性发展和可持续发展，而现代"私塾"的培养目标是与此背离的，是不能适应时代要求的。

（3）教学内容片面狭隘。现代"私塾"以诵读国学经典内容为主，排斥全面的现代教育，体现国家意志的课程被抛在一边，有的干脆取消对数学、科学等自然科学的学习，音乐、美术等艺术类学科形同虚设，体育主要以学武为主等。如某地的孔子学堂的课程安排，每天下午第三节课为英语，主要诵读莎士比亚英文戏剧原著，下午第四节课为太极拳，此外，课程还会偶尔安排书法练习，其他时间均为古代经典诵读，包括《礼记》《论语》《孟子》《大学》《中庸》等著作。这些课程和教学内容，除了能提升孩子的人文素养外，很难培养出德智体美劳等全面发展的人，很难造就能适应未来社会发展、具有创新精神和实践能力的一代新人。再者，有的国学经典中还存在着有悖时代精神和违背人性规律的消极成分，如带封建色彩的男尊女卑思想、三从四德、愚忠服从等，这些不加选择的内容，传授给那些分辨能力还很弱的儿童，无疑是一种隐形的伤害。

（4）教学模式违背规律。有些现代"私塾"的教育模式严重违背学生身心发展规律，不利于孩子的健康、快乐成长。如某地孔子学堂的时间安排是：早上5：30起床，5：50朝拜孔子画像，晨练后开始一天的学习。从早上6：10到晚上8：40，共9节课时间，除了吃饭和休息，剩下的时间全用来诵读各种国学经典。孩子们每天要上课八至九个小时（国家规定小学生每天在校不能超过6小时），学习方式主要是背诵。这种教学方式把孩子的学习变成寺庙僧侣般的生活，加上体罚教育、半军事化管理，学生对师长不是尊重而是害怕，这种模式对于幼儿和少年儿童来说，都会严重影响他们的身心发展，造成孩子人格缺陷。同时，有的"私塾"又过分强调自主，一觉睡到自然醒，没有压力、没有作业、没有考试、没有评比，这些不利于学生竞争意识的培养、学习兴趣和学习动力的激发，不利于学生真正健康、主动、全面的发展。

（5）交往能力严重缺失。现代"私塾"，少到几个人，多到十几个人，且相互年龄差距较大。在这样的群体中学习、生活，学生以自我为中心，缺少同伴的沟通交流。而学校的少先队活动、班级干部选举、合作参与各种活动，这在小学和初中都极为重要，孩子们希望在群体中得到认可。还有，在学校学习，不仅是接受知识的教育，还是从自然人到社会人的社会化教育。一个孩子在儿童、少年时代缺少与同伴交往，这是终身无法弥补的遗憾，会严重影响孩子走向社会、适应社会、融入社会。

（6）家庭教育亲情丢失。家庭是孩子成长的第一所学校，家长是孩子的第一任教师，家庭教育、亲情教育是学校教育和社会教育无法替代的。如有的学堂规定，四、五岁的孩子两周回家一次，六七岁的孩子每月回家一次，七岁以上的孩子两三个月回家一次，期间父母不能探视，每月只能拨打一次不超过20分钟的电话，学生吃、用、课外读物全由学校安排。这样，教育的环境被封闭，孩子的天性被磨灭，家长的影响被消除，亲情的享受被剥夺，孩子的学习很难是快乐和幸福的。

（7）"退学读经"隐患严重。退学意味着完全脱离学校的主流教育，进入一个相对狭隘的封闭境地，加上课程设置与教育方式的偏差，其教育质量很难达到学校主流教育的质量标准，必然对学生后继学习产生极大负面影响。孩子完成"私塾"教育后，到哪一级学校继续接受教育、如何参与区域内统一的"中考"和全国统一的高考？这样的教育对孩子的未来学习、就业、发展、融入社会，都是一个极大的隐患。

综上所述，现代"私塾"教育虽然有一定的合理元素，但由于主客观因素的制约，"私塾"教育与现代社会对少年儿童健康成长的要求，与培养全面发展的合格的建设者和接班人的要求还有一定的偏差，有的甚至与现行法规相抵触。

3. 现代"私塾"的应对策略

现代"私塾"作为对现有学校教育制度的补充，应该引起政府和教育主管部门的高度重视，必须采取积极有效的措施规范管理、正面引导，在做好"堵"和"疏"的同时，努力改进和完善学校教育存在的问题。

(1)坚持正面引导。现代"私塾"作为新时期出现的一种教育现象，虽有其生存空间和市场需求，但在一定时期内难以推广，不会对体制内的学校教育形成冲击。政府和教育部门要用包容的心态，积极引导办学主体端正办学思想，做到依法办学，努力使现代"私塾"教育既符合国家法律法规的要求，又能体现自身的办学优势和特色，与学校教育共同担负起教书育人的神圣使命。同时，政府还要引导对传统文化情有独钟的家长，理性、慎重地选择让孩子退学读经。家长可以在尊重孩子兴趣的前提下，到符合办学资质的国学经典辅导机构学习传统文化，将其作为学校教育的补充，统筹兼顾，效果会更好。

(2)加强监督管理。现代"私塾"的问题并不完全在其本身，政府监管责任重大。教育行政部门要严格按照《义务教育法》《民办教育促进法》的要求，加强对现代"私塾"的监督管理。首先，实行民办教育机构准入制，对符合办学条件、办学行为的现代"私塾"，依法审批，积极扶持；对不具备办学资质、违反国家教育法规的现代"私塾"等民办教育机构，坚决取缔。其次，严格审查现代"私塾"的教师资格，保证所有任教人员的合法的资质及合理的结构。再次，严格规范现代"私塾"的课程设置，确保国家规定的课程计划得到落实，开齐开足并上好每一门课、每一节课，保证达到课程标准规定的目标要求，在此基础上再开发校本课程，突出自身的办学特色。最后，加强督导与评估。教育行政和政府教育督导部门要加强对其办学过程的管理，通过督导检查等手段促进其规范办学，通过质量调研等评估其办学水平和教育质量，使之能和学校教育一样，按照"四好少年"的要求培养人才。

（3）深化教育改革。深化教育体制改革，国家要把"教育优先发展"战略落到实处，进一步加大教育投入，努力改善办学条件，为早日实施小班化教育提供保证；继续深化课程改革，全面贯彻教育方针，坚持德育为首，育人为先，积极实施素质教育，努力促进学生全体发展、全面发展、个性发展、自主发展、可持续发展；深化教育教学改革，树立正确的教育观、人才观，坚持以人为本，一切为孩子的发展服务。

（4）改进学校工作。现代"私塾"的出现是对学校教育的一种挑战，我们必须努力改进和完善自身工作。第一，学校管理者需要反思：国家实行九年义务教育，保证每一个适龄少年儿童免费接受小学和初中教育，为什么还会有部分家长宁愿付出大量的人力、物力、财力，不惜像赌博一样为孩子选择现代私塾？我们的学校教育存在哪些问题？学校如何完善课程设置？如何提高教师的职业素养？如何让学校的教育教学更好地适应孩子的成长和发展？对这些问题学校要加强研究，努力改进和完善。第二，学校要从现代"私塾"的教育中获得启发，要有文化自觉、文化意识和文化担当，充分认识到中国传统文化在立德树人上的作用，充分认识到国学经典教育的功能。学校可以通过开展读书节、数学文化节、体育文化节、艺术节、科技节、英语节、礼仪教育、经典诵读、书法展览等丰富多彩的主题教育活动，不断丰富学生的传统文化积淀，提高学生的人文素养、科学素养、艺术素养、创新意识和实践能力，让孩子接受传统文化的影响和熏陶，让优秀的传统文化植根于学生的生命世界。第三，学校要坚持以生为本，尊重学生、关爱学生、引导学生，突出学生的主体地位，加强"轻负高质"的教育教学研究，努力提高教育教学效率，开设供学生自主、自愿选择的兴趣学习班，注重对学生的特长培养，为学生的自主发展创造应有的时间、空间和舞台，满足学生多元发展的个性需求。第四，学校要做好家长指导工作，通过家长会、家长学校、家庭教育研讨会等途径，向家长宣传教育法规，帮助家长树立正确的人才观和教育观，正确对待孩子成长过程中的实际问题。家庭和学校配合、教师和家长配合，共同承担培养符合现代社会要求的合格接班人和建设者的神圣使命。这样，学校从改进、完善自身开始，把每一个学校的小生态做好，进而影响教育的大生态，促进教育事业健康发展、和谐发展、持续发展。

三、我的教学主张

（一）数学本质的初步认识

数学是什么？作为数学教师，只有弄清楚了这个问题，在教学中才能自觉地去揭示数学的本质；只有弄清楚了这个问题，在教学中才能充分地发挥数学的教育功能。

数学的本质是什么？或者说什么是数学？这是一个数学问题，也是一个哲学问题。这看起来应该是专家、教授们研究的话题，但我认为，作为一名小学数学老师，有必要、也应该对这个问题有些了解、有所思考。

什么是数学呢？在不同的时代和不同的发展时期，名家学者都是从不同的属性角度来发表自己的观点，可以说是仁智各见。有时，他们对同一个数学现象的理解也不相同。

1. 大楼有多高？

我们先来看一个例子。

世界第二、中国第一高楼——上海中心大厦（建筑主体为 118 层，总高为 632 米，2016年 3 月 12 日建筑主体正式全部完工），如果我们站在它面前，如何知道它有多高？对此，不同的人会有不同的办法。

研究文学的人会形象地比喻：大楼巍然屹立、高大宏伟、高耸入云、非常非常高……

研究物理学的人会很现实地想：取根绳子去量一量就知道大楼的高度了。

研究建筑学的人则会更加简单：看一看大楼的图纸就知道其高度了。

而研究数学的人会很理性地想到运用数学的方法去解决，如类比的方法：选取标尺，然后利用标尺与大厦投影的长度及相似原理，准确地测量出大厦的高度（小学正比例问题）；还有转化的方法：利用直角三角形直角边长与其对角的依赖关系，把大厦高度的测量转化为利用函数方法求出答案。

2. 名家怎么说？

从古到今，不少科学家对数学的属性或本质都有精辟的论述。南京大学方延名教授收集了从公元前 5 世纪直至目前的有关文化方面的资料，在《数学文化导论》一书中陈述了关于数学的多种定义，如：

有毕达哥拉斯的万物皆数说："数统治着宇宙"。

有亚里士多德的哲学说："新的思想家虽说是为了其他事物而研究数学，但他们却把数学和哲学看作相同的"。

有高斯的科学说："数学，科学的皇后；数论，数学的皇后"。

有笛卡儿的工具说："它是一个知识工具，比任何其他由于人的作用而得来的知识工具更为有力，因为它是所有其他工具的源泉"。

有魏尔德的文化说："数学是一种不断进化的文化"。

……

在众说纷纭的阐述中，美国数学家本杰明的观点可以给我们更大的启发：数学不是规律的发现者，因为它不是归纳；数学也不是理论的缔造者，因为它不是假说。但数学却是规律和理论的裁判和主宰者，因为规律和假说都要向数学表明自己的主张，然后等待数学的裁判。如果没有数学上的认可，则规律不能起作用，理论也不能解释。

3. 权威如何定义？

谈到什么是数学，或数学的本质是什么，不可避免地要有理论的描述。对于理论，很多老师会认为很抽象、很难懂，大都不感兴趣，但是作为数学老师，作为从事教学具有抽象意义的"数学"这门学科的专业人员，我们应该对理论有所了解。下面就让我们一起来看一看学术界对"数学"公认而权威的定义。

恩格斯曾经这样定义：数学是研究现实世界的数量关系和空间形式（简称数与形）的科学。按照恩格斯所说，数与形是数学的两大基本柱石，整个数学都是由此提炼、演变与发展起来的。简单地描述就是：代数是数量关系的科学，有序思维占主导，培养计算与逻辑思维能力；几何是空间形式的科学，视觉思维占主导，培养直觉能力和洞察力；数学是分析数形关系的学说，量变关系占主导，函数为对象、极限为工具，培养周密的逻辑思维能力和建模能力。

《义务教育数学课程标准(2011年版)》(以下简称《课程标准》)给出的定义是：数学是研究数量关系和空间形式的科学。数学与人类发展和社会进步息息相关，随着现代信息技术的飞速发展，数学更加广泛地应用于社会生产和日常生活的各个方面。数学作为对于客观现象抽象概括而逐渐形成的科学语言与工具，不仅是自然科学和技术科学的基础，而且在人文科学与社会科学中发挥着越来越大的作用。

数学是人类文化的重要组成部分，数学素养是现代社会每一个公民应该具备的基本素养。作为促进学生全面发展教育的重要组成部分，数学教育既要使学生掌握现代生活和学习中所需要的数学知识与技能，更要发挥数学在培养人的理性思维和创新能力方面不可替代的作用。

4. 学科有何特点？

作为一门基础学科，数学有着自己的特质。一般说来，数学具有如下的特点。

(1)概念的抽象性。运用概念、判断、推理等思维形式对客观现实进行间接的、概括的反映的过程就是抽象。抽象性在简单的计算中就已经表现出来，比如：我们运用抽象的数字，却并不打算每次都把它们同具体的对象联系起来。我们学的乘法表——总是数字的乘法表，而不是男孩的数目再乘上苹果的数目，或者苹果的数目乘上苹果的单价等。再如：几何学中的"直线"这一概念，并不是指现实世界中的拉紧的线，而是把现实的线的质量、弹性、粗细等性质都撇开了，只留下了"向两端无限伸长"这一属性，但是现实世界中是没有向两端无限伸长的线的。

受过良好数学教育的人，往往善于抓住事物的本质，做事简练，不拖泥带水，具有统一处理一类问题的能力，具有创新的胆略和勇气。这是抽象的巨大作用。

(2)推理的严密性。在数学的发展过程中，数学每前进一步，都离不开严密的逻辑推理。推理是从已知到未知的合乎逻辑的思维过程。推理有三种：归纳推理、类比推理、演绎推理，这也是数学的主要推理方法。所谓归纳推理是从个体认识群体，即从许多特例中总结出一般性的普遍规律，是从特殊到一般的推理；所谓类比推理是根据两个或两类对象有部分属性相同，从而推出它们的其他属性也相同的推理，是通过一个个体认识另一个个体；所谓演绎推理是从一般到特殊的推理。

(3)结论的确定性。对任何一件事，通过数学方法所得到的判断或结论是确定的。比如，我们可以通过数方格的方法数出长方形的面积，进而研究长方形的长与宽相乘的结果正好是所数长方形的单位面积数，并且发现各种不同的长方形都存在这样的情况，因而我们得出长方形的面积＝长×宽，这个结论显然是确定无疑的。

（4）应用的广泛性。作为一门基础学科，数学具有广泛的应用功能，我们几乎每时每刻都要在学习、工作和日常生活中和数学打交道，如测量房间面积、计算物体大小、商业活动、科学研究、建筑设计等都离不开数学。数学还是现代科学技术进步最重要的基础，从简单的技术革新到复杂的人造卫星、宇宙飞船的发射都离不开数学的应用。

数学作为自然科学的基础学科，对科学的进步和人类的文明、经济社会的发展，都产生越来越大的作用。除了以上的特点之外，我们认为，数学的本质内涵还有一些特色表达。

数学是一门科学，它研究的对象是存在于客观世界又超越于物质存在的数量关系，几何体的大小、形状、位置关系等。

数学是一种语言，由于它自身的特点，严密的系统和逻辑推理，运算法则和运算性质的合理性，成为一种宇宙间的通用语言，不需要翻译，只要用数学式的恒等变形，用数学的符号语言和图形语言即可传达我们的思想，达到交流的目的。

数学是一种文化，数学对象并非物质世界的真实存在，而是人类抽象思维的产物，数学中的许多问题的发现和解决，都有深刻的文化背景。数学是极具普遍意义的、更高层次的文化形式，它具有多种文化的共同品质。

数学是一种工具，是科学大门的钥匙，它有助于我们做出与掌握数学以外的实践领域有关的决定和行动。

数学是一门艺术，数学中存在着美，它是纯客观的，哪里有数学，哪里就有数学美的存在。数学的简洁美、和谐美、对称美、奇异美就是数学美的内容。当我们画出美的图形、构造出美的方程、制作出一个美的几何体时，数学就是一门给人以美的享受的艺术。

（二）数学教育的价值追求

数学是打开科学大门的钥匙，为其他科学提供了语言、思想和方法，是一切重大技术发展的基础；数学也是人们生活、劳动和学习必不可少的工具；数学在提高人的推理能力、抽象能力、想象力和创造力等方面有着独特的功能。数学教育就是要使学生理解和掌握基本的数学知识与技能、数学思想和方法，得到必要的数学思维训练，获得基本的数学活动经验。

《课程标准》明确指出：数学是研究数量关系和空间形式的科学。数学作为对于客观现象抽象概括而逐渐形成的科学语言与工具，它不仅是自然科学和技术科学的基础，而且在社会科学与人文科学中发挥着越来越大的作用。正因如此，数学教育作为促进学生全面发展教育的重要组成部分，既要使学生掌握现代生活和学习中所需要的数学知识、技能、基本思想和基本活动经验，又要发挥数学在培养人的创新思维、人文精神、综合素养等方面不可替代的作用。

小学数学教育中，我们要把"思维""文化""素养"作为小学数学教育的重要价值追求，并在教育实践中认真落实。

1. 数学教学要让学生学会"数学思维"

数学是思维的体操。数学在强化人的思维训练、提升人的思维品质方面具有非常重要的作用，数学教育要帮助学生"学会数学地思维"，并"通过数学学会思维"，引导学生用数学的眼光观察生活、用数学的意识对待周围的事物、用数学的思考方式去分析问题、用数学的思想方法去解决问题。在数学教育中，教师要通过创设利于学生思维发展的学习情境，并提供富有思考价值的问题和开展具有积极意义的实践操作活动，有效激活、正确引导和有序发展学生的数学思维。

在"三角形的分类"一课的巩固练习时，老师和学生一起做"看谁猜得准"的数学游戏：将一个三角形放在一个大信封中，每次只露出一个角，让学生根据这个角来判断这是什么三角形。当露出的这个角是直角和钝角时，学生都能很快就判断出是"直角三角形"和"钝角三角形"；当露出的这个角是锐角时，不少学生受思维定式影响，也很快判断是"锐角三角形"。"这个一定是锐角三角形吗？"学生通过联系概念和一定时间的思考后，很快就得出结果：只露出一个锐角的三角形不一定是锐角三角形。接着，大家通过讨论得出以下结论：每个三角形最多有一个直角或钝角，最少有两个锐角，所以只要看到一个直角或钝角，就可以判断出它是直角或钝角三角形，而锐角三角形必须三个角都是锐角。只看到一个锐角无法判断它是否为锐角三角形，就是看到两个锐角，也还要看这两个锐角的和是多少才能判断。如果和大于90°，则是锐角三角形；如果和等于90°则是直角三角形；如果和小于90°，则是钝角三角形。通过这个游戏情境，适时对学生进行合情推理训练，有效地激活、训练、发展了学生的思维能力。

再如，在教学"三角形面积"时，教师先让学生回忆平行四边形面积的计算方法是怎么得来的（通过割补将平行四边形转化为长方形），再让学生动手操作、分组讨论，将两个完全相同的三角形拼组成一个平行四边形。因为拼组成的平行四边形和原三角形等底等高，学生很快就得出三角形面积的计算方法是：底×高÷2。还有部分学生将一个三角形割补成一个长方形后也能得出同样的结论。这样，通过细心观察、实验操作，引导学生利用已有的知识和经验，实现知识与技能的"正迁移"，有效培养了学生的演绎推理能力，锻炼了学生思维的深刻性和系统性，发展了学生思维的灵活性和创新性，提升了学生的思维品质。

2. 数学教学要让学生体验"数学文化"

《课程标准》指出：数学不仅是科学，"数学还是人类文化的重要组成部分"。数学教育要展示数学文化的悠久历史，展示数学文化的博大精深，展示数学家的探索精神，展示数学文化的美学价值。在小学阶段，要让学生了解数学与人类社会发展的相互作用，体会数学知识的形成过程，体会数学的应用价值、人文价值，开阔视野，寻找数学进步的历史轨迹，受到优秀文化的熏陶，领会数学的美学价值，从而提高自身的文化价值和创新意识。学校不能只从功利的角度出发，不能因为数学文化考试不要求、解题不需要、学生不知道而忽略对数学教育价值的教学，淡化数学教育的育人功能。

（1）要注重对学生数学理性精神的培养。教师要让学生在具体操作活动中进行独立思考，鼓励学生发表自己的意见，与同伴交流；要善于选择有价值的问题或意见，引导学生开展讨论、大胆质疑、勇于批判，让学生在数学学习这个再创造的过程中，在对数学概念、结论和解题方法的探究中，培养学生的科学精神，发展学生的创新思维，体验数学的理性智慧。

（2）要注重对学生渗透数学思想与数学方法，为学生的后继学习提供坚实的基础。例如，五年级的一道数学思考题如下。

①计算下面各题，并找出得数规律。

$1/2+1/4+1/8=$（　　）。

$1/2+1/4+1/8+1/16=$（　　）。

$1/2+1/4+1/8+1/16+1/32=$（　　）。

②应用上面的规律，直接写出下面算式的得数。

$1/2+1/4+1/8+1/16+1/32+1/64+1/128=$（　　）。

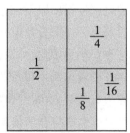

　　这道题看上去是分数加法计算题，但题目设计的目的是让学生通过观察、分析、探究，找到简便计算的规律：用"1减最后一个加数"。不仅如此，这道题还蕴含着丰富的数学思想，即数形思想和极限思想。教师要通过画图的方法(把正方形的面积作为单位"1")，直观地帮助学生明白为什么"1减最后一个加数"就是这题的解题规律，帮助学生理解"无穷"的概念，把极限的思想渗透给学生，体现数学教育的价值。

　　又如，在教学"可能性"时，书上设计的是摸球实验，但只是通过两三次实验，这对于实验的精确性来说，实验的次数太少了。数学家是在做了几千几万次实验后才得到"对于个数相等的球，每次任意摸一个，摸到的概率是相等的"结论。并且实验次数越多，实验结果将会越接近。于是，结合书上的例题，教师把此相关背景资料介绍给学生，并且让学生自己动手多实验几次，实验后结果才比较接近。这样就能让学生体会到概率的思想。同时，学生对书上的只要求的实验次数提出了质疑，学生对数学实验的兴趣会愈浓厚。

　　(3)要注重体现数学的美育价值，引导学生用美的眼光来欣赏数学。如在"轴对称图形"的教学中，教师应该让学生充分感知、体验数学的对称美，探究、发现数学的对称美，欣赏、创造数学的对称美。

　　又如，在"利用计算器计算"的教学中，教师可以通过简要介绍宇宙中有"黑洞"引入数学中也有"数学黑洞"。即任取一个四位数，只要四个数字不全相同，按数字递减顺序排列，构成最大数作为被减数，按数字递增顺序排列，构成最小数作为减数，其差就会得6174；如不是6174，则按上述方法再做减法，至多不过7步就必然得到6174。让学生自己合作验证，探究其中妙不可言的秘密。

　　(4)要注重数学人文教育的渗透。我国五千年的古老文明中蕴含着灿烂的数学文化，有刘徽、祖冲之等众多伟大的数学家，有《周髀算经》《九章算术》等众多经典传世的数学专著，有"圆周率""勾股定理"等众多伟大的数学发现，让学生了解数学知识丰富的历史内涵和祖先的聪明智慧，可以增强学生的民族自豪感。

　　(5)要注重激发学生的数学兴趣，引导学生探究数学现象，发现数学规律，解决数学问题，感受数学价值。总之，数学教育要注重在看似静态的数学知识背后，挖掘潜在的数学文化教育资源，强化数学文化的教育功能。自然界有许多规律性的现象就值得我们数学教师在学习活动中有效地引导学生去探究发现，领悟数学的奥秘，培养学生的科学精神。

　　作为数学文化的本质应该是数学的理性精神，也就是通过数学教学乃至数学教育让学生具有数学的意识和数学的思考方法，并用来解决学习和生活中遇到的问题。日本著名的数学教育家米山国藏说过："在学校学的数学知识，毕业后若没什么机会去用，一两年后很快就忘掉了。然而，不管他们从事什么工作，唯有深深铭刻在心中的数学精神、数学的思想方法、研究方法、推理方法和看问题的着眼点等，这些却是随时随地发挥作用，使他们终身受益。"这是因为，数学不仅是科学，还是人类的一种文化，它的内容、思想、方法和语言是现代文明的重要组成部分。数学教育要有文化意蕴，要强化其育人功能，这也是小学数学教育的价值所在。在日常的教育过程中，教师要结合教学内容和学生实际渗透文化元素，展示数学文化的悠久历史、展示数学文化的博大精深、展示数学家的探索精神，让学生了解数学与人类社会发展的相互作用，理解数学知识的形成过程，体会数学的应用价值、美学价值、人文价值，接受优秀文化的熏陶。

3. 数学教学要让学生提升"数学素养"

　　"数学素养是现代社会每一个公民所必备的基本素养"。所谓数学素养，是指人们通过数学教育及学习者自身的实践和认识活动所获得的数学知识、数学技能、数学能力、数学观念、数学思维品质以及学习过程中形成的数学情感等方面的素质与修养。其主要构成要素包含两个方面：第一是基本的数学知识和技能，也就是具有适应日常生活和后继学习所必需的数学基础知识和基本技能；第二，包括数学意识、数学交流、数学思维、数学价值及数学人文精神等。"数学素养"是具有"数学思维"能力和运用数学思想方法解决实际问题的能力的一种特殊素养。素养是教化的结果，是可以培养、造就和提高的；素养是知识内化和升华的结果；素养是一种相对稳定的心理品质。

　　我曾经主持过一个省级课题《依托新教材培养小学生数学素养研究》。通过三年比较扎实的研究，收获较大，最后形成的研究成果《素养提升：数学教育的价值》一书由陕西人民教育出版社出版发行。2008年年底，我校承办省数学学科教学高层论坛，邀请省内知名专家和数学教育同行来校就课题研究成果"素养提升：数学教育的价值"进行研讨、推广，在《江苏教育》（教学版）2009年第1期上我校教师发表了一组文章。我们主张：教学中，一要教育和引导学生从数学视角观察认识事物，培养学生的数学意识；二要教育和引导学生学会用数学的思维方式思考学习和生活中的问题，用数学观点和方法处理和解决实际问题；三要教育和引导学生加强数学交流，通过听、说、读、写等方式交流自己的观点、思维过程和结果，表达自己的数学思想和情感；四要教育和引导学生注意运用数学知识和技能来解决生活和学习中的各种问题，探究数学的本质，体会应用价值。

幸福教育研讨活动

在数学教育中，我们要把培养学生的数学素养作为重要的目标，不仅要把握数学学科体系的内在联系，充分挖掘数学自身潜在的文化教育资源，全面、扎实、有效地实施数学教育活动，同时还要开展符合学生年龄特征和认知规律的数学文化活动，努力丰富学生的数学学习生活，通过"讲数学家的故事""美丽的拼图""数学日记""数学童话""数学游戏""数学小实验、小论文""数学小课题研究"等活动载体，教育和引导学生亲近数学文化，激发学生理解数学、热爱数学的思想情感，培植和提升学生的数学素养。

（三）数学教学的理性思考

《课程标准》指出：数学教育作为促进学生全面发展的重要组成部分，一方面要使学生掌握现代生活和学习中所需要的数学知识和技能，另一方面要充分发挥数学在培养人的科学推理和创新思维方面的功能。

教育的出发点是人，教育的归宿还是人。教育无法使得每一个人都取得惊人的业绩和辉煌的成就，但是，教育应该使每一个人都享受和谐并获得快乐和幸福。面对鲜活的生命体，我们的数学教学不仅要教书，更要育人；不仅教给学生数学的知识、技能、思想和方法，更要体现相互之间的人文关怀、心灵沟通、生命互动和精神感召，让数学学习活动成为师生积极参与、交流互动、共同发展的过程。

1. 数学教学是师生积极参与的过程

"数学教学活动必须激发学生兴趣，调动学生积极性，引发学生的数学思考；要注重培养学生良好的数学学习习惯、掌握有效的数学学习方法。"不难看出：数学活动就是学生主动地学习数学的活动，是主动探索、掌握和应用数学知识的活动。简单地说，数学活动不是一般的活动，而是通过数学学习激发数学兴趣、探究数学现象、掌握数学规律、发展数学技能的活动。第一，教师引导学生投入学习活动中去。教师要调动学生的学习积极性，激发学生的学习动机。当学生遇到困难时，教师应该成为一个鼓励者和启发者；当学生取得进展时，教师应充分肯定学生的成绩，树立其学习的自信心；当学生学习进行到一定阶段时，教师要鼓励学生进行回顾与反思。第二，教师要了解学生的想法，有针对性地进行指导，起到"解惑"的作用。教师要鼓励不同的观点，参与学生的讨论；教师要评估学生的学习情况，以便对自己的教学做出适当的调整。第三，教师要为学生的学习创造一个良好的课堂环境，包括情感环境、思考环境和人际关系环境等，引导学生开展数学活动。

建构主义认为，科学的学习必须通过对话、沟通的方式来完成。课上有时对某个问题，大家会有不同的看法和想法，这种对话的交流形式刺激了个体反省思考，在交互、质疑、思辨的过程中，拓展思维、用不同的方法解决问题，从而逐步完成知识的建构。学生在自主探索和合作交流的过程中会真正掌握基本的数学知识与技能、数学思想和方法，获得广泛的数学经验，形成正确的科学知识。

例如，"可能性"是课改后新增的一项内容，很多老师在教学中都加强了学生的活动。特别是在引出了"可能性"这一概念以后，教师通常安排以小组（4~6 人）为单位从事以下的"游戏"：每个小组都发一个口袋，其中分别装有若干红球和黄球，要求学生每次摸出一个球，并做好记录。然后算出一共摸了多少次，其中摸出红球多少次，摸出黄球多少次。小组实践以后，教师安排全班性的汇报，并依据各个小组所得的"数据"引出这样的结论：如果口袋里的红球个数越多，摸到红球的可能性就越大；如果口袋里的黄球个数越多，摸到黄球的可能性就越大。

2. 数学教学是师生交往互动的过程

说教学活动是师生互动的过程，是因为数学教学是教师与学生围绕着数学教材这一"教学文本"进行"对话"的过程。在教学过程中，教和学是不能分离的，教学需要"沟通"与"合作"。

数学教学应根据具体的教学内容，注意使学生在获得间接经验的同时也能够有机会获得直接经验，即从学生实际出发，创设有助于学生自主学习的问题情境，引导学生通过实践、思考、探索、交流等，获得数学的基础知识、基本技能、基本思想、基本活动经验，促使学生主动地、富有个性地学习，不断提高学生发现问题、提出问题、分析问题和解决问题的能力。

在数学教学活动中，教师要注重启发学生积极思考，发扬教学民主，当好学生数学活动的组织者、引导者、合作者；激发学生的学习潜能，鼓励学生大胆创新与实践；创造性地使用教材，积极开发、利用各种教学资源，为学生提供丰富多彩的学习素材；关注学生的个体差异，有效地实施有差异的教学，使每个学生都得到充分的发展；合理运用信息技术，提高教学效益。在数学教学活动中，学生建构数学知识的过程是师生双方交互作用的历程，教师是组织者和引导者，而不仅仅是"解题指导者"。在数学课堂中，师生双方"捕捉"对方的想法，双方产生积极的互动交流，教师要鼓励并认真听取学生的发言，积极了解学生思考的情况，注意学生的学习过程。教师在数学教学中应经常启发学生思考"你是怎么知道这个结果的"，而不只是要求学生模仿和记忆。教师应了解学生的真实想法，并以此作为教学的实际出发点，为学生的学习活动提供一个良好的环境，真正发挥引导者的作用。

例如：学习长方体和正方体的知识，对于学生来说，没有空间想象的经验，很难建立起长方体和正方体的形状、大小及位置关系的表象，所以，教师在教学中要借助学生熟悉的生活经验设计教学环节，先指导学生观察物体的外形，大到观察楼房的外形、集装箱的外形等，小到观察一般包装盒的外形，如药盒、粉笔盒等。学生对此类物品的外形熟悉后，教师逐步由实物抽象出图形，在此基础上继续引导学生认识形体的棱、面、顶点以及它们之间的位置关系，帮助学生在原有经验的基础上初步完成建构形体表象的数学模型，再通过深入学习训练，新的数学知识模型就建构起来了。

　　反思我们的数学教学，无论是空间教学、计算教学、概念教学，还是解决实际问题，基本都站在学生原有知识经验的基础上进行。所以说，了解学生的背景知识和经验是完成新知识建构的关键环节，也是符合学生认知的心理需求和学好数学的情感变化的过程。学生随着新知识信息量的摄入、消化、吸收，他们的思维、他们活动的能量也显得越发活跃而富于创新，他们情感态度越发积极而富于挑战。这不能不说新知识的建构充实了学生的想象，新知识潜在的意义引发了学生情感的变化，形成良好的内驱力，促进学生保持良好的精神状态投入学习。

3. 数学教学是学生经历数学化的过程

　　课改之初，生活化之风的吹拂让我们的数学课堂迸发出了前所未有的勃勃生机，但同时引发了"去数学化"的不良倾向。不少专家学者和一线教师纷纷撰文指出：应提防"去数学化"带来的种种危害。有人主张应提"生活问题数学化"，而不宜提"数学问题生活化"。随着理论与实践的不断碰撞与融合，寻求"生活化"与"数学化"二者间的最佳平衡点已成为时下数学教师努力探讨的主要方向。

　　《课程标准》指出：教师教学应该以学生的认知发展水平和已有的经验为基础，面向全体学生，注重启发式和因材施教。教师要发挥主导作用，处理好讲授与学生自主学习的关系，通过有效的措施，引导学生独立思考、主动探索、合作交流，使学生理解和掌握基本的数学知识与技能、数学思想和方法，得到必要的数学思维训练，获得基本的数学活动经验。

　　数学化是指学习者从自己的数学现实出发，经过自己的思考，得出有关数学结论的过程。在数学教学中，学生的数学现实就是指他们已有的经验和知识。当儿童通过模仿学会计数时，当他们把两组具体对象的集合放在一起而引出加法规律时，这实质上就是数学化的过程。

　　从建构主义的角度来看，数学学习是指学生自己建构数学知识的活动，在数学活动过程中，学生与教材（文本）及教师产生交互作用，形成了数学知识和能力，发展了情感态度和思维品质。它强调学生以原有的经验、心理特点为基础，积极地、自主地建构知识。以学生为主体，以参与数学活动为中心来研究数学教学，是建构主义的本质。邱学华老师曾在《小学数学教育的回顾与展望》中指出：学生在掌握数学基础知识和基本技能的同时，还能领悟和应用数学思想，这样的数学课才有浓浓的数学味。这个问题越来越受到大家的重视。中科院张景中院士在《感受小学数学思想的力量——写给小学数学教师们》一文中提出，小学数学尽管很简单，但其中却蕴含了一些深刻的数学思想。他分析了函数思想、数形结合思想和寓理于算思想的表现与价值。另外，散见于其他报刊的研究文章很多，令人瞩目。我们必须立足培养全面发展的"人"的高度，在实践中多思考、多引导，努力让学生理解和掌握数学思想与数学方法。

学习"平行与相交"两条直线的位置关系时，学生已具备直线、线段、射线和角等初步的几何知识。要建构两条直线的位置关系的新概念，就必须借助和链接新知与旧知的关联处，搭起建构新知的桥梁。如果只凭借已有的知识经验，直接建构新知，是不能顺利完成的。老师必须通过让学生动手摆一摆小棒，再把摆出来的图形画一画，在小组内互相看一看、说一说。老师把握住学生创作的作品，并作为教学资源加以欣赏展示，让大家发表意见。学生在这种交流、沟通、思辨的外在信息刺激下，才能清晰地建构"平行与相交"的新知识点。新概念的建立是学生在对新旧知识和经验通过反复思考与合作交流的过程中完成的。

学生进行学习活动必须满足以下条件：其一，学生的背景知识与新知识有一定的关联度；其二，新知识潜在的意义能引发学生情感的变化。知识是个体经验的合理化，每个个体在他接触未知世界的同时，他自身已具备一定的生活经验和简单的常识，这是个体生活的本能表现。新课标强调知识来源于生活，从生活中捕捉学习信息，从生活的信息入手，通过加工、转化、提升为知识资源，完成由具体到抽象，完成由生活到知识化的转化。

"植树"问题对于学生来说比较陌生，尤其对城市的学生来说更陌生。现在的学生几乎没有亲自参加植树劳动的经历，所以学生对"间隔数与棵树"之间关系的理解有一定的难度。教师在设计此课时要从学生的生活经验出发，为学生建立认知表象提供充足的感性材料和经验信息。比如：①以学生做操站队为例，让一组同学现场演示，其他学生观察每一位同学所站的位置、同学与同学之间的距离；②演示自制课件，大屏幕上出现公路两旁树木排列的画面；③课桌的摆放；④操场上队旗的排列……就这样通过学生熟知的、发生在身边的实例让学生理解"间隔数与棵树"之间的关系，使学生通过感知形成具体、清晰的表象。在此基础上，学生在动手设计植树方案时，设计出"两端种树、两端不种树、一端种一端不种"的多种植树方法，这样学生对本节课的知识点很快就掌握了。在新知建构中，是教师提供了学生身边的经验信息，帮助学生减缓了认知上的坡度，使学生能以独特的方式对植树问题进行选择、加工，为解决植树问题铺平道路。因此，认识不是来源于现实本身，而是来源于主客体之间的相互作用。学生能通过熟知的经验信息来理解出现的数学问题，这不仅仅是教师与学生之间的互动，而是教师与学生以及学生个体之间的多边互动作用的过程，所以教师和学生都是建构知识过程的合作者。

　　由于数学概念抽象，学生不易理解和掌握，当学生通过操作有了感性的认识，建立了表象，经过分析、综合，就容易理解和掌握数学概念。如在教学"分数的初步认识"时，由于学生从学习整数到分数是一个飞跃，是数学概念的一次扩展，学生感到抽象、难理解也是十分自然的。这时，多让学生通过熟悉的生活实例、图形、实物，去分一分、折一折、剪一剪、涂一涂，这样就容易使学生理解和掌握分数的知识。当引入新课时，教师就让学生把课前准备好的四个苹果拿出来，让他们分，先平均分成 2 份，再拿一个苹果要求学生说出怎样才能平均分成 4 等份。学生说完后教师用刀切给学生看，第一刀切成 2 等份，再一刀每份又切成 2 等份，这样就刚好是 4 等份。接着再让学生把一个圆、一个三角形、一个长方形平均分成 2 等份。在学生理解平均分的基础上，教师按上面平均分，分别引出 1/2、1/4、2/4、3/4，使学生初步知道把一个实物、一个图形平均分成几份，每份是它的几分之一，几份就是它的几分之几，这就是分数。

4. 数学教学是师生共同发展的过程

　　数学教学过程的基本目标是促进学生的发展，包括知识与技能、数学思考、解决问题和情感态度四个方面。在数学教学过程中，这几个方面的发展是交织在一起的。数学课程应致力于实现义务教育阶段的培养目标，体现基础性、普及性和发展性，要坚持面向全体小学生，适应学生个性发展的需要，使每个人都能受到良好的数学教育，实现小学数学教育的价值。从某种程度上说，今天的学习是为了学生获得终生学习的基础和能力。数学教学应该以学生发展为核心，学生要在学习数学的过程中学会做人。

　　数学思维在学生数学学习中具有重要作用，没有数学思维就没有真正的数学学习。教师应该使学生认识并掌握数学思考的基本方法，如归纳、类比、猜想与论证等；使学生根据已有事实进行数学推测和解释，养成"推理有据"的习惯，能够反思自己的思考过程；使学生能够理解他人的思考方式和推理过程，并能与他人进行沟通。

现代教育理论主张让学生动手去"做数学"，而不是用耳朵"听数学"。教学要留给学生足够的时间和空间，让每个学生都有参与活动的机会，使学生在动手中学习、在动手中思维、在思维中动手，让学生在动手、思维的过程中体验、探索、发现、创新。数学知识和技能的发展具体体现在学生数学素养的发展上。数学课程的学习，可以帮助学生获得适应社会生活和进一步学习发展必需的数学基础知识、基本技能、基本思想、基本活动经验；可以让学生体会数学知识之间、数学和其他学科之间、数学与生活之间的联系，运用数学的思维方式进行思考，增强发现问题、提出问题、分析问题和解决问题的能力；还可以让学生了解数学的价值，提高学习数学的兴趣，增强学好数学的信心，养成良好的学习习惯，具备初步的创新意识和实事求是的科学态度。

应云南省教育厅之聘担任
楚雄市北城小学荣誉校长

总之，数学学习将会帮助学生学会生活、学会做事、学会创造。相信"促进每一个学生的发展"这句话老师们都不陌生，这是课改的核心。苏霍姆林斯基说："每个学生都是一个独一无二的世界。"的确，万物莫不相异，天地间没有两个彼此完全相同的东西。每个学生都是与众不同的，都有自己的特点和长处。这就意味了我们的教学不仅仅是让学生学到知识，更是为学生明天的发展。在教学中，我们要面向所有学生，因材施教，区别对待，使每个人都能得到发展。

在促进学生素质发展的同时，作为学生学习的组织者、指导者，教师在从事教书育人的工作中，自身也将获得一定的发展。为了做好教育教学工作，教师必须不断地学习和提高，在教育教学的工作实践中，通过自身的职业感受和体验，进一步坚定自己的职业理想和职业信念，在履行教师职责的同时，使自己的精神生活不断得到丰富、心理需求不断得到满足、个体价值不断得到体现。另外，由于时代的进步和科学技术日新月异的变化，教师为了能胜任教育教学工作，必须坚持不懈地思考、实践、总结，不断强化自身的学科专业知识和专业技能，不断提高自己的业务水平和工作能力，在教育学生、培养学生、发展学生的实践过程中，实现"教学相长"，促进自己从适应工作、胜任工作，从一般教师、优秀教师到骨干教师，到名家名师，直到实现自己的职业理想。

(四)数学课堂的策略探索

随着教育阅历的不断丰富和对教学实践的不断反思，我自己对数学教育的理解和认识也在不断深化，并努力由"死教书""教死书"向"会教书""教好书"转变。我认真学习现代教育教学理论，关注学生非智力因素和对学生自主精神的培养。学生是数学学习的主体，是发展的内因，是决定其发展方向、方式、效果最重要的因素。在数学学习活动中，教师要努力做学生主动参与知识发生与发展过程的引导者，做学生探究新知识、解决新问题过程的组织者，做学生自主学习、主动发展过程的指导者。教师在教学实践中要"以儿童为中心"，坚定地站在学生的立场；教学目标的设定、教学内容的安排、教学方法的选择、教学手段的应用，都注重突出学生学习的主体地位，促进学生自主学习。

在实践中，我还通过"讨论"这个平台，引导学生积极主动地参与学习活动，把"问题"作为数学课堂教学的"中介"。通过"讨论"，学生可发现数学问题、提出数学问题、解决数学问题、总结数学规律。讨论的核心是教学活动中师生之间、学生之间、学生和学习媒介之间立体式的"交流"与"争论"。借助"问题讨论"的启发，通过充分的学习交流，学生在适合各自发展水平的相对独立的解决问题过程中，探索和掌握自己尚不了解或不甚了解的数学知识和经验，培养良好的学习品质和合作竞争意识，有效扩展原有的认知结构，获得自主学习的成功体验，为后继学习提供动力源和自信心，实现教与学的良性循环。

新课改的实践促使我对传统的相对封闭的课堂教学进行反思：怎样才能让学生接受良好的数学教育，较好地掌握数学的基础知识、基本技能、基本思想和基本活动经验？教师怎样才能做好学生数学学习的组织者、指导者和合作者，顺利实现数学教育的三维目标？在专家指导下，我选择"开放与创新"这个突破口进行实验研究，注重遵循学生的心理特点和认知规律，充分调动学生自主学习的潜能，突出课堂教学的主体性、民主性、动态性、合作性和创造性，开放数学学习的内部、外部环境，优化学生学习的心理因素，创设民主、和谐、乐学、向上的学习情境，为学生搭建宽松宜人的表现自我、发展自我的舞台；开放数学学习的内容，把选择学习内容的主动权还给学生，让学生自主地发现、探究并充分利用"生活数学"资源，有效整合学习材料，丰富学习内涵；开放数学学习的方式，通过知识讲授、动手操作、合作讨论、社会实践、自主探索等有效方式，让学生有足够的时间和空间经历观察、实验、猜测、计算、推理、验证等活动过程，让学生自主地解决问题；开放数学学习的评价，实现评价内容多元化、评价标准多维度、评价主体多元性、评价方法多样化，让学生享受成功学习的快乐。

1. 在引导的过程中促进学习，培养创新能力

叶圣陶先生说过："教师当然需教，而尤宜至于'导'，导者，多方设法，使学生能逐渐自求得之。"教师作为课堂教学的设计者和教学活动的组织者，其主导作用是非常重要的。"主导"就是"启迪引导"。"导"就应该像优秀的导演一样，为演员创设适宜的表演情境，让演员登台主演并自主地创造角色；"导"也应该像出色的导游一样，让游客自己领略美丽的风光，只在关键之处"指点迷津"。因此，教师的"导"应立足于学生的"学"，立足于学生的乐学、会学，促进学生的自主创新。

(1)学前导"疑"，以疑激趣。"学起于思，思源于疑"，人们的思维总是开始于疑问，开始于惊奇和疑惑，开始于矛盾。兴趣是最好的老师，是成功的良好开端。为了激发学生的学习兴趣，教师除了要创设良好的学习情境外，还应根据学生的认知水平和教学内容，在教学新知前巧妙设置思维障碍，制造矛盾心理，使学生产生急于解谜、释疑的迫切愿望，为自主创新提供必要的心理准备。例如，在教学"年、月、日"时，教师巧设过渡问题以后，出示题目："小刚今年 6 岁，他哥哥从出生到现在只过了 3 个生日，他哥哥今年多少岁？"问题一出，课堂顿时热闹起来，有的说："哥哥今年 3 岁。"有的说："小刚都 6 岁了，他哥哥怎么才 3 岁呢？"还有的说："老师的题目出错了。"这时老师指出："题目没有出错，这到底是怎么回事呢？问题究竟出在哪呢？"由此引出新课，设置了悬念，很好地激发了学生的学习热情和求知欲望，为学习"闰年"的有关知识做好铺垫。

(2)学中导"引"，以旧引新。在教学中，教师可以根据知识的系统性和学生认知发展的有序性，引导学生充分利用已有的知识和技能去学习新知识、形成新技能，让学生立足于新旧知识的连接点上充分地展开思维活动，探索规律，让学生利用已有的知识来"穿针引线"，主动学习。同时，教师还要考虑学生思维的"最近发展区"，让学生"跳一跳"能"摘到果子"。例如，在教学"较复杂的分数应用题"时，教师先出示线段图一让学生口头编题并列式解答，说出自己是怎么想的？解答这类题有什么规律？（根据一个数乘以分数得出求一个数的几分之几是多少，就用这个数乘以相对应的分数）在此基础上，出示线段图二让学生观察、比较、讨论：图一和图二有什么相同点；有什么不同点，再根据图二编应用题，由此切入新知的学习；让学生尝试解答编出的例题，按学习小组讨论、交流，再次分析图一和图二所表示的意义和解题的方法，从而搞清两者的联系和区别。在此基础上，教师引导学生根据不同的解题思路，运用多种方法解题。这样，由图引路，以旧引新，水到渠成，既降低了学生学习新知识的难度，又便于使新旧知识形成系统。

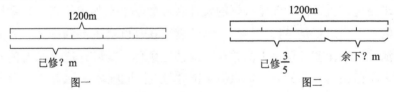

图一   图二

(3)学后导"创"，自主创新。创新其实就是创造性。小学阶段的创新主要表现在学生能够综合运用已有的知识来解决未曾解决的问题。通过教学，仅让学生理解和掌握新知还不是教学的最终目标，更重要的是让学生能综合运用新知，解决实际问题，培养学生的创新精神和实践能力。在学习新知后的巩固练习时，教师要为学生创设适宜的问题情境，把学生置于一种渴求参与的状态，把"要我学"变成"我要学"，让学生的思维处于最佳状态，让学生智慧的火花不断闪烁，这样既能使学生所学的新知及时得以巩固和强化，又使其创新成为可能、变成现实。

例如：在学习了"圆柱的表面积计算"之后，学生已经掌握了圆柱表面积的计算方法：$S_表 = S_侧 + S_底 \times 2$。巩固练习时，教师引导学生回顾圆的面积计算方法是如何推导出来的（把圆形转化为近似的长方形）、圆柱表面积的计算方法是怎么得出的（把圆柱的表面展开，得到一个长方形〈侧面〉和两个圆形〈底面〉），启发学生：你能根据这些知识再"发明创造"出一种新的求圆柱表面积的简便方法吗？学生个个跃跃欲试，迅速进入积极的探求状态。通过讨论、操作、交流，学生努力寻求圆柱的底面圆周长与侧面长方形之间的内在联系(圆周长＝长方形的长)：把两个底面的圆形转化成一个长与侧面长方形的长相等、宽为圆的半径的长方形，再和侧面的长方形合拼成一个较大的长方形。

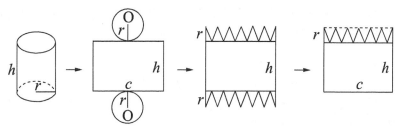

这样一来，圆柱的表面积就转化为求长方形的面积。这个长方形的长即为圆柱的底面周长，宽即为圆柱的高与底面半径的和。由此得出一种新的求圆柱表面积的简便方法：$S_表 = C \times (h+r)$。此时出示练习：求圆柱的表面积。(见下图)让学生用两种方法计算，并通过比较、验证，巩固所学知识。

解一：$3.14 \times 3 \times 8.5 + 3.14 \times (3 \div 2)^2 \times 2 = 94.2$(平方厘米)
解二：$3.14 \times 3 \times (8.5 + 3 \div 2) = 94.2$(平方厘米)

这样，学习中学生通过自己的思考和探索，"创造发明"了一种新的简便方法，并亲自享用自己的创新成果，你说他们能不为自己的成功而感到欢欣鼓舞吗？

实践说明，在课堂教学中，教师的"导"意义重大，有必要在"导"字上下功夫："导"在设疑激趣，通过创设良好的学习氛围，让学生的思维在好奇心的牵引下，在不断思考、实践和解决问题的过程中得到螺旋上升和发展；"导"在以旧引新，充分利用学生已有的知识和经验，找到新旧知识的"连接点"，触类旁通，由此及彼，促进知识的正向迁移；"导"在学法筛选，不断优化学生学习的策略和方法；"导"在思想方法，由"学会数学"到"会学数学"，提升学生的学习能力。

2. 在有效的调控中动手操作，培养实践意识

强调动手操作，用"想数学""做数学"等改变"听数学"的单一形式，是哲学上实践第一观点的体现。在数学教学中，教师要善于创设问题情境，把新知的学习建立在学生生活实践的基础上，通过营造现实有趣的学习情景，引导学生观察实物或教具，让学生亲自动手实验与测量，以获得知识、用熟悉的生活实例说明数和形的特征、说明法则与公式的由来以及数学规律的发现等。

在教学过程中，教师应该让学生进行必要的操作，通过脑、手并用引发动因，产生探究欲望，开发学生心智。在此过程中，教师要注意选择恰当的调控策略。

(1)调控操作时间，突出教学重点。一堂课最佳时间是前20分钟，在这段时间里，学生的学习处于最佳活动状态，对外来的信息接收快、思维活跃、记忆深刻，为了确保新授知识能在最佳时间显示出来，教师要根据教材特点和学生思维特点，对学具的操作时间进行科学的调控。

在教学"乘法的初步认识"时，教师可先让学生2根2根地摆小棒，摆3对；3根3根地摆，摆4对；然后让学生用加法来算一算一共摆了几根小棒。接着根据算式再来说一说：这里的加数有什么特点？相同加数是几？相同加数的个数是几？在学生头脑中对新知识初步形成一个直观印象后，教师即时指出：像这样求几个相同加数的和，数学家还告诉了我们一种更简便的方法，即用乘法计算的方法。板书：$2×3$，读作2乘3；或板书：$3×2$，读作3乘2。紧接着，让学生再次感知。教师要求学生3个3个地摆圆片，摆4组；5本5本地拿本子，拿4次。每次动手操作后让学生分别用加法和乘法算一算。在给学生提供丰富的感性材料的基础上，再引导学生看书上内容的抽象概括，从而把新知识完整地揭示出来。这样的教学安排，变"静"为"动"，既符合学生的认知规律，又避免了课堂上操作时间过长而导致主次不分、操作时间过短而流于形式的不良倾向，学生的主体作用得到了充分的发挥，使学生对新知识的掌握深刻、透彻、记忆牢固。

(2)调控操作难度，分散教学难点。《课程标准》指出："要通过直观教学和实际操作来培养学生初步的逻辑思维能力。"这不仅说明使用学具、动手操作是提高教学质量的手段，也是在教学中必须遵循的原则。但是让学生动手操作是一项较有难度的活动，因为学生的正确操作是借助思维的紧张活动而进行的。因此，在操作过程中教师必须注意对操作难度的调控，以达到化难为易、化繁为简的目的。在教学过程中，教师可采用以下两种方法对学生的操作活动进行调控：第一，教师先做操作示范，明确操作过程和动态变化，让学生从中发现操作中应注意什么问题，有什么技巧；第二，让几名不同层次的学生直接参与操作，教师审时度势地针对学生在操作中所出现的问题给予及时指导，从而加以调控。

在教学"除法的初步认识"时，一开始，教师首先以山羊公公把8个萝卜平均分给4只小兔的故事来揭示课题。教师边讲故事边进行操作演示：老师当山羊公公，4个小朋友当小兔，第一次没有分完，接着把剩下的萝卜再一个一个地分给4只小兔，分完后揭示"平均分"这个概念。然后看"例1"指名学生上台分梨，学生进行模仿操作后，在"例2"的教学中，同桌学生一起操作学具，教师针对学生操作中的典型错例进行集体纠正……通过这样的操作调控，可以分散教学中"平均分"这一教学难点，取得事半功倍的效果。

（3）调控操作程序，优化教学过程。在教学中，学具操作有利于学生对新知的理解和掌握，克服学生盲目操作和漫无边际的思考。教师要在教学中对操作过程进行全面有效的调控，使学生思维有目标、操作有方向，准确全面地认识和掌握新知。为此，教师在操作前必须向学生提出明确的操作要求：操作什么东西、怎样进行操作、操作的具体数量是多少，等等。

在教学"一个数比另一个数多几"的问题时，教师用三角形与圆片比多少。操作时，教师先要求学生第一行摆三角形，摆10个，每个三角形之间间隔大一点，待学生摆完后，再提出第二个要求：第二行摆圆片，从左往右摆6个，上行的三角形与下行的圆片要一个个对齐……经过这样的要求控制，学生操作有序，过程清晰，目的明确，可以避免学生操作时出现五花八门的摆放现象。操作图形的整齐美观，既可以吸引学生的注意力、激发学生的兴趣，又可以为学生清晰地抽象概括出"一个数比另一个数多几"的数量关系。

同时，在操作过程中，教师要注重推导，使程序更加清晰。如教学"11—20各数的认识"时，教师先出示11根小棒，引导学生想一想，怎样摆才能一眼就看出是11根。学生出现了以下几种摆法：①左边摆5根，右边摆6根；②左边摆2根，右边摆9根；③左边摆10根，右边摆1根；④左边摆2个5根，右边摆1根；⑤左边摆5个2根，右边摆1根；⑥左边摆9根，右边摆2根……师生讨论归纳出：第③④⑤种摆法实质是一样的，都是先摆10根（10根为一捆），再摆1根。接着，教师让学生摆一摆11—20各数。学生先拿出一捆，再加上几根。这样教学，学生亲历数概念的产生，形成过程清晰明确，不但表现了自我，获得不同程度的成功，而且学生注意力集中，顺利地理解和掌握了知识，实践能力与创新意识也得到了培养。

（4）调控操作时机，避免思维断层。操作效果即指通过对教学内容的实际操作，使其积聚的感性知识有效地抽象转化为理性知识。学具的操作仅仅是把学习数学知识应用的智力活动方式"外化"为动作操作过程，但这不是目的，其目的是通过外部程序"内化"为学生的智力活动形式，从而准确抽象出理性的结论，避免概括前的思维断层。因此，操作后老师一定要帮助学生对操作结果进行认真总结、准确归纳，使学生完成从感性认识到理性认识的转化，实现具体动作思维逐步到抽象逻辑思维的飞跃。

教学"有余数的除法"一课，教师可先让学生动手操作，把 6 个苹果平均分成 2 份，分完后把相应的横式和竖式写出来；然后再让学生把 7 个苹果平均分成 2 份，当学生发现不能分完时，教师揭示课题，并讲述横式、竖式的写法和读法；在此基础上，教师再次让学生操作练习，把 10 本练习本平均分成 4 份，每份几本，还剩几本。操作完后，把竖式写完整，通过以上的操作，在学生取得一定的感性认识后，教师紧接着提出这样的问题让学生思考：比较前面题目里的余数和除数，你发现有什么规律？学生马上会根据前面的操作及书写的算式进行观察、比较、抽象，最后概括出"计算有余数的除法，余数一定要比除数小"的结论，且对为什么余数要比除数小的理由也很容易理解了。

"智慧的鲜花是开放在手指上的。"学具的操作对学生身心的发展所产生的作用是任何教具所无法替代的，操作的调控更能优化课堂教学结构，发挥提高学生素质的作用。

3. 在知识的联系中横向沟通，领悟规律实质

数学的许多知识既有区别也有联系，加强知识间的沟通，理解知识的本质特点或意义，反映的是哲学上相互联系的思想。恩格斯说：当我们深思熟虑地考察自然界或人类历史或我们自己的精神活动的时候，首先呈现在我们眼前的是一幅由种种联系和相互作用无穷无尽地交织起来的画面。

如商不变的规律、分数基本性质和比的基本性质三种知识间联系非常紧密。中年级教学商不变的规律时，教师可以把知识横向拓展到商变化时会存在哪些规律。到了高年级教学分数的基本性质时，商不变的规律就成为学习新知的切入点，再结合分数与除法的关系，沟通两种知识间的本质的联系。当教学比的基本性质时，由于有了前面两者的知识基础，教师就可以让学生去联想：和以前学过的什么知识有联系呢？学生就很容易理解知识的本质区别和相似之处，学生学习起来就会得心应手。

再比如，"立体图形的表面积与体积"中有这样一道题：一个长方形、一个正方形和一个圆的周长相等，已知长方形长 10 厘米，宽 5.7 厘米，它们的面积各是多少？从教材的编排特点及编排意图来理解，它是在学生复习"平面图形的周长与面积"之后而设置的综合性练习题，目的是考查学生能否灵活运用圆、长方形、正方形的周长与面积计算公式。但教师完全可以在复习"立体图形的表面积与体积"之后，再让学生做这道题。

老师让学生在本子上练习，一生板演如下：

①长方形的面积：$10 \times 5.7 = 57$（平方厘米）

②正方形的边长：$(10 + 5.7) \times 2 \div 4 = 7.85$（厘米）

正方形的面积：$7.85 \times 7.85 = 61.6225$（平方厘米）

③圆的半径：$(10 + 5.7) \times 2 \div 3.14 \div 2 = 5$（厘米）

圆的面积：$3.14 \times 5^2 = 78.5$（平方厘米）（教师对学生的解题进行评析）

师：请同学们认真观察这位同学的计算结果，你发现了什么？（同桌同学互相讨论后再回答）

生：我发现长方形、正方形和圆形的周长相等时，圆面积最大，长方形面积最小。

（教师把结论板书在黑板上）

师（出示小黑板上的题目）：大家看这道题：如果长方体、正方体和圆柱体的底面周长相等，高也相等，那么哪一个物体的体积最大？哪一个物体的体积最小？大家猜猜看。

生 1：我认为长方体的体积最大，圆柱体的体积最小。

生 2：我认为正方体的体积最大，圆柱体的体积最小。

生 3：我认为圆柱体的体积最大，长方体的体积最小。

师：有这么多种答案，你们认为哪一种说法是正确的呢？请小组互相讨论。

生：我认为第三种答案是正确的。因为长方体、正方体、圆柱体的底面分别是长方形、正方形和圆形，根据前面我们发现的规律：周长相等的长方形、正方形和圆形，圆的面积最大，长方形的面积最小。因此，圆柱体的底面积是最大的，长方体的底面积是最小的，它们的高都相等，根据长方体、正方体、圆柱体的体积计算公式 $V = sh$，可以得出圆柱体的体积最大，长方体的体积最小。

在教学中，教师应挖掘自己的教学智慧，开发教材习题资源的发展性价值。本教学中，教师并没有停留于让学生计算长方形、正方形、圆形的面积各是多少，而是让学生利用这道题得出的规律将其有机地渗透与延伸到圆柱体、正方体和长方体的有关知识中，使问题呈现出开放性。学生在这样的问题情境中，思维活跃，不但可以开发学生的思维潜能，而且也沟通了平面图形与立体图形之间的关系，从而达到举一反三、触类旁通的目的。

上例中，第一个问题知识间联系的编排特点已经很明显，老师的第二个问题显然是为了进一步让学生理解知识间的联系，紧扣知识的本质特点。学生在练习设计中，教师要充分利用教材提供的资源，挖掘教材蕴含培养学生思维、能力等方面的因素，对练习内容进行重组、拓展、延伸，使练习成为学生"智慧的能源"，对学生知识的积累和培养能力方面都能发挥最大的作用。这样不仅有利于学生掌握基础知识，而且对于培养学生的应变能力、开拓思路、活跃思维等都是非常有益的。

4. 在"让学"过程中突出主体，促进自主学习

在教学中，老师一定要强化"儿童第一"的思想，坚守学生的中心立场，突出学生的主体地位，真正把课堂还给学生，把学习的自主权还给学生，激发学生的学习潜能，促进学生的自主发展。

(1)让学生"读"。读书是学生最基本的学习活动。俗话说，"读书百遍，其义自见"。读书不仅能帮助学生理解知识，还能提高学生的阅读水平和表达能力。教师要指导学生掌握正确的阅读方法，让学生在读中思，在思中读。在课堂上要做到精讲精练，把读的时间还给学生，同时还要注意拓宽学生阅读的范围和内容，开放时空，让学生去书店、进图书馆、去阅览室、上因特网，博览群书，增长知识，不断丰富自己的"内存"。

(2)让学生"讲"。在学习过程中，教师要创造机会让学生陈述自己的观点。在接受新知的过程中，学生不断有自己的感受和认识，在讨论、思考的过程中有自己的理解和观点。教师要创设民主、平等、和谐的学习环境，让学生倾吐自己的"思想"。课堂上尽量让学生自己描述现象、表达认识、揭示规律，教师绝不能包办代替。通过学生的"讲"，可以更好地激发学生进入积极的思维状态，更好地加深学生对新知的理解，锻炼和提高学生的口语表达能力。另外，学生的"讲"还可以及时反馈学生的学习效果，便于教师适时调整教学策略，保证教育的质量。

（3）让学生"问"。爱因斯坦说过："提出一个问题比解决一个问题更重要。"质疑是开启创新大门的钥匙，让学生主动提出问题最能激发学生学习的积极性，最能迸发出学生创新思维的火花。在教学中，教师要适时创设问题情境，积极鼓励学生质疑问难，主动探求新知；要努力改变课堂上教师提问、学生被动回答的局面，谋求教学过程中每个环节师生心理的同步，即教师启发生疑—鼓励质疑—引导解疑，学生思考求疑—大胆质疑—创造性解释，达到主体与主导的最佳结合。教师要倍加呵护学生主动提问的积极性，呵护学生珍贵的创新意识。

（4）让学生"议"。在贯彻启发式原则的基础上，教师要注重运用讨论式的教学方法，课堂上多组织学生进行讨论，以促进学生开拓思路、积极思维，让同桌讨论、小组讨论、全班讨论等多种形式贯穿于整个教学活动中，引导学生自主参与知识的发生、发展过程。教师同时参加学生的讨论，便于及时了解情况，因材施教。组织学生进行有效的讨论，既可强化学生的自主意识，调动学生的积极性，又能激发学生的集体主义观念、培养学生互助协作的精神，相互启发、取长补短、共同进步。

（5）让学生"做"。小学生的思维正处在由具体形象思维逐步向抽象逻辑思维过渡的阶段。直观教学是小学教学必须遵守的重要原则。教学中教师可以通过制作和使用教具、学具，通过收集和制作标本、道具，尽量把抽象的知识与直观具体的形象联系起来，让学生的多种感官参与认知过程，促进学生感性认识向理性认识的转化。同时"做"也能帮助学生协调大脑的功能，提高学生动手操作能力，强化学生的劳动意识，提高劳动技能。

（6）让学生"练"。练习是教学的基本方法之一。练习可以使学生更好地掌握基础知识，形成技能，促进学生的思维、人格和身心健康发展。同时，练习还有助于教师获得信息反馈，便于检查学生的独立学习能力。教师要精心设计练习，切忌题海战术，注意体现自主学习的原则，因人而异，努力让各种类型的学生都"练"有所得。练习的要求必须明确、具体，除了练得正确外，还要求迅速、书写工整、简便灵活、具有创造性。教师要不断拓宽作业的内涵，除了书面作业，还要有动手任务、口头任务及调查、实践的作业；除了学科课程作业，还要有做人的作业、劳动的作业、审美的作业、创新的作业。一切为了提高学生的综合素质，一切为了学生今后的发展。

在这个过程中，必须坚持面向全体学生，使每个学生均有平等接受教育的机会，让每个学生都能体验到学习成功的喜悦，让每个学生都能在原有的基础上得到提高和发展。教师的鼓励和微笑多一点，学生施展才能的机会就会多一点；学生自主安排的时间多一点，学生的收获和进步就会多一点。

在"可能性"教学中，有位老师是这样教学的：先设计第一个黑袋子，全放红球，用"一定"来描述一定摸到红球的结果，体验事件发生的确定性。接着设计第二个黑袋子，全放黄球和绿球，用"一定"来描述摸到红球的不可能结果，体验事件发生的确定性。再设计第三个黑袋子，放红球和黄球，用"可能"来描述摸到红球的可能结果，体验事件发生的不确定性。我们可以用"一定""可能""不可能"来描述事情发生的情况。这样的设计体现了对于数学事件的本质判断，渗透了普遍性和特殊性的联系。

再比如，刚学除法的时候，$4 \div 3$ 是无法解答的；学了有余数的除法，那么结果是商 1 余 1；学了小数，结果是 $1.33333\cdots\cdots$ 但是到了六年级，学生的答案应该是 $1\frac{1}{3}$，前面几个答案就不合适了。所以在不同的阶段，对学生的要求是不同的，我们要和学生说清楚怎么来解答。

在数学教育中，教师一定把握数学教育的本质与意义，优化数学教育的路径和方法，提高数学教育的水平和效益。其中最重要的是坚守儿童立场，遵循儿童的成长规律，引领儿童快乐学习。在这方面，我国小学数学教育名家吴正宪老师在《吴正宪给小学数学教师的建议》一书中所倡导的理念，是值得我们学习和借鉴的：

"在育人的过程中——没有什么比保护学生的自尊心更重要。"

和吴正宪老师在一起

"在学习的过程中——没有什么比激发学习兴趣、保护好奇心更重要。"

"在交往的过程中——没有什么比尊重个性、真诚交流更重要。"

"在成长的过程中——没有什么比养成良好的习惯更重要。"

我的教育实践

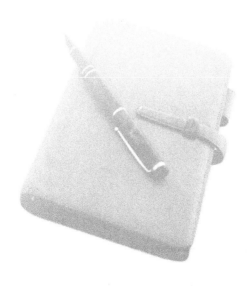

一、建一所幸福的学校

从事教育工作 37 年，做学校管理工作近 20 年，这对一个心中有梦的教育人来说，这些经历都是资源、财富。丰富的实践让我对教育的本质和内涵有了更加深刻的理解，务实的管理让我对"促进和成就人的幸福"有了更加深切的体验。做教育，我们需要先进的理念来引领实践、指导实践，同时也更需要有效的实践来诠释理念、丰富理念。只有坚定信念，一步一步地向前走，才能让愿景变成现实。

我们植根于百年老校的丰厚积淀，传承"儿童本位"的教育思想，孕育"人本和谐"的办学理念，催生"让每一个学生都拥有成长的快乐，让每一位教师都享受职业的幸福"的办学主张，推进"办幸福教育，建幸福学校，当幸福教师，育幸福学生"的教育实践，引领我们的学校教育向着幸福的方向快乐前行。

（一）办幸福教育

作为人生最重要、最基础的教育阶段，小学教育对孩子的成长和发展有着非常重要的作用。如何实现教育对人生幸福的意义，如何让每一个孩子都能幸福地度过一生，如何让每一位教师都享受职业的幸福，这些是每一位学校管理者都要认真思考与积极实践的课题。

1. 课题引领，让学校发展充满理性的光芒

为了更好地做好"幸福教育"的实践研究，我们成功申报了江苏省"十二五"教育科学规划重点资助课题——"幸福学校建设的实践研究"。经过五年的学习实践，研究取得了丰硕成果，有效地促进了学校内涵品质的提升。仅课题研究本身就获得三项殊荣：一是课题入选江苏省"六大人才高峰"项目 B 类，填补淮安市基础教育类的空白，获得省政府 10 万元的研究经费；二是课题被评为第三届江苏省教育科学规划精品课题，开创了淮安小学界的先河；三是课题获江苏省中小学教学研究第九期课题评选一等奖。2016 年全市党代会还把"幸福教育研究成果的推广"作为全市教育的重点工作安排落实。

俗话说"天道酬勤",这些成果的取得,得益于学校老师们的积极参与,得益于大家一步一个脚印地行动研究。

为了坚守"做幸福的人"的价值取向,准确把握"幸福教育"的研究方向,真正从"人的需求"出发,来探讨小学教育实践路径,我们分别于 2010 年、2012 年、2014年三次对教师、学生、家长等不同人群进行"大数据"问卷调查,旨在探寻学校教育的幸福意义与实践策略,以下是研究之初的部分问卷调查情况。

(1)学生心中幸福的教育。

①什么样的校园才能让你的学习、生活幸福快乐?

学生认为:学校有优秀的老师,能经常组织活动、多点机会让同学相处;有美丽安静的校园、有很多花草树木、操场很宽广;有快乐的学习方式、与好朋友一起学习等。

②什么样的老师才能让你的学习、生活幸福快乐?

学生认为:老师是温和的、笑着上课、说话声音不大、不发脾气、幽默、让课堂活跃一点;老师写字好看、有文化、有爱心、有很多兴趣爱好;老师自己快乐也让学生快乐、认真负责、有好的教学方法、能理解学生、经常表扬学生等。

③什么样的教育教学活动才能让你的学习、生活幸福快乐?

学生认为:语文、数学等有趣味性的课堂学习;节庆联欢,运动会、打球、跳绳等体育活动;春游、主题班队、社会实践等户外活动;班级、年级的游戏比赛、竞赛展示等活动;读书读报、科技学习、实践操作等活动;自主参与、富有挑战的兴趣活动等。

④什么样的家庭教育才能让你的学习、生活幸福快乐?

学生认为:爸爸妈妈能爱学习、有责任心;爸爸妈妈能亲身示范、帮助我学习;爸爸妈妈不吵架、家庭温馨;爸爸妈妈能经常鼓励我学习,找时间和我一起郊游;爸爸妈妈能不给我布置头疼的额外作业、不给我报不喜欢的辅导班;爸爸妈妈能给我一个轻松、自由的学习活动空间;爸爸妈妈能不对我"包办太多"、给我自己成长的机会等。

(2)教师心中幸福的教育。

①你认为学校里的哪些人最幸福?(单选)

选项	校级领导	部门/年级管理人员	骨干教师	普通教师	后勤人员
人数（人）	68	12	39	81	7
百分比（%）	32.85	5.80	18.84	39.13	3.38

结果显示，学校里普通教师的幸福指数最高，其次是校级领导和骨干教师，而部门/年级管理人员和后勤工作人员的幸福指数相对较低。

②你认为学校里，影响老师幸福的因素是什么？（多选）

选项	工资福利	学校声望	人际关系	个人成长	校园文化	工作业绩
人数（人）	215	162	205	192	190	186
百分比（%）	96.41	72.65	91.93	86.09	85.20	83.41

结果显示，学校里影响教师幸福指数占比最高的是工资福利，其次是人际关系、个人成长、校园文化和工作业绩。同时，学校声望也会影响教师的幸福指数。

③你对创建幸福学校的建议。

教师的建议主要是：学校要有科学的理念，要有先进的文化，要有和谐的校园环境；要重视教师队伍建设，教师对孩子要有信心、耐心和爱心，理解、信任和尊重孩子；要遵循教育教学规律，教育教学活动要符合孩子的年龄特点；要重视孩子的全面发展，既要教书，更要育人；要激发和培养孩子的学习兴趣，指导学生自主学习、合作学习、探究学习；要重视孩子的个性发展，培养孩子兴趣特长；要关心、理解、信任和尊重老师，重视教师师德形象和专业成长，多为老师提供学习机会和展示平台，让老师享受职业的幸福；要重视家校的联系与沟通，引导家长树立正确的教育观、人才观，指导家长的家庭教育。学校要注重内涵发展，减少功利色彩，让老师和学生都感到幸福。

（3）家长心目中幸福的教育。

①您认为学校教育对孩子幸福、快乐影响有多大？（单选）

选项	影响非常大	影响比较大	影响一般	影响较小	没有影响
人数（人）	2767	1234	103	46	23
百分比（%）	66.31	29.57	2.47	1.10	0.55

结果显示：家长普遍认为学校教育对孩子幸福快乐的影响是非常大的，说明家长对学校教育的认识比较到位，但也没有都把学校教育看作是影响孩子快乐幸福的绝对要素，这是比较理性和理智的选择结果。

②您认为孩子在学校的快乐幸福主要表现在哪些方面？（多选）

选项	学习兴趣浓厚	健康文明自信	人际关系良好	品学兼优	个性发展
人数（人）	3148	2753	1581	1398	1827
百分比（%）	75.42	65.96	37.88	33.49	43.77

结果显示，家长认为孩子"学习兴趣浓厚""健康文明自信"是其最幸福的表现，而选择传统认可的"品学兼优"表现的幸福指数却相对较低，说明家长已经认识到达成"品学兼优"需要付出的成本或代价比较高，会影响孩子的幸福感受与快乐体验。

③您理想中幸福的学校是什么样的？

主要观点：幸福的学校要校舍安全、环境优美、设施先进、教师素质高、师德形象好，教育工作者有责任心、有好本领；对孩子有爱心、有耐心、有恒心，理解、信任和尊重孩子，关心孩子、成就孩子；学校实施素质教育，关注学生全面发展，既教书又育人；学校开展丰富多彩的教育活动，激发孩子的学习兴趣，培养孩子良好习惯，锻炼孩子综合能力；家校关系好，师生关系好，生生关系好，老师能身教言教、示范引领，孩子能快乐学习、健康成长；学校教育质量高、办学特色显著、美誉度和影响力高等。

从问卷调查中我们可以看出，学校教育的价值就是让每一个学校人（老师与学生）都能得到理想的发展，都能实现幸福的成长。为此，实施幸福的教育，学校不仅要有一个良好的工作和学习环境，拥有能够满足师生工作和学习需要的物质条件，还要创设人本和谐的学校文化，从尊重人、理解人、发展人、成就人的视角实施学校管理，开展教育教学活动，实现全体发展、全面发展、自主发展和个性发展，真正让每一个学生都拥有成长的快乐，让每一位教师都享受职业的幸福。

通过问卷调查，我们明确了"办幸福的教育"的内涵要素，教师、学生、家长对学校教育的期待也为我们实践幸福教育提供了很好的参照。在工作中，我们坚持把"办幸福的教育"作为学校最重要的行为方式，把促进人的幸福作为根本的价值取向，通过"人本和谐"的管理实践、"德艺双馨"的师资建设、"务实高效"的教学研究、"自主开放"的班队活动、"多元灵活"的激励评价等，开展幸福学校建设的实践研究，努力达成预期的教育愿景。

在研究中期、研究后期的问卷调查统计，我们惊喜地发现，无论是学生、教师，还是家长，他们对学校教育的理解、对幸福内涵的理解都比初期的认识要深刻和全面，他们自我的幸福感受和体验要比初期有所增强，他们的幸福指数也呈逐步递增的趋势。

在幸福教育研讨活动中致辞

在学习实践中，我们始终坚定理想信念、始终坚守教育情怀、始终坚持人本原则，在专家导师指导下，统筹规划、周密安排、积极推进、引领发展。"幸福管理、幸福教师、幸福学生、幸福课堂"四个子课题研究齐头并进，并顺利实现了预期目标。2015 年 5 月，省"十二五"教育科学规划重点资助课题，同时也是"江苏人民教育家培养对象专项课题"——"幸福学校建设的实践研究"进行现场结题。大会由省教育科学规划领导小组办公室彭钢主任亲自主持，课题主持人汇报研究情况，并和子课题负责人一起现场答辩，6 位专家学者评审指导，来自 7 个省份的 500 多名小学校长、骨干教师观摩结题现场。最后，评审专家一致认为该项课题研究立意高远、理念先进、组织严密、研究扎实、成果丰硕，是基础教育学校教育课题研究的很好样本。

2. 研究提升，让幸福教育成为学校的文化符号

幸福教育的实践研究使我们的教育视野不断开阔，教育理解不断深化，实践体验不断丰富，文化内涵不断提升。实践中，我们借助教育专家的指导、教育媒体的交流、教育同行的研讨，保障研究能沿着正确的方向、向着既定的目标，一步一个脚印向前走。

几年来，我们先后承办了由江苏省教科院主办的"倡导幸福教育，建设幸福学校"为主题的"人民教育家培养对象送教总理故乡"论坛活动和以"幸福学校建设"为主题的江苏省名校发展论坛，省教育学会和市教育局联办的每年一届的"江苏省幸福教育论坛"已经顺利举办了三届。我们还承办了由省教育厅主办的以"面向教海、幸福花开"为主题的"教海探航"学术研讨活动，每次活动都围绕"幸福教育"设计主题，邀请国内著名的教育专家现场指导，省内外数百名（甚至上千名）教育同行参与学习研讨，对我们的幸福教育研究工作产生了积极的、重要的助推作用。幸福教育的研究品质不断提升，"幸福教育"的思想理念不断辐射，在省内外产生了积极的影响。

对"江苏省第三届幸福教育论坛"活动，《淮海晚报》刊发了特稿：

5月25—26日，由江苏省教育学会、中国教育报刊社人民教育家研究院、淮安市教育局共同主办，全国幸福学校共同体、淮安市幸福教育研究会承办的"江苏省第三届幸福教育论坛"在市实验小学成功举办。

25日下午两时许，市实验小学大礼堂高朋满座，济济一堂，以"幸福学生"为主题的江苏省第三届幸福教育论坛盛大开幕。开幕式由淮安市人民政府教育督导室副主任戴铜主持，市教育局张元贵局长发表了热情洋溢的致辞，肯定了幸福教育研究的工作思路和成果；中国教育报刊社人民教育家研究院院长徐启建对"幸福教育"做了深度解读；省教育学会杨九俊会长在讲话中盛赞了幸福教育论坛活动的"节日感"；王红红副市长代表市政府对本次活动表示热烈的祝贺，对专家和嘉宾来淮指导、交流表示诚挚感谢，希望通过幸福教育平台，进一步提升"幸福教育，学在淮安"的品牌影响力，为建设总理故乡贡献力量。

开幕式结束后，代表们一起聆听了杨九俊会长的精彩讲座：《幸福学生：活泼泼的生命》。讲座结束后，来自云南省楚雄市北城小学的李进学主任、安徽省青阳县实验小学周次胜校长、苏州工业园区星海小学柳泉敏副校长、淮安市实验小学龚熠主任分别做了《爱的阳光洒满幸福路》《幸福管理，幸福成长》《幸福教育的星海经验》《让

儿童活泼泼地成长》的经验分享。接着，省教育学会叶水涛副会长从不同的视角做了深刻而不失趣味的点评。经验分享结束，代表们分两组观摩市实验小学特色社团活动和五年级的课程超市展示。

26 日上午，来自全国多个省份的 300 余名代表，欣赏了市实验小学赵琰老师与她班孩子《爱·幸福》的主题班队会。活动在孩子们自编自创的一首首小诗中拉开了帷幕。快乐成长小队带领队员们"寻找身边的爱"；快乐宝贝小队的爱心卡制作，让队员们体会到了理解和给予的快乐；先锋小队的队员们将敬意送给身边最平凡，也最可爱的人；大拇指小队的舞蹈表演《老师老师》将活动推向了高潮。随后，作为沙龙主持人的国家督学、江苏省教育科学研究所原所长成尚荣先生与台上 7 位专家以及台下 6 名学生代表就"学生的幸福在哪里"话题进行了深度对话。

26 日下午，论坛按语文、数学、音乐、体育、美术五个学科，同时进行"幸福课堂观摩研讨"。全国著名特级教师贲友林、姜树华、倪晨瑾以及来自省内的两位青年名师王涓和张红娟，与我市青年教师李莉、陈琦、张妤、包立侨、周梦旸同台献课。课后，各学科专家除了对青年教师的课堂进行点评外，还与听课老师分享了自己的教育思想、教学主张和成长经历。课堂展示，对学生来说是一次难忘的经历，对听课老师来说是一次务实、高效的专业辅导，这也给本次幸福论坛画上了圆满的句号。

通过幸福教育的实践研究，学校的文化内涵得以丰富，教师的教育教学及教育科研等专业素养得到较大提升。五年来，学校共有 30 余项省市级研究课题结题，教师在省级以上教育报刊发表论文 400 余篇，拥有省级准印证的《幸福教育》杂志创刊至今已出刊 9 期，"幸福教育"丛书一套四本（《一树一树的花开》《太阳下面的风景》《追寻生长的脚步》《面朝幸福的远方》）顺利出版发行，我的"江苏人民教育家培养对象"的作业，也是"幸福学校建设的实践研究"的主要成果——《学校，一个让人幸福的地方》，已由江苏凤凰教育出版社出版发行。我们的研究，从一个学校到一个区域，逐渐辐射到全国 20 余个省份的 70 多所学校。

3. 成果转化，让幸福教育思想得到推广和辐射

基础教育研究的价值在于学习和应用科学先进的教育理论，总结和反思当下教育实践中存在的矛盾和问题，改进和优化教育实践的路径和策略，促进教育优质均衡发展，其教育研究的成果还要在一定范围内得以分享和推广，产生积极的辐射引

领功能。

在研究初期，我们从研究的样本选择上，就适度吸纳部分有意向的兄弟学校参与其中。从问卷调查到文献学习、从理论指导到实践探究、从沙龙研讨到课堂实践，我们向着共同的目标，分享优质的资源，实现个性的发展，带动集团校区和发展共同体成员学校，强化教育科研意识，探究教育科研路径，选择教育科研方法，提升教育科研绩效。

在研究中期，我们倡导成立淮安市幸福教育研究会。以此为平台，开展"幸福教育校园行"活动，组织优秀教师在省内外友好学校开展课堂教学观摩研讨、班队活动策略研究、学校管理经验分享、办学特色交流互动等富有针对性、实效性的活动，促进双方共同发展。同时，我们还牵头组建"幸福教育学校联盟"，和十多个省份的四十余所学校建立紧密的协作关系。我们还通过编印《幸福教育》杂志，把成员学校对幸福教育的认识、实践与创新的想法、做法、经验汇编成册，与"幸福教育"丛书一起免费赠送联盟单位，促进大家学习借鉴、共享共进，受到大家的广泛认同和高度评价。

在研究后期，我们在总结经验的基础上，积极参与筹建"全国幸福学校共同体"的工作，发挥牵头引领作用，组织开展更大范围的幸福教育研讨活动。特别是在市教育局的支持下，我们倡导开展"幸福教育乡村行"名师志愿者活动。作为此项活动的牵头人，我们向全市在职的小学特级教师发出倡议。

"幸福教育乡村行"倡议书

各位特级教师：

送走硕果累累的 2014，我们又迎来了崭新的 2015。在这个充满希望的年度，相信我们每个人心中都会升腾起属于自己的教育梦想。德国哲学家海德格尔说"教育在路上、在旅途中"。当我们怀揣梦想，载梦前行时，我们能"望得见山、看得见水、记得住乡愁"吗？当我们回到教育原点、回归我们的精神家园时，才发现乡村、乡村教育正静静地伫立在我们的心灵深处，没有年轮，永不老去。

"乡村教育是立国之大本"。穿越岁月的时空年轮，我们看到，20 世纪二三十年代，以晏阳初、梁漱溟、陶行知、黄炎培为代表的众多教育大家，兴起了一场颇具影响的"乡村教育运动"，他们主张教育工作者要"到乡村去"，用自己的实际行动做乡村教育的推进者。时至今日，我们的乡村已发生了翻天覆地的变化，乡村教育也取得了长足的进步，但是美丽的乡愁却无处安放，因为城乡生活还存在一定的差距，城乡教育还没有得到均衡的发展。

我们是当代教育的受益者和幸运儿，时代赋予我们"人类灵魂工程师"的职责，事业给予我们"师德的表率、教学的专家、育人的模范"的期待。乡村教育孕育了我们，党和政府培养了我们，作为江苏省的特级教师，作为基础教育的名校长、名教师，我们能为当下的乡村教育做些什么？我们该如何回报社会，为乡村教育贡献我们的智慧和力量？现在，淮安市教育学会、淮安市幸福教育研究会将启动一项很有意义的活动——"幸福教育乡村行"。这项活动旨在全面贯彻教育发展规划精神，整合和利用优质资源，充分发挥名师的示范引领作用，提升乡村教育在学校管理、队伍建设、教育教学、教育科研等方面的质态，实现基础教育优质均衡发展。

"幸福教育乡村行"启动仪式

一滴水是微不足道的，但汇成江河就有了巨大的能量。在此，我们倡议，全市小学教育的特级教师行动起来，积极加入"幸福教育乡村行"名师志愿者行列，亲临乡村小学，听课、评课、上课，参与集体备课、教学研讨，开展微型讲座、专题报告，与乡村学校的同行们一起探讨学校发展规划、文化建设、团队培养、课程开发、专业成长等,在充满生命活力的教育现场中释疑解惑,传递新的教育理念、研讨新的教学思想、探索新的教学方法,在行动中奉献我们的微薄之力,在实践中体现我们的生命价值。

同仁们,"幸福教育乡村行"不仅是一个倡议、一份计划、一项活动,更是一份责任、一种担当、一腔情怀。它是我们实现教育梦想、留住美丽乡愁的一个载体,也是我们回报乡梓、实现人生意义的一方舞台。"撑一支长篙,向青草更青处漫溯",我们坚信,大家今天的行动可谓星星之火,乡村明天的幸福教育可成燎原之势。我们定会"满载一船星辉,在星辉斑斓里放歌"!

值得欣慰的是,我们的倡议得到了全市22位在职小学特级教师的积极响应,大家在实小汇聚一堂,畅谈活动的意义与价值,研讨活动的内容和形式,确定自己的主题和时间,积极主动地参与到"幸福教育乡村行"活动中来。

在此基础上,我们提请以淮安市教育学会和淮安市幸福教育研究会作为组织单位,向全市下发活动方案。

"幸福教育乡村行"活动方案(试行稿)

一、指导思想

为进一步贯彻落实《国家中长期教育改革和发展规划纲要(2010—2020年)》的精神,更好地整合和利用优质教育资源,充分发挥江苏省特级教师等名师名校长的示范引领作用,同时更好地体现名师的责任担当、事业情怀和人生价值,积极推进城乡教育优质均衡发展,进一步彰显"幸福教育学在淮安"的品牌影响,现由淮安市教育学会、淮安市幸福教育研究会联合发起,组织"幸福教育乡村行"活动。

二、活动组织

本项活动由淮安市教育学会、淮安市幸福教育研究会(以下简称"两会")联合组织。

三、活动形式

"两会"将根据乡村学校的实际需求,组织安排江苏省特级教师、淮安市学科带头人等名师名校长,到乡村小学开展有针对性、有实效性的教育教学研讨活动。按照乡村小学的需求情况,"量身定做"项目内容,每次组织安排2~3名特级教师等名师名校长,深入乡村小学,为它们的教师队伍建设、教育教学质量提升提供专业的咨询与指导服务。

四、活动内容

根据乡村学校的要求，"两会"将分批组织特级教师等名师名校长到乡村小学学习考察、研究指导，如课堂示范、备课研讨、问题诊断、专项培训等，对乡村小学的学校管理、课程建设、课堂教学、班队建设、特色建设等开展"短平快"式的现场研讨，积极协助乡村小学提炼办学成果、探讨超越现状的有效路径，不断促进城乡教育均衡发展。

五、实施说明

1. 本项活动属公益性质，活动主体为相关的乡村学校、特级教师等名师志愿者团队，不产生任何费用，不给乡村学校增添任何负担。

2. "幸福教育乡村行"活动的具体实施，由有此需求的乡村学校提出申请和具体要求，填写"申请意见表"，"两会"将根据实际情况，有针对性地安排人员和具体内容，并在活动前做好相关的对接工作。

3. 本项活动的联络处设在"淮安市幸福教育研究会秘书处"，由淮安市实验小学"幸福教育研究中心"负责具体的联络组织与协调工作，"乡村行"的交通工具亦由市实验小学负责安排。

4. 本项活动的相关事宜由"两会"负责解释说明。

让我们没想到的是，此项活动不仅得到特级教师们的积极响应，很多乡村小学更是积极申请、提出具体的实际需求，促进实行"个性化定制"。我们根据各位特级教师的研究专长，有针对性地组织安排。后来，此项活动还接受许多市级学科带头人的申请，安排他们一起参与"纯义务"的志愿者行动。目前，"乡村行"活动已经走过30多个乡村小学，收到很好的社会效果。

"幸福教育乡村行"的成功实施也引起了社会与教育媒体的关注。《江苏教育报》专门安排记者亲历活动过程，给予专题报道，产生了积极影响。中国教育报刊社人民教育家研究院的领导，对此给予高度的评价，并与淮安市教育局联合开展"幸福教育西部行"活动，委托我们组织小学特级教师志愿者到西部地区开展讲学活动。此举受到当地教育行政部门和一线教师的热烈欢迎和高度认同，产生了积极而广泛的影响。

(二)建幸福学校

我们知道,幸福学校建设是实践幸福教育的重要任务,也是推进幸福教育研究的重要载体,它是一个系统工程。所以,建幸福学校,实践真正意义的学校教育,必须努力追求和实现学校教育对人生幸福的积极意义。学校要成为师生的精神家园,成为师生心灵向往、流连忘返、没齿难忘的地方;教师要成为幸福的使者,既能体面而有尊严的学习、工作和生活,又能在实践中体现自我的职业价值与人生意义;儿童要成为最好的自己,每个人都能健康快乐的学习、富有个性地发展、充满幸福地生活;教育成为人类的"福源",学校成为一个让人幸福的地方。

1. 理念引领,让幸福教育成为师生的价值追求

(1)加强学习引导,统一师生的理想追求。"我们的人民热爱生活,期盼有更好的教育……期盼着孩子们成长得更好……"学校教育是关乎国计民生的最重要的社会事业,承担着树人、富民、强国的神圣使命。作为学校教育的主体责任人,我们必须担当起"教书育人"的光荣职责,努力坚守"做幸福的人"的核心价值取向,努力探索幸福学校建设的实践路径和实施策略。

在实践中,我们强化学习引导,努力培植师生正确的幸福观念,通过开展丰富多彩的学习实践活动,帮助师生理解幸福教育的核心内涵和主要任务,明确努力的方向和目标,让实践幸福教育成为师生共同的认知和行动。我们继承"儿童本位"的办学传统,践行"人本和谐"的管理理念,探索"幸福教育"的实践方略,一切工作都以服务人的发展、成就人的幸福作为出发点和归宿,突出人的主体地位、满足人的合理需求、服务人的个性发展、丰富人的幸福感受。

(2)坚持教师为本,成就教师的职业幸福。教师是教育最重要的资源,其职业生活是否幸福,直接关乎其人生的幸福,更影响学生当下和未来的幸福。在工作中,我们通过学习提升和活动引领,坚定教师的理想信念,增强教师工作的事业心、责任感、自豪感;我们通过引领教师的专业成长,开展富有针对性、实效性的校本培训,引导教师坚守职业道德、丰厚文化素养、优化知识结构、丰富教育智慧、提升专业品位,让专业培训成为教师"最好的福利";我们坚持人文关怀,为教师营造优美舒适的学习工作环境,帮助教师解决学习、工作和生活中的实际困难,丰富教师的精神生活,满足教师的心理需求,体现教师的个体价值,提升教师的归属感、成就感和幸福感；我们坚持民主管理、科学决策，尊重教师的自身权益，突出教师的主人地位，信任教师的工作能力，尊重教师的人格劳动，激发教师的创新热情，丰富教师的职业体验；我们坚持客观公正、有效激励，通过评价主体、评价方式、评价内容、评价标准的多元化，发挥评价的导向、激励和发展功能，激发全体教师的积极性、主动性和创造性，增强教师的职业感受；我们坚持尊重个性、成就自我，尊重教师的兴趣爱好，发展教师的个性特长，让教师在自己的"强项"中展示风采，体验个性发展的快乐与幸福。

（3）坚守儿童立场，促进学生的快乐成长。孩子是我们的未来和希望，他们当下是否幸福，未来能否幸福，责任就在我们的学校教育，就在教书育人的"园丁"。我们要坚持学生第一，一切以学生的需求和发展为本，努力为学生提供适宜的成长环境和优质的教育服务；我们要坚持"全纳教育"，做到"一个都不能少"，每一个学生都很重要；我们要用赏识的情感、发展的眼光、适切的方式教育学生，让每个学生都有进步、有发展，都能体验学习的快乐，享受成功的幸福；我们要关注儿童身心健康，在儿童身体发育、心智成长最重要的节点上，关注学生全面发展，通过多元的课程设置、幸福的课堂体验、丰富的活动历练，培养学生的道德品质、行为习惯、人格意志，提升学生的综合素养；我们要注重因材施教，让学生体验"成功"；我们要根据学生的成长规律和认知特点，通过丰富多彩的教育活动，为学生搭建积极参与的展示平台，经历成长发展的体验过程，在"润物无声"中理解教育的意义，感受活动的价值，享受成功的乐趣；我们注重发展个性，让学生成为"自己"；我们关注儿童、了解儿童，善于发现儿童的"与众不同"，通过个性化教育，培养学生的多元智能，发展学生的个性品质和能力，培养"素质全面、特长显著、个性独特"的现代公民。

（4）坚定责任担当，促进教育的优质均衡。我们传承李更生先生"竖起脊梁担事"的精神，自加压力，积极培植和放大优质教育资源，实施集团化办学，让更多的孩子有机会接受优质的基础教育；我们关注农村教育，支持农村教育，通过支教、送教、研讨、接受挂职锻炼等方式，帮助农村学校确立科学的办学理念，构建先进的学校文化，优化学校的管理方式，提高课堂的教学效益，创建学校的办学特色；我们注重示范引领，利用自身优势，积极承办省、市级教育教学研讨活动，为农村同行提供更多有效的学习机会和交流平台，促进农村学校办学品质的提升，为推进地域基础教育又好又快发展做出应有的贡献。

2. 人本和谐，创设适切的成长环境

"以人为本"既是对传统"生本"思想的继承发展，也是现代学校管理的实践创新。学校人本管理的内涵，就是一切管理行为都要以人的发展为本，以人的需求为本，始终把人作为管理的核心，承认人的主体地位，调动人的主动性、积极性和创造性，注重开发人的潜能，尊重人的价值，发展人的个性，谋求人的自由、全面、和谐发展。

学生是我们教育和服务的对象，是鲜活成长的生命个体。在管理中我们要突出学生的主体地位，"蹲下来"和学生平等对话，自觉地遵循教育教学规律和学生身心发展规律，以发展的眼光看待学生的成长历程，多为他们提供实践创新和情感体验的平台。

教师是学校教育的第一资源，从角色定位看，教师既是服务学生的主体，也是学校管理服务的客体。学校管理工作要注重突出教师的"主人"地位，把每一位教师当成"要发展、可发展、能发展"的最重要的人来引导、教育和培养，把每一位教师当成"需关心、该关心、能关心"的最重要的人来激励、支持和帮助，尊重他们的工作个性，激发他们的工作潜能，鼓励他们的工作创新，成就他们的工作业绩，激发教师的责任感、归属感、成就感。

"和谐发展"就是建设符合人性规律和教育教学规律的科学、民主、人文、开放的教育生态系统，遵循师生身心发展规律来实施教育教学，为师生的生命成长提供最适宜的环境和土壤；营造良好的人文环境，构建平等和乐、安全和谐、积极向上的人际关系，体现学校教育的真谛是人文关怀、心灵沟通、生命互动和精神感召；创造优良的物质文化环境，为师生提供舒适温馨、安全宜人的工作、学习和生活条件；充分发挥师生的主体作用，激发他们学习、工作的积极性和创造性，让学校成为学生体验成长快乐、教师感受职业幸福的精神家园。同时，学校的和谐教育还将影响和促进社会的和谐发展。

学校的和谐发展要注重体现发展的科学性、规范性和可持续性。不仅重视学生的发展，也关注教师的发展；不仅重视教育教学质量的提升，也关注学校办学特色的创建；不仅强化硬件的建设，也关注软实力的提升；不仅重视学校自身的发展，也要关注和促进社会的和谐发展。

3. 幸福底色，营造师生的精神家园

"高山仰止，景行行止，虽不能至，心向往之。"学校不仅弥漫知识的芬芳，洋溢人文的情怀，它更应是一所心灵向往的精神乐园。其办学思想和理念、办学特色和成果，应成为召唤人成长的精神向往和行动追求。

百年实小，桃李芬芳，薪火传承，历久弥新。

邢祖援，遥在宝岛台湾的学子，每每想起故乡的校园，每每说到儿时的生活，耄耋之人，记忆犹新，充满深情。在封封信笺里，他诉说着对百年母校的感恩之心、眷念之情。花草树木皆有情，恩师伙伴不忘怀。

方彬老师过去是实验小学的学生，她对母校有着深厚的感情，大学毕业后选择回到这里做老师，实现了"长大后就成了你"的梦想。现在，她的双胞胎女儿也光荣地成了妈妈的校友，在这片幸福的校园里"重复着昨天的故事"，快乐学习、幸福成长，延续了代代传承的温暖的教育情缘。

程雪梅，八七届毕业生，南大毕业后到美国深造，现为美国一所著名大学终身教授，在物理学研究方面有较深造诣。虽身处异国他乡，但她一直和当年教她的老师保持密切的联系，每次回国都要到母校看望老师，给老师们介绍美国小学教育的情况，分享她的成果和经验。有时她回国进行较长时间的讲学或休假，还会把自己上小学的孩子送到母校借读，让下一代接受祖国文化的浸润，感受妈妈常给她讲述的实小情怀。

梁爽，一个既聪明、活泼又自信有责任感的小男孩，给我留下了深刻的印象。在三年级时，他曾给我写过一封信，反映学校用水泥做的乒乓球台边上的棱角太锋利，玩耍的同学碰上去容易受到伤害，建议校长安排工人打磨一下，保证安全。另外，他还发现校园里的花木生虫了，建议安排园林工人喷药治虫。作为校长，我非常感动，及时采纳了他的建议，第二天就落实到位，同时还给他写了一封回信，对他这种关心学校、善于观察、勤于思考、敢于表达的精神予以表扬鼓励。班主任当着全班同学的面宣读了这封信，在班级、年级都产生了积极的影响。后来，梁爽如愿考上北京一所著名的大学。他爸爸告诉我，儿子每次放假回家都要到实小门口看一看，向门卫请求到校园里面走一走，还经常和家人聊起小学的事……

走在美丽的幸福广场，绿树掩映，高大的香樟树衬托起百年老校的魅力。广场一侧的"乐此"水池，意为"乐此不疲"，那古朴的笔迹出自学生稚嫩之手，锦鲤欢畅

在省学校文化建设论坛做主题讲座

的影子，仿佛活泼泼的孩童。操场的西南角，丰济仓碑亭掩映在绿树丛中，与"春风风我"亭相映成趣。走进桃李园，李更生先生的铜像矗立在广场中间，仿佛在讲述一个个动人的教育故事。

4. 文化神韵，浸润师生的心灵本色

文化是有力量的。学校文化力是学校文化所产生的"能量"，是学校文化元素对学校及其师生发展的作用力和对社会公众的影响程度。管理一所百年老校，不仅需要人的管理、制度的管理，更需要文化的管理。

(1)形成和发展学校的精神力，以"质量为学校的生命"为基本理念，努力营造意蕴丰厚的教育图景。学校精神是一所学校的整体精神面貌，是学校群体在长期的教育教学实践中积淀起来的在共同的心理和行为中体现出来的理念、价值体系、群体心理特征及精神价值传统。学校精神是学校的"精、气、神"。它赋予学校特有的个性魅力，是学校群体的凝聚力、向心力和战斗力。它有一种魔力，能让教师工作到腰酸背痛，心里却不感疲惫；能让学生"不待扬鞭自奋蹄"；能让学校从一个辉煌走向另一个辉煌。

在学校规模扩大、原有名师资源被一定程度稀释时，我们始终能在保持高质量的同时追求轻负担。我们坚持"质量为学校的生命"的基本理念，追求卓越、崇尚一流，超越自我的质量文化。我们的核心价值观是坚持高质量，追求轻负担，实践新特色。2006 年《中国教师报》曾以"轻负担高质量有特色——不再是教育的乌托邦"为题对我校进行了报道。我们坚持"大质量"观，认为在小学阶段对孩子行为习惯、学习兴趣、合作精神、创新意识、动手能力的培养，远比只对文化成绩的追求要科学得多，要追求两者之间的和谐共进。2009 年我们成功申报了全国教育科学"十一五"教育部规划课题——"用图式理论实践轻负高质的教学方式变革研究"，力图通过研究探索实践轻负高质的新途径、新策略，使学校的这一办学特色进一步彰显。

我们的战略定位是更好地发挥全市窗口学校的影响力，追求全省一流、全国知名。我们的发展愿景是强化内涵发展，精心打造"品质四园"——"书香校园、和谐校园、数字校园、生态校园"，努力追求"让每个学生都拥有成长的快乐，让每位教师都享受职业的幸福"。我们让全体老师提出发展目标，制订专业成长计划，提出对学校三至五年发展的设想，形成学校三年发展规划，交教代会评议、修改、定稿，制定了《教师队伍建设实施意见》，促进教师们的专业成长。

驻足实验小学发展的时空隧道，我们真切地体验和感受着引领学校成长的实小精神：艰苦奋斗、顽强拼搏的创业精神；献身教育、甘为人梯的奉献精神；开拓进取、勇于争先的创新精神；团结协作、同舟共济的团队精神；尊重规律、求真务实的科学精神。这种精神一直在影响每一位实小人。

学校的使命就是要教育人、发展人，在提高人的知识文化素养的同时，增强社会使命感、责任感，对自己、对社会有所担当。"以人为本，和谐发展"是我们的教育理念。我们力求在对师生的管理中，在教育、教学活动中满足师生的成长需求，实现教和学的责任感、自豪感、成就感。"追求和谐的智慧管理"是我们的管理哲学，《江苏教育》曾以此为题报道我校力求管出精细、理出精致、理出精彩、理出精神的实践策略。我们还通过管理人员宣言、入党宣言、全校教师宣言以及对外学校宣言等形式规范教育行为，凝聚集体精神，展示实小风采。我们还通过"三风"建设让学校文化力感染人、鼓舞人，形成学校文化的"魂"，真正将核心价值观作为贯穿学校所有办学实践的红线，使办学理念系统形成价值链。

（2）培植和提升学校的执行力，以"成就人的幸福"为总体目标，不断践行人本和谐的教育理念。学校的执行力是对学校各种资源进行有效整合而形成的成功实现学校战略，充分体现学校组织程度与社会效益的综合能力。

我们以教风建设为突破口，规范教师的教育行为，让教师把微笑带进课堂。把激情融入教育。我们通过理念引领培植学校责任文化，凝聚、约束、激励学校教师，对生负责、对校负责、对自己的发展负责，让优秀的师德、精良的教师专业素质充盈教育的全过程。我们重视教师的职业培训和专业成长，为教师素养提升做好服务，一是走出去，与世界同舞。我们和全国20多所学校结成了友好互帮学校，先后派出400多人次出国考察、学习，到省内外名校参观、走访，拓展老师们的视野，凝聚集体精神，提升业务能力。二是请进来，与名家对话。我们定期邀请省教科院、省教育报刊社、省教研室、南师大和淮阴师院知名教授前来讲学，让老师接受一场头脑风暴，进行思维碰撞，提升业务发展空间。三是搭舞台，与同行交流。我们承办了省名校发展论坛、省"教海探航"颁奖、省学科教学专题论坛、省数学优质课评比、省英语优质课评比活动，全校教师不出校门便感受了风行的风采，接受了新的信息。

通过挖掘典型培植学校的榜样文化。利用备课会、教师大会、教师座谈会，有针对性地邀请不同层次的教师开展"教师专业化成长"演讲、"读书沙龙""科研论坛"，让老师讲自己的成长故事、讲团队工作故事，以身边的典型来引领青年教师的成长。

提倡管理就是服务，领导者即服务者。通过和谐管理，彰显学校管理文化；通过条块结合的管理模式，把学校管理工作的重心下移到年级。条是教育、教学、教科研等的线性结构，块是年级全面负责学校各条线上的工作，让职能部门集中精力更好地思考、规划和指导做好各项工作，努力使块上的工作更加扎实、细致、创新、高效。我们鼓励各个年级、每个教师创造性地开展工作，在提高管理效能上做文章，在细节管理上下功夫，真正让校园成为环境优美、和谐融洽的乐园、家园。

努力让管理舞动人文与制度的"双色"飘带。我们建立健全了学校管理制度，完善管理网络，实施全员管理；注意人文关怀，教职工生日送鲜花和蛋糕，为每月给老师过集体生日；我们为青年教师举行集体婚礼，让他们感受家的温暖；我们制定和完善学校《教师队伍建设实施意见》，每学年度评选"教坛新秀""骨干教师""学科带头人"等，让老师们的专业成长看得见、摸得着。

精心打造特色文化，一是不断实践"轻负担高质量"的学校传统特色。我们严格控制师生在校时间，严格控制作业负担，绝不搞"题海战术"，鼓励教师到题海中去"捞金"。我们设立了"爱心工程"，实施"全纳教育"，真正做到"一个都不能少"。我们以各项活动为载体，为学生提供学习和展示的平台。艺术教育是学校的另一特色，我们不满足于每年上电视台演出的节目最多，我们的理想是让每一个孩子在艺术的天地里陶冶美的情操。每年我校举办艺术节，让更多的孩子走上舞台，展现艺术特长，感受成功的喜悦。"千人共唱红星歌""百人共跳集体舞""人人都是小画家"等一系列活动使更多的孩子成为童歌星、靓舞者、小画家。二是培植学校新的特色文化。我们开设了形体、陶艺、机器人、爱我淮安等特色课程。学校每年举办科技节、读书节，评选"金色少年"，开展各种科普小论文、小发明、小创造等活动，开展"科普进校园"活动。在机器人大赛中，我校多次荣获国际、国内金奖。

（3）定位和丰富学校的形象力，以"我是幸福的实小人"为践行标准，努力提升学校的信誉度、美誉度。学校的形象力是学校精神理念通过师生显现的物化形态，是社会公众感知学校最直观的对象。学校形象是无形资产，良好的学校形象可以调动师生爱护学校的积极性，促使师生自觉律己，增强学校的凝聚力，保证学校向明确的目标迈进。

我校地处大运河内河里运河畔，运河文化滋养了学校，使学校具有水一样的灵气。我们组织编写了《爱我淮安——地方文化篇》，让学生了解一代伟人周恩来、西汉辞赋家枚乘、明代小说家吴承恩等众多历史名人，激励师生了解历史、爱我家乡。在2009年中国淮安一品梅教育论坛上，我校作为项目学校的汇报受到教育部、省教育厅领导的褒奖。2008年由市政府主办、学校承办的我校百年庆典，产生了很大的影响，我校被教育部、人力资源和社会保障部联合表彰为"全国教育系统先进集体"。

（三）当幸福教师

习近平总书记说过："一个人遇到好老师是人生的幸运，一个学校拥有好老师是学校的光荣，一个民族源源不断涌现出一批又一批好老师则是民族的希望。"好老师有一些共同的、必不可少的特质——"要有理想信念，要有道德情操，要有扎实学识，要有仁爱之心"，要"有德行高尚的师道、素养全面的专业、独特多元的个性、和谐幸福的生活"。

1. 爱，让教师职业充满人性的光辉

"身正为师，德高为范"。师道即"为师之道"，它不仅仅是"传道、授业、解惑"，更是一种职业精神和专业品质，是师德、师能、师魂的高度综合。为人师者，必先正其身，方能教书育人，此乃师德之本也。

（1）幸福教师从热爱儿童开始。高尔基有句名言："爱孩子是老母鸡都会做的事情，可是要善于教育他们，这是国家的一桩大事了，需要才能和全部的生活知识。"真正地热爱儿童，是一门科学和艺术。爱儿童，只有依照儿童身心发展的规律，根据儿童的能力和自然倾向进行恰当的教育，才能使儿童得到健康的发展。卢梭提出自然教育基本原理："每一个人的心灵有它自己的形式，必须按它的形式去指导他；必须通过他这种形式而不能通过其他的形式去教育，才能使你对他花费的苦心取得成效。"

已经退休的沈百灵老师对待学生可谓润物无声。她的徒弟陆婷婷在回忆沈老师的教育艺术时这样写道："沈老师充分尊重、信任、赏识每一位学生，她喜欢用'四面镜子'看待学生：用'显微镜'看'潜能生'的优点，用'放大镜'看'优生'的缺点，用'透视镜'看教育教学的本质问题，用'望远镜'来看学生一生的发展。"在沈老师的班级中有这么一位女同学：没有良好的学习习惯，也没有良好的卫生习惯，更是个不爱学习的孩子。每次开展活动时，同学们都不喜欢和她一组，时间久了，这个学生变得孤僻、自卑，这一切都被沈老师看在眼里。在一次体育活动课上，沈老师微笑着轻轻走到她的面前，拉起她，就和她边谈心边玩起了游戏，她很惊讶。沈老师看出了她的心思，告诉她："只要能改掉身上的不足，同学们一定会喜欢你；只要你进步了，沈老师也一定会送给你一份特殊的礼物。"从那以后，沈老师成了她最知心的朋友，那位女同学也有了改变，最喜欢把心里话滔滔不绝地告诉沈老师，渐渐地，她能完成作业了，成绩也逐步提高了，字也比以前漂亮了许多……看到她的这些进步，沈老师不断在全班同学面前表扬她、激励她。在大家的掌声中，沈老师拿出早已为她准备好的礼物，她再也克制不住了，眼泪止不住滚下来。沈老师常说："世上有很多东西，给予他人时，往往是越分越少，而唯有爱却是越分越多。爱，不是索取，不是等价交换，而是付出，是给予……"

沈老师在学生们的眼中是慈爱的沈妈妈，在同事们的眼中是值得信赖的知心老

大姐。多少次，学校评选各项荣誉她都毫不犹豫地让给了年轻同志；多少次，当同事遇到困难她都毫不迟疑地伸出援助之手；还有多少次，她主动为青年教师牵线搭桥，使她们喜结良缘。

随风潜入夜，润物细无声。罗兰说过："要撒播阳光到别人心中，总得自己心中有阳光。"我想，我们每个教师高尚的师道，首先来自自身的德行。教师对学生的爱，一定会给学生留下宝贵的精神财富，陪伴学生的幸福成长。在爱的相互浸润与弥漫中，教师自己也会感受无比的幸福。

(2)幸福教师一定热爱生活。阳光是无私的，也是公平的，它慷慨地普照大地，努力温暖每一个人。教师的心态也要像阳光那样，平常、达观、宽容、自信、感恩、积极向上。只有拥有这样的阳光心态，才能做一个真正意义上的幸福教师。

德育处的龚熠老师，阳光、乐观、平和，是学校艺术教育的总设计师，也是年轻教师的知心姐姐。她在和年轻老师谈心时，这样表述："阳光是树木成长的希望所在，树木只有为自己争取更多的阳光，才有希望长得更高……我们要牢记苏霍姆林斯基说过的话：一个好教师意味着什么？首先意味着他热爱孩子，善于跟他们交朋友，关心孩子的快乐和悲伤，了解学生的心灵，时刻都不忘记自己也曾是个孩子。我爱我的学生，我喜欢和孩子们在一起，除了音乐课堂，我还带着那一群群可爱的孩子们走进音乐活动的世界，走进少先队活动的世界。从1995年开始，我担任音乐教研组组长和学校少先队辅导员，王志祥和王海燕两位老师对我悉心指导。学校的合唱队、舞蹈队、鼓号队、乐队，无不留下了我的身影。舞蹈服装没有，自己做；道具没有，自己画；乐队没有，自己奏；乐谱没有，自己印……记得橡皮筋舞比赛时，我的嗓子开刀，不能说话，就用手比画着和学生交流；合唱比赛我怀着身孕，依然激情满满地站在指挥台上……大爱无痕，润物细无声，教育无处不在，老师的一个微笑、一个和蔼的眼神、一个爱抚的动作、一句关心的话语，都会给学生带来欢乐、带来智慧。我为学生、为事业不懈地努力着，就这样，一个个省、市级的比赛奖项捧回来，一个个优秀的学生从这里走出去。我享受这样的过程，更体会着那份收获的幸福。"

从中我们可以看出，阳光的心态就是努力的心态，幸福的过程就是享受努力而终有收获的过程。

2. 专业，是教师职业幸福的基石

我国《教师法》明确提出，教师是履行教育教学职责的专业人员，承担教书育人、培养社会主义事业建设者和接班人、提高民族素质的使命。在社会化分工日益精细化的当今社会，教师已经由往日的"万金油"向着更加精细化的"专业"方向发展。

（1）丰厚素养，源自不断学习。陶行知先生说："要想学生学得好，必须先生好学。只有学而不厌的先生，才能教出学而不厌的学生。"在信息时代，教师更要具有丰厚的专业素养，需要精湛的专业技能，这些唯有勤奋的学习、刻苦的磨炼方能达成。

近十年来，学校以打造"书香校园"为契机，培养"书香教师"、评比"书香班级"，每年一届的"读书节"活动倡导师生共读，每学期举行教师读书交流展示活动，每周为教师准备人手一份的"推荐阅读"，邀请文化名人进校园开展专题读书讲座，定期请有特长的教师开展人文、艺术讲座，为教师免费订购专业报刊、购买业务书籍，全面提升教师的职业素养。在校园，阅读已经成为教师的一种生活方式。

为了激发教师的读书热情，学校在年级交流的基础上，还定期举办以"做一个思想者""做一名幸福的阅读者""阅读·积累"等为主题的读书沙龙、好书推介会、学习分享会。在活动中，老师们的演讲或主题深刻，或角度新颖，或材料典型。李乃娟老师以《教师，应该是个思想者》为题，倡导教师把读书作为一种生活方式，"读书可以滋养'底气'，而思考则带来'灵气'"的论断让场下的老师醍醐灌顶。邱丽君老师的《一路花香》语言清新活泼；朱卫老师的《幽默让我们走得更近》、张力琬老师的《让学生伴着书香成长》道出了读书的价值；祖成磊老师的《带着孩子寻找数学的美》、张珉雪老师的《我们该教给孩子些什么》介绍了书中新的教育理念和教育方法；石磊老师以《呵护健康文明的儿童文化》为题，表达了捍卫儿童文化的教育坚守；漆猛亭老师的《人是一根思想的芦苇》道出了对教育的感悟、对学校的感激和对学生的感动；陈啸老师的《可爱的孩子，我和你的距离有多远》、张珍老师的《好书，成长的阶梯》表达了读书的力量和工作的快乐；张芳洁老师的《学则思，思则行》、骆乐老师在《做个快乐的思想者》中表达了读书给自己带来的震撼和如何通过读书做好教育教学工作。通过开展读书活动及读书体会交流活动，广大教师与书本为伴、与经典为友、与同伴对话、与大家分享，既陶冶了思想，又提升了自我、唤起了共鸣。读书活动的持续开展，促进了教师教育理论素养的不断提升、专业智慧的不断积累，为我校构建

了一支知识广博、业务精湛、积淀深厚、精神高尚的教师队伍。

(2)积极实践，让自己不断成长。为了拓宽教师的职业视野、丰富教师的培训内容、提升教师的专业能力，我们充分利用自身的特色资源，依托有计划的主题研修，把省内外著名的专家学者请到学校，让教师近距离地走近大家，接受名家的专业指导，引领教师的专业成长。近年来，学校先后邀请了江苏省教科院杨九俊院长，国家督学成尚荣所长，省教育科学规划办彭钢主任，南京大学桑志琴教授，省教科院孙孔懿副所长，淮阴师院教育科学学院顾书明教授、伍洪林博士，上海师范大学博士生导师王荣生教授，东北师范大学孔凡哲教授，南京师范大学金生鈜教授、徐文彬教授、黄伟教授、吴永军教授，浙江师范大学任俊教授，全国著名特级教师孙双金、李伟平、薛法根、吴金根、徐彬、钱阳辉、杨金林、薄俊生、芮火才、崔利玲，江苏省教育报刊社张俊平主任，中国教育报刊社培训中心徐启健主任等几十位专家名师来校讲学、示范，为教师的专业发展提供样本，进一步激发教师专业成长的热情。

同时，学校每年还通过主办或承办省、市级高规格的教学研讨、教学评比、主题论坛等活动，为教师提供学习的课堂、搭建展示的舞台，促进教师努力进取，实践提升。近几年学校先后承办的省教育厅"教海探航"活动，"青年教师基本功大赛"活动，省教科院的"师陶杯"活动，"名校发展论坛"活动，省教研室多个学科的教学评比观摩活动、省教育学会"主题论坛"活动，省教育报刊总社"学科研讨活动""杏坛杯教学评比观摩"活动，还有很多市级的学科教学研讨与观摩、主题现场展示等。密集而高端的学术研讨活动，既让老师们开眼界、长见识，又让老师们有机会上台展示，接受专业指导。

教师的专业发展需要多角度、全方位的关心与支持，他们不仅需要理论学习、专家指导，更需要在实践中学习、思考、体验和提升。学校抓住一切机遇，为教师的成长提供历练的平台。其中，"走出去"就是一种方便有效的路径与方式。

①出国学习考察。学校着眼国际视野，积极参与省教育厅的国际教育交流项目。近十年来，学校先后派出60余名学校管理人员与骨干教师到英国、美国、新西兰、加拿大等国家参加培训，组织近30名优秀教师带学生赴国外修学旅行，选派优秀老师到美国开设"孔子课堂"，让大家亲自参与教育国际化的研讨活动，亲身感受发达国家基础教育的先进理念和管理经验，结合自身实际学习反思、总结提升。

和邱学华老师为获奖教师颁奖

②省内外交流研讨。学校利用丰富的外部资源，有计划地组织骨干教师到省内的名校挂职学习，到安徽、云南、贵州、山东等联盟学校开展学科教学研讨或主题论坛活动，通过对不同地域、不同文化背景、不同办学特色学校的学习考察、学术研讨、展示锻炼，获得对自身专业成长的感悟与提升，这有着事半功倍的效果。

③农村支教锻炼。结合省、市教育行政部门关于促进教育均衡发展的要求，学校每年都选派骨干教师到偏远的农村学校支教锻炼或送教研讨。他们把学校优良的校风、务实的教风及有效的教育管理经验带到村小，通过经常性的专题讲座、课堂示范、科研引领等，影响和带动农村学校共同进步；同时，根据"学校发展共同体"的计划安排，在十多个成员单位范围内开展教育教学活动观摩研讨、专题交流等活动，组织教师参与学习，提供现场，接受指导。这项活动已经让100多位教师经历过程，接受磨炼。老师们很珍惜走出去学习历练的机会，在"予人玫瑰"的同时，实现自我专业成长，体验自我职业价值。

（3）教师价值，在创造中自然生成。陶行知说："教育就是社会改造，教师就是社会改造的领导者。"陶行知的观点表明了教师创新精神的重要性。

费红艳老师是一位有着超凡想象力和创造力的音乐老师。她从一名音乐教研员回到她钟爱的音乐课堂，本身就是一种创造的体现。她谈起音乐课堂的创造，写下了这样一段话："实小是一所极富艺术特色的名校。刚进校门的我激动地谈起重回课堂的喜悦，谈起自己的音乐教学主张——开设艺术活动课，让学生在各种音乐游戏活动中感受音乐、学习音乐、创造音乐。没想到，学校采纳了我的建议，开设了艺术活动课这一课程，并由我担任这一课程的教学工作。从勾勒描绘到完美呈现，这是个艰辛而漫长的过程。没有教材、没有范例，脑海中只有一些还不完善的构想和思路，一切都是未知。那段时间，我查阅一切所能借到的国内外音乐教学资料，观摩所能找到的课堂教学实录，外出旅游时的第一目标也是去书店搜寻有关书籍。一年中，我编排了十几个音乐游戏，还设计了多种音乐体验课。"

为了激发老师们爱岗敬业的热情、充分发挥先进典型的模范作用，从 2011 年起，学校每年年底都评选"年度十大育人模范"。通过民主会商，确定评选标准，公布评选方案，由年级、校区民主推荐，学校党政工团联席会议研究确定候选人，并将候选人的事迹在校园内展出并发布在学校网站，发动教师、学生及家长们根据候选人的事迹，进行网络投票，最终再由学校集体研究评出"年度十大育人模范"（10名）及"十大育人模范提名奖"（10 名）。每位校领导给获奖人员撰写颁奖词并在颁奖大会上诵读。这种校内最高规格的表彰活动成了每年一度的校园盛典。

以下是我为几位"年度育人模范"撰写的颁奖词。

2011 年度育人模范——周跃

书香门第，孕育她文静优雅的书卷气质；女承父业，练就她教书育人的职业本能；柔弱身躯，担当起家庭和工作的双重责任：要孝顺病重在床的父亲，更放不下自己挚爱的事业；要照顾病魔缠身的儿子，更舍不下自己班级的学生。35 度春秋，她克服困难不缺学生一节课，临近退休，她仍坚守岗位快乐耕耘不停歇！

2012 年度育人模范——沈百灵

55 道岁月年轮记载了人生幸福的轨迹，38 个春夏秋冬成就了职业幸福的尊严。爱教育，印证了一个师者执着的事业追求；爱工作，展示一位智者厚重的职业内涵；爱孩子，体现一位仁者宽广的慈母情怀。做老师，教书育人桃李满天下；做管理，以身作则行在不言中；做师傅，言传身教恩泽后来人。热情似火，温情若水，激情像海，真情如金，悠悠里运河与百年实小将继续见证百灵高歌夕阳红！

2013 年度育人模范——徐立新

你没有魁梧的身躯，却有着伟岸高大的形象；你没有豪言壮语，却有务实向善的追求。朴素真诚、热情友善是你做人的准则；勤勉踏实、细致求精是你做事的风格。备课执教、批阅辅导，满腔热血奉献教坛润物无声育桃李；报表档案、职称工资，一片真情立足岗位服务师生做公仆。寒暑交替岁月留痕任劳任怨痴心不改，苦乐相伴教学相长尽心尽力锐意永存。快乐从教为人师表当之无愧，幸福立新育人模范实至名归。

3. 个性，是教师职业幸福的名片

人都是有个性的，但是职业色彩浓厚的教师，其个性应该符合教育的原初价值，并被学生认可。"亲其师，信其道"，孩子亲近你、认可你，你才可以施展个性的影响力，更好地为孩子的成长服务。

教师的个性，在与学生交往中形成，教师的个性都充满爱、充满智慧。可以说，凡是被孩子喜欢和崇拜的老师，都应该是有个性的与孩子亦师亦友般的老师。教育学者朱永新说过："教师的幸福不仅仅是学生的成功，同时应该是自己的充实与成功。"教师不仅具有良好的学科专业素养，能够胜任教育教学工作，还要拥有一定的兴趣爱好和专业特长。这些不仅可以服务和促进教师的职业生活，还是教师自己生命成长和生活丰富的重要行为方式。

在实践中，我们从"自我发展"的最高需求入手，鼓励和引导教师将自己的个性追求与职业发展有机结合，关注教师的发展需求，尊重教师的兴趣爱好，努力创造条件为教师的个性发展搭建展示的平台。

潘新星，一名普通的英语老师，2011年7月，她很幸运地成为一名汉语教师志愿者赴美任教。在美国期间，她遇到很多困难，但是她总是以积极的态度努力地工作，给学校诸多幸福的表情。现在志愿期已结束，回到学校工作的她，每每谈到孔子学院的教育教学经历，激动和幸福总是挂在嘴边、写在脸上。她常说：一年的工作，自己付出了心血和汗水，更收获了感动与喜悦。

在教学中，我努力让学生不仅仅学习一门语言，更是学习语言背后所传承的文化。美国人常常搞不明白，中国人为什么会说自己是龙的传人？西方文化中的龙代表的是邪恶。我问了学生们一个问题：Please tell me, what do you know about dragon? 不出所料，答案和我猜测的一样：龙是邪恶的象征，会喷火，很危险……我笑着和他们解释，这是美国的龙。刚好教室里有一张美国龙的卡通片，我用手指了一下并且说美国的龙还有点胖呢，用了choppy来形容，顿时学生哄堂大笑，边上

的老师也忍不住笑了。我对学生们说，中国的龙可不是这样，它集狮头、鹿角、虾腿、鳄鱼嘴、乌龟颈、蛇身、鱼鳞、蜃腹、鱼脊、虎掌、鹰爪、金鱼尾于一身。所以，中国龙会飞、会跑、会跳、会游泳，上天入地无所不能。所以，龙在中国被视为权力的象征。今天我们就一起来动手做一条龙吧！孩子们异常兴奋，在动手中不仅很快学会了身体部位及颜色的中文表达，更了解了中华文化中龙的意义。

我感到幸运的同时，更感到了作为一名老师的幸福——能有这样的机会把中国的文化带到异国他乡，让美国人民了解博大精深的中华文化。我告诫自己，一定不能辜负祖国的重托。尽管这一年有过苦、有过累，但是，这是我一生最宝贵的财富。

可以看出，依托个性、树立特色、打好基础、开拓进取是有理想、有个性的教师的成长轨迹。在我校，像潘新星这样具有职业个性和专长的老师很多，他们都走出了属于自己的独特发展道路，拥有了自己的幸福成长经历，都有自己深切的职业幸福体验。

（四）育幸福学生

杨九俊先生在表述"幸福教育的样子"时，认为"幸福教育"旗帜下的儿童，每个人都是"活泼泼的生命"，这"活泼泼的生命"至少有四个元素：第一是"整体"，教育的活动是全体儿童的生命投入；第二是"鲜活"，每个儿童都生气勃勃，充满灵性；第三是"生长"，儿童的身心都在生长，而且是往积极的方向走去；第四是"个性"，每个儿童都具有鲜明的个性。

1. 教师，做学生生命成长的"贵人"

有人说"人生大幸乃遇贵人相助"，一个人的成功，除了自身的努力之外，成长过程还少不了"贵人"的指点和帮助。从教育的角度来说，这个"贵人"，不必是"出生高贵"或是"身份显赫"，而是在别人生命成长过程中提供关键帮助促人走向成功的人。作为肩负"传道、授业、解惑"重任的小学教师，我们要深刻认识自我职业的价值与责任，要让自己的幸福观念、幸福品质和幸福能力，通过言传身教成为学生成长发展的"营养品"，为学生当下和未来的幸福奠定坚实的基础。一个幸福的教师，应该成为学生生命成长中的"贵人"。

（1）面向全体，让学生享受"师爱"。教育的源泉就应该是"师爱"。热爱学生是教育的基础和前提。老师对学生的爱能营造出和谐、温馨、亲切的师生关系。在这种

和学生讨论"毕业最后一课"怎么上

师生关系中，学生不仅乐学，而且个性会得到充分发展，形成积极向上的精神状态，在学习过程中享受快乐和幸福。

小学是人生教育的启蒙，是决定其未来发展的起始阶段，对每个学生的成长至关重要。教师要秉持正确的教育观和儿童观，把学生的发展理解为一种生命成长的过程，把学校教育理解为学生"可能性"的开发和实现的过程，把学生的现实生活理解为享受成长快乐的过程。学生的成长是动态的，每天都是"新"的。教师要有强烈的责任担当意识，国家把培育新一代的重任交给我们、家长把学生的未来和希望托付给我们，教师肩上的担子重啊！要知道，每个学生虽然只是班级人数的"几十分之一"，只是年级人数的"几百分之一"，只是全校人数的"几千分之一"，但对于这个学生、对于这个学生的家庭，那就是"百分之百"啊！教师一定要坚守职业良知，要把师爱浸润到每个学生的心灵，真正实施"全纳教育"，保证"一个都不能少"。班级里那一片片"独一无二的树叶"，他们只有个体差异而无好坏差别，我们只有承认差异、尊重差异，才能更好地服务差异、发展差异，为每个学生提供"最适切"的教育，为每个学生无限的发展可能提供必要的服务。教师要坚信"进步就是成长"，让每一个学生都能拥有学习的快乐、成功的体验，让每一个学生都赢在"起跑线"上。教师不能戴着有色眼镜"从小看到老"，不能做像陶行知先生说的"糊涂先生"——皮鞭对"瓦特"、冷眼看"牛顿"、讥笑"爱迪生"，直到"坐火轮，点电灯，学微积分，才认他们是你当年的小学生"。若干年后，如果当初这些天真稚气的孩童由于我们"爱"的奠基，都能不断进步、成长，并能怀念和感恩当年享受并影响他们人生发展的浓浓师爱，我们该多么欣慰啊！

（2）关注身心，让学生拥有"健康"。世界卫生组织对健康做出的定义是：健康不仅仅是没有疾病，而是在身体上、心理上和社会上的完好状态。健康是人发育、学习、生活、工作的基础，也是每个人执着追求的理想。

儿童时代是人的身体发育、心智成长最重要的关键阶段，教师一定要把学生的健康放在第一位，加强卫生教育，培养学生良好的、健康的生活与学习习惯。教室要及时开门窗通风换气，指导学生们养成正确的读、写姿势，科学用眼，加强对常见病、传染病的宣传与防治；加强体育锻炼，指导学生们认真做好每一次眼保健操、课间操，上好每一节体育课，保证每天规定的体育活动时间，增强体质；加强心理健康教育，关注学生的情绪变化，做好心理辅导工作，培养他们的博爱、宽容、感恩、自信、向上、快乐、奉献等积极情感，激发他们对真善美的追求，帮助他们形成健全的人格；加强安全教育，在日常的学习与实践活动中感受和体验，培养学生珍爱生命的观念，帮助孩子掌握安全知识、了解安全规则，提高自我防护、自我救助的意识和能力。通过教师的努力，为学生们创造安全卫生、健康向上、快乐和谐的成长环境，促进每个学生身心俱健、快乐学习和幸福成长。若干年后，如果当初这些活泼可爱的孩童在教师"健康第一"理念的滋润下，都能拥有强健的体魄和阳光的心态，都能享受学习、适应生活、胜任工作，都能拥有自己的幸福人生，我们该是多么高兴啊！

（3）搭建平台，让学生体验"成长"。我们知道，人的成长是指人的生理、心理、认知的逐步成熟，它是全面的、渐进的、动态的发展过程。孩童时代处在人生成长的初级阶段，这个时期的"成长"在很大程度上须通过"感受"和"体验"获得，并将在很大程度上影响和决定其未来的发展。

学生的成长是其综合素质全面发展、逐渐提升的过程。教师要遵循教育教学的规律，要根据学生生理心理的特点，注重激发学生的学习兴趣，鼓励他们自主学习、合作学习、探究学习，为学生的成长提供丰富而有价值活动空间，培养他们的创新意识和实践能力。这不仅会让学生们拥有良好的、扎实的基础知识、熟练的基本技能，有利于促进学生形成良好的学习习惯和科学的学习方法。学校要坚持"德育为首，育人为先"的理念，重视培养学生良好的道德品质、行为习惯，注重在学科课程教学中有机渗透德育内容、在丰富多彩的活动中拓展教育空间、在身教与言传实践中深化育人内涵，把教育寓于喜闻乐见的活动之中，努力培养学生们爱祖国爱家乡、爱老师爱同学、爱学习爱劳动等积极情感，教育学生讲文明诚信、乐自主合作、会探究创造，让学生学会学习生活、学会交往合作、学会感恩奉献，使学生的综合素养得以全面提升，并能体验成长过程的快乐与幸福；为他们未来更好地适应社会、更好地服务国家、更好地实现自我奠定坚实的基础；让他们都能"成人""成才"。若干年后，如果当初这些聪明淘气的孩童，在教师精心培育下，都能成为一个个"真正的人"，在社会上都有一个适合自己的"位置"，并都能为社会、国家做出应有的贡献，我们该是多么自豪啊！

（4）发展个性，让学生成为"自己"。在世界上，每个人都是独一无二的，都在思想、性格、品质、意志、情感、态度等方面具有别于他人的特质，并通过他的言语方式、行为方式和情感方式外显出来。个性化的人才是客观的、真实的、有意义的。

由于先天遗传或后天影响等，教师面对的都是一个个"只像他自己"的儿童。他们有不同的基因、不同的思想、不同的志趣、不同的个性和不同的理想。教师要充分地了解每个学生，根据他们的特点因材施教，促进他们都能够不断进步。教师要充分地尊重每个学生，善于发现他们的"闪光点"，以顺势教育和引导；善于发现他们的"内在潜能"，以努力培养和激发；善于发现他们的"特长爱好"，用心培植。教师要为学生的个性发展创造宽松和谐的学习环境，为他们的特长爱好提供指导和展示的平台。学生在某些方面（如书法绘画、琴棋歌舞、体育文学、艺术主持、科技创造等）有兴趣爱好、有学习动机、有表现欲望等，教师都要予以关注并提供有针对性的教育服务，通过开展兴趣活动、社团辅导、竞赛激励、才能展示等方式和途径，帮助他们孕育梦想、走向梦想、实现梦想，成就学生的个性追求，成全学生快乐地成为他"自己"，让每个学生都能成为既符合共性目标要求、又富有鲜明个性的未来的建设者和接班人。若干年后，如果当初这些爱好广泛、特长显著的孩童，在教师的"特殊关照"下，能成为科学家、艺术家、医学家、企业家等，成为体育健将、专业能手、行业状元、科研标兵等，成为利用自己的一技之长为社会做出贡献的优秀公民，我们该是多么幸福啊！

教书育人既是教师的神圣天职与义务，也是教师实现职业理想、体现人生价值的实践途径和生活方式。面对一个个可爱的、充满稚气和灵性、充满渴望和期待的

"精灵"，面对一张张精美的、能写最新最美文字、能画最新最美图画的"白纸"，幸福教师应该有紧迫的"责任担当"，应该有强烈的"创作激情"，应该有适切的"规划设计"，应该有高超"实践艺术"。教师要善于换位"假如我是孩子"，坚定地站在儿童立场，替儿童着想，为儿童服务；勤于换位"假如是我孩子"，真切地体验育人感受，能爱生如子，能无怨无悔；乐于换位"假如让我重来"，不懈地追求"创作"的完美，用自己的职业精神、用自己智慧才华帮助孩子们树立理想、提升素养，促进孩子们身心俱健、个性张扬，为孩子们无限可能的未来发展奠定坚实的基础，"让每一个从自己手里培养出来的人都能幸福地度过一生"。在促进和丰富孩子们生命成长的实践中，教师也能享受"贵人"般的职业幸福。

2. 学校，让学生多些成长的幸福

学校应该站在儿童立场，自觉遵循教育教学规律和学生身心发展规律，突出学生的主体地位，充分地了解学生、理解学生、尊重学生、爱护学生，做他们的良师益友，激发他们的学习兴趣，让他们多体验学习的快乐和成长的幸福。

（1）尊重，让儿童更像儿童。教师的爱要体现在因材施教的实践中。教师要关注特殊群体，尊重客观差异，孩子们只有成长、发展的先后之分而没有好坏之别，教师要善于"等待"，要分析形成现状的原因，采取富有针对性、实效性的个性化教育，为不同的学生创造不同的发展机会，努力让每一个学生都能在原有基础上有所进步、有所发展，都能享受到学习的乐趣、体验到成功的快乐。

客观地讲，由于先天和后天因素的影响，孩子们个体之间是存在差异的，在身体方面、智力方面、性格方面、习惯方面、特长方面、学业方面及其他方面都会有所体现。学校和老师要坚守自身的职业良知，发自内心地关爱每一个学生，公正公平地对待每一个学生，特别是那些"与众不同"的个体，教师要从他们的角度考虑问题，注意换位思考，要关注他们的情感体验，无论是组织学习还是开展活动，都要想到他们，都要照顾他们的心理感受，消除他们的自卑、自责、自弃，唤醒他们的自尊、自爱、自信，从而激发他们自励、自律、自强。这种"全纳教育"不仅是一种教育理念，也是一种职业精神，一种教育智慧，更是一种教育良知。

我们学校有一个规定：班级组织集体活动必须全员参加，包括残疾孩子；省、市教研活动名师借班上课必须全员参加，包括调皮孩子；班级同学优秀作业展示必须全员参加，包括不优秀的孩子；班级民主选举学生干部必须全员参加，包括持不

邀请学生代表来办公室，征求学生建议

同意见的孩子。

（2）相信，创造美好境界。学生是学习的主人。学生能做的事，班干部不要替代；班干部能处理好的事，教师不要干预；学生能自行解决的问题，教师不要超前帮忙。教师要为学生留下充裕的自主时间、留下广阔的自主空间，为学生提供自主观察、实验、探究、讨论、辨析的机会，让学生在充分自主的教育活动过程中，加深体验、增长才干，获得真切的成功喜悦和幸福体验。

一个亲身经历的故事让我记忆深刻。

一天下午放学时间，各个班级都在有序地整队放学。我从校外开会回到学校时，看到四年级一个班的孩子将队伍整好了但没有走，我走过来发现该班路队的另一侧有两个男孩在打架，每个人都握紧拳头涨红了脸。看到我来了，他们停下手来，但还在怒视着对方。路队长告诉我，班主任老师在楼上接待一位来访的家长，刚才这两位男生因为一点小事动起手来，她怎么也劝不下来，只好等老师。我走上前抚摸两个孩子的头，帮他们掸去身上的灰尘，让他们冷静下来。"你们这样做妥当吗？这件事还有更好的处理方法吗？"我又对全班同学说："这件事情大家不要告诉老师，我相信这两位同学是能够自己处理好的，大家都要相信他们，好吗？"说完，我就让孩子们放学了。

第二天早晨，我照例在校门口迎接老师和同学们。突然，一个熟悉的身影来到我面前，向我敬队礼后，又把一张精致的贺年卡送到我的手中，说了句"谢谢校长"

后就跑向教室。我打开信封抽出贺卡，只见上面工工整整地写着："戴校长：您好！我是昨天打架的那位同学，十分感谢您的调解，我俩又和好了。在这里我祝您新年快乐！"我心里非常高兴，也亲笔给他写了一封回信并回赠他一张贺卡，真诚地感谢他、鼓励他。我相信这一次经历也是两个孩子自我成长的契机。

3. 课程，促进学生全面发展

（1）注重校本课程实施的针对性。在实践中，我们把"提高学生的综合素质，培养学生的创新精神和实践能力，促进学生全面发展"作为校本课程建设的目标，根据学校、教师和学生的实际需要和客观条件，有的放矢地规划和研发校本课程，有效整合课程资源，确保校本课程实施的针对性和可操作性，合理划分和整合校本课程的内容结构，推进校园文化建设，促进学生和谐发展。

①学科综合发展类：如数学实践活动课、语文实践活动课、阅读欣赏指导课、综合实践活动、学生社团活动（校园电视台、校园广播站、校园艺术团）等，引导学生利用已有的知识和经验，通过合作学习、探究学习、自主学习，不断激发兴趣，提高综合能力。

②兴趣特长发展类：学校周六开展的兴趣小组活动，如书法（毛笔、硬笔）、绘画（儿童画、水彩画、国画、素描等）、体育（乒乓球、篮球、羽毛球）、音乐（声乐、器乐）、舞蹈、小主持人、课本剧表演、手工制作等。学校提供师资、器材和场地，由学生和家长根据兴趣爱好和发展水平，选择相关的项目和组别，自主参加活动。

③校本专题发展类：学校根据自身的优势，选择相关的专题项目集中精力进行有计划、有组织的探索实践，力争出成绩、出经验。如英语口语训练、形体训练、环境保护教育、科技教育、电脑绘画、计算机编程训练、机器人程序设计等。

由于这些校本课程立足于"以生为本、以师为本和以校为本"，符合学生的发展需求、符合师资的发展水平、符合学校的实际情况，具有一定的针对性和可操作性，因此，校本课程的研发和实施比较顺利，也容易达成预期的目标。

（2）提高校本课程实施的科学性。校本课程的实施是一个系统工程，需要精心地规划组织和规范管理。学校要站在培养"全面发展的人"的高度，使其成为学校教育教学活动的有机组成部分和重要内容，抓紧、抓实、抓好。

①完善组织建设，确保校本课程的有效实施。在实施校本课程中，学校的决策人和管理者起着关键的作用。他们对校本课程的规划、设置、研发和过程实施负有

重要责任。从宏观指导到微观实施、从协调关系到解决困难、从师资培训到教材建设等，都需要统一管理和及时服务。为此，学校成立了以校长为组长的校本课程建设领导小组，负责统筹规划和组织领导，相关职能部门负责校本课程的落实和管理，学校教师则根据自己的特长、爱好及教学指导水平参加相关校本课程的实践，做到生尽其好、师尽其能、物尽其用，促进校本课程的顺利实施。

②强化校本培训，确保校本课程的高水平实施。教师是教育教学活动的组织者和指导者，教师自身的能力决定着校本课程的实施水平。为此，学校要注意强化教师的培训和提高，做到通识培训和专题培训相结合、自主学习和专家指导相结合、理论学习和实践反思相结合，通过参观学习、专题报告、实际操作、考核竞赛等，努力提高教师对校本课程实施意义的认识，提高教师自身的素质和能力。几年来，学校还先后派出60多人赴北京、上海、武汉、广州、深圳、香港、澳门等地学习考察，引进、借鉴发达地区的先进经验，不断调整、改进和完善学校校本课程实施的方案，努力提高本校校本课程的实施水平。

③加大硬件投入，确保校本课程的顺利实施。校本课程的高水平实施需要有一定的物质条件来支撑。学校加大对校本课程建设经费的投入。目前，学校仅实小校区已经装备了现代化音乐教室8个，高标准的舞蹈训练房2个，美术、手工活动室3个，泥塑活动室、实验室、古筝室、扬琴室、电子琴室各1个，宽带联网的微机室4个，机器人训练场1个，且每个教室都装备了电视系统、多媒体设备，教师都配备了笔记本电脑等，校园实现无线网络全覆盖。4 000多平方米的艺体楼更是给学校校本课程的顺利实施提供了广阔的空间，100多平方米的固定橱窗和200多平方米的流动展板也为校本课程实施成果的展示提供了宽阔的舞台。

④强化过程管理，确保校本课程的规范实施。校本课程实施有自身的规律性，需要在广泛调研的基础上进行科学规划。学校多次邀请相关专家来校，在课程设置、内容安排、活动操作、考核评价等方面给予指导。对课程选修，学校按照"学校提供选择、学生自主选择、家长参与选择、教师指导选择"的模式，充分尊重学生的发展需求，让每一个学生都能拥有自主发展的机会；充分尊重教师的意愿，让每一个教师都拥有展示才华的舞台。在实施过程中，学校对教师提出严格的要求，在计划的制定、目标的确立、操作过程的设计和活动效果的评价等每一个环节上做细、做实、做好。学校还出台了相应的考核方案，注重校本课程实施的过程管理，激励教师在

实践中不断提高、勇于创新。

(3)追求校本课程实施的实效性。与学科课程相比，校本课程有其特有的教育性、灵活性，同时也有一定的实施难度。我们强调校本课程是推进素质教育的重要内容，是促进学生素质发展的"助推器"。在实施过程中，我们注重把校本课程的实施与学校的教育教学活动有机结合起来，寓教于乐，为顺利实施校本课程提供有效的载体和平台。如低年级英语口语课，教师通过自编适合学生年龄特点的教材，通过讲英语故事、观看英语动画片、熟悉的生活场景会话等，努力激发学生学习英语的兴趣，在游戏活动中提高学生的英语口语能力；艺术教育则与学校每年一届的"校园艺术节"和各类艺术比赛结合起来，通过专场文艺演出、书画展览等进行展示，在普及的基础上不断提高；阅读欣赏指导则与每年一届的"校园读书节"结合起来，与创建"书香校园""书香班级"结合起来，通过小书迷评比、讲故事比赛、读书演讲会、手抄报展评、专题征文等进行展示；科技教育则与每年一届的"校园科技节"和各年级组的小课题研究结合起来，参观科技展、聆听专家报告、观看科普电影，通过小发明、小制作、科普小论文、参加科技知识竞赛、机器人大赛等进行展示……校本课程实施努力做到紧紧围绕教育目标，扎实有序地上好每一节课、搞好每一项活动，不断实践、反思、提高，努力追求校本课程实施的实效性。

校本课程的研发与实施为学生的素质发展、为教师的专业成长都提供了广阔的空间，取得了显著的成绩。学生的综合素质、创新意识和实践能力都得到了一定的提高。近几年来，学校集体参加市级以上比赛获奖 40 余次。其中，课本剧《东郭新传》《青蛙看海》分别获省少儿艺术节一等奖、省中小学艺术展演比赛一等奖；在省信息技术奥林匹克运用竞赛(电脑绘画)中，我校获得全省团体第一名；参加江苏电视台举办的"未来科学家"电视大赛获年度总冠军；参加国际机器人大赛(香港赛区)获一等奖。学生有 700 余人在省级以上各类竞赛中获奖；教师中有 1 人被评为"全国优秀中小学美术教师"，有 5 人获省青年教师基本功大赛一等奖，3 人获省"教学能手大赛"一等奖；我校集体也先后荣获"全国学校艺术教育先进单位""国家级绿色学校""江苏省文明单位""江苏省艺术教育特色学校"等 30 余项省级以上表彰。

4. 评价，促进学生快乐成长

在全面实施素质教育和进行新课程改革的大背景下，改革优化能促进学生个性化学习的评价生态，关键是改革评价观念，实施多元评价。

为学生颁奖

（1）改革评价观念。

①树立正确的学生观。在教育实践中，我们要把"人本管理"的着眼点聚焦在学生身上，把所有学生都看成是"最重要"的教育对象，相信每个学生的内心世界都有着强烈的自我发展意识，每个孩子都具有发展的潜能、都可以获得发展、都能够得到发展，鼓励每个学生积极参与学习过程，鼓励每个学生在充满灵气、充满乐趣的学习活动中追求自主发展、全面发展、个性发展。这种"一个都不能少"的全纳教育思想和"人人有选择、人人有个性、人人都优秀"的教育追求，不仅是一种教育理念，也是一种教育精神，更是一种教育智慧。

②树立全面的质量观。在教育实践中，我们要坚持"大质量观"——学生的"成长"永远高于"成绩"，学生的"素养"一定重于"分数"。我们要立足儿童生命成长，关注学生的全面发展，既要重视学科学习，也要关注对学生身体和心理素质的培养；既要重视知识技能传授，也要关注学生综合实践能力的培养；既要重视知识积累，也要关注学生创新意识的培养；既要重视学业成绩，也要关注对学生积极的情感、态度和价值观的培养。另外，我们要用发展的眼光来实施学习评价。学生的成长和发展只有先后之分，绝无好坏之别，我们要把学生的成长、发展看成是一个不断变化的动态的过程，学校和老师的根本任务就是为此提供有效的教育服务。

③树立永恒的差异观。我们知道，学生由于受到先天和后天诸多因素的影响，呈现在学校和老师面前的是"一个个只像他自己"的个体。学生的个性发展是其素质结构最本质的部分，学生的个性化学习是素质教育最本质的实践要求。素质教育不是要消除差异，也不可能消除差异，而是要实现有差异的发展，实现原来基础上的提高。因此，我们要承认差异、理解差异、尊重差异、服务差异、发展差异，为学生的个性化学习营造良好的人文环境、心理环境，提供有效的支持，让"外因"能充分地适应和服务于"内因"，让每一个学生都能积极投身到充满生机与活力的学习生活中，感受和体验自我的个性既受到尊重与悦纳，又得到张扬与发展，从而让个性化学习与发展成为学生自身的迫切内需。

(2)实施多元评价。

①坚持评价内容的多元化。小学教育是为孩子一生奠基的伟大工程。为培养"全面发展的人"，我们的评价内容要体现整体性和综合性，要符合"三维目标"的要求，因为"知识与能力、过程与方法、情感态度与价值观"是有机融合的，是不可分割的有机整体。"知识与能力"是最核心、最重要的维度，"过程与方法"是知识能力目标和情感态度价值观目标得以实现的手段、途径，而"情感态度与价值观"则是实现知识能力目标和过程方法目标的内在动力。我们在评价时，不仅要关注学生的思想品德、行为习惯、学业成绩，还重视学生的实践与创新意识、运动与健康水平、审美与表现能力等。"阳光好少年""文明小标兵""数学小博士""运动小健将""环保小卫士""科学小院士""卫生小明星""爱心小天使"等众多的评价项目，为促进学生个性化学习及综合素质的全面提升，发挥了积极的目标引领作用。

②坚持评价标准的多维度。因为学生个体之间客观存在差异，在对其学习进行评价时，我们要以尊重学生差异、服务学生差异、促进学生可持续发展为目标，根据评价对象的实际情况，制订适应不同层次学生的评价标准，有效激发学生个性化学习的主动性、积极性和创造性，促进他们在原有基础上不断进步、不断提高和不断发展。"学习标兵""学习能手""进步之星"的评比，所有的学科竞赛和实践活动除设置正常的优、良类等奖项外，我们还专门设立了"提高奖""进步奖"等特殊的项目。这些为学生"量身定做"的评价标准，为学生后继的学习提供了有效的动力支持。

③坚持评价主体的多元性。改革和优化学习评价，我们要彻底改变过去"教师→

学生"的单向、单一的评价模式，努力开放评价主体，做到"自我评价、教师评价、同学评价、家长评价"相结合，让学生在"自评"过程中，全面了解自己、认同自己、赏识自己、反思自己，促进其主体意识和责任意识的强化；让学生在"互评"过程中，更多地理解同伴、学习同伴、欣赏同伴、帮助同伴，提高其自我教育的能力和水平；让家长在"参评"过程中，更好地了解孩子并与其共同分享学习的成功与快乐，理解学校和教师的教育工作并促进学校与家庭教育的有机整合，帮助家长确立正确的教育观、人才观，让家长学习和掌握科学的教育方法，促进教育合力的不断提升，为学生的个性发展创造适宜的生态环境。

下面是《中国教育报》2010年5月22日对我校学生全面发展的报道。

家庭作业量不超过1小时 单一成绩评价变为多元评价
淮安市实验小学学生轻松愉快学习

本报讯(记者 安俊芷 张滢)日前，在江苏省淮安市实验小学机器人活动中心，学生正在进行机器人演练。个头不高的四年级(9)班学生孙一石，不仅是机器人小组的主力队员，而且学习成绩优秀，小提琴考过八级。在淮安实小，像孙一石这样学得轻松的学生很多。他的全面发展得益于学校"轻负高质"的多项举措。

家庭作业量不超过1小时。在淮安实小学生书包里没有统一购买的作业本、习题集，家庭作业是学校老师设计的学案，最多就是一张A4纸。学案由学校语数外三科各一位老师设计，教师集体研究，由审核人审定后，免费印发给学生。设计人姓名、手机号码印在学案上，保证24小时沟通顺畅。

高效利用课堂时间。教师备课不充分不能进课堂；课堂上必须留给学生8~10分钟完成作业；课上不做其他任何与课堂无关的事情；所有课堂对校内开放，学校、年级、教研组领导和教师可以随时听课。

这一系列"轻负高质"的举措，一线教师是实施主体。淮安实小全体教师能够主动自觉并持之以恒地付诸艰苦实践，源自一套科学的"评价标准"。学校每学期只在期末举行一次考试，并且不以期末成绩作为师生教学成绩评价的唯一标准。据介绍，如果哪位教师违反学校常规，随意给学生"加负"，"教学质量奖"将一票否决。

记者在《教师教学质量奖评比方案》中发现，教师获得"教学质量奖"的决定因素是多层次的：任课班级的优秀率及升降率、平均分及升降率、最后五名的平均分及升降率……评价标准关注绝大多数学生，向全体学生倾斜。排名并不靠前，但因为比上学期进步幅度大，仍可得奖；一位教师所教班级的平均分可能是年级最后一名，但因班级最后5名学生的平均成绩进步幅度大，也可以得奖。学校追求高质量均衡，"爱心辅导奖"专为学困生的辅导教师设立，"优秀指导奖"则奖给结对教师带出高徒的师傅。

由于确保了"减负"不减效，淮安实小教学质量显著提升。尽管学校在校生已接近万人，还是有家长千方百计地把孩子往这送。一位家长说："淮安实小每天放学早，学生作业少，教学质量还高。"

"小学是为人生打基础的阶段，过重的课业负担会使孩子失去童年，'减负'必须在小学阶段率先实现。"淮安市实验小学校长戴铜说。

（五）乐幸福担当

作为一所百年老校，我们秉承先贤李更生先生"竖起脊梁担事"的责任情怀，积极培植优质教育资源，努力发挥示范辐射作用，自觉担当教育的"福源"使命。

1. 儿童本位的百年承续

回溯学校历史，我们感谢前贤。在办学之初，被誉为"爱国教育家"的李更生先生，注意把最新的教育理论运用到实践中去，积极倡导"儿童本位"的教育思想，强调以儿童发展为本，反对束缚儿童个性的教育方法，要求根据儿童的身心特点，进行"动的教育"，强调"从事上磨炼"。他提出学校教育要有"竖起脊梁担事"的责任情怀，积极投身教育教学改革。正因为历代先贤教育思想的引领，学校一直走在教育教学改革的前沿。

进入21世纪，国家第八次课程改革拉开了序幕。为适应教育改革与发展的需要，我们思考学校教育的价值定位，从人的需求、人的发展的视角审视学校教育本质，从人与个体、群体、社会关系的视角，从未来社会对人才需求的高度来思考学校教育的意义所在。经过学习研讨，在2003年年初，我们明确提出了"以人为本，和谐发展"的办学理念，丰富了"人本"的内涵，探索"条块结合"的管理模式，探寻教师培训的实践路径，创新集团化办学的有效策略，彰显办学特色的品牌效应，学校发展迈上了快车道。随着时代的发展和社会的进步，我们对教育的本真意义、对学校的价值旨归有了更深刻的思考，并结合学校的文化基因及现实条件，萌生了"幸福教育"的办学主张，把"建幸福学校，当幸福教师，育幸福学生"作为学校工作的宗旨并努力践行。

2. 幸福教育的责任担当

作为当地相对优质的学校，我们有着百年的文化积淀、优良的办学传统和显著的办学特色，拥有比较优秀的教师团队和相对成熟的管理经验。我们继承"注重人本，勇于担当"的传统，用职业的良知和情怀做教育，用教育的责任和担当办学校，树立"大教育"的情怀，主动关注并积极参与推进基础教育均衡发展，努力培植和挖掘优质资源，实现优势共享，合作共赢，为促进区域基础教育又好又快发展做出了积极的贡献。

（1）"同质异景"的集团化管理。在"促进均衡"成为教育改革发展主题的今天，我们自加压力、自觉担当，实施集团化办学。通过十年的实践，现已形成"五区布点、幼小联动、资源共享、特色发展"的办学格局，成为小学五个校区近 11 000 名学生、幼儿园六个园区 3 200 多名幼儿、教职员工 1 000 余人的超万人规模的基础教育"航母"，努力践行"办好一所学校，造福一方百姓，成就一方孩子，促进一方文明"的教育理想。

在"以人为本，和谐发展"的管理理念的引领下，我们以"更好地促进学生的素质发展、教师的专业发展、学校的内涵发展"为目标，积极探索多校区集团化办学"同质异景"的管理模式，所有校区、园区共享百年名校的传统文化，共守轻负高质的教育品质，共建幸福教育的特色品牌。同时，集团成员单位又因校制宜、彰显个性、创新发展，实现集团成员既有统一的文化追求，又有个性的自我特色；既有统一的管理规范，又有适切的自主空间；既能共享团队的研究成果，又能创新个体的教育实践，实现"源于母体、别于母体、优于母体"的发展愿景。

（2）"城乡结对"的共同体发展。在实施集团办学的同时，我们还关注农村基础教育的发展，牵头组建由多所农村小学参加的"学校发展共同体"，以"共享教育资源，加强合作交流，促进和谐发展，推进教育均衡"为目标，努力实践"联盟共谋，优势互补，打造特色，共同提升"的运行模式，以科学的理念为引领、以队伍建设为抓手、以课堂教学研究为平台，通过有计划地开展学校管理、教学研究、教育沙龙、特色研讨等活动，推动成员学校和谐发展、特色发展。我们还充分利用自身优势，积极承办省、市级教育教学研讨活动，为本地区小学和幼儿园的同行提供学习交流的舞台，接纳全市幼儿园园长和骨干教师来校培训，安排骨干教师下乡送教、支教。同时，让教师在共同发展的体验中享受职业的幸福。

接纳多所乡村小学组建学校发展共同体

　　(3)"开放办学"的合作共赢。我们利用"省级小学校长培训基地"的资源，努力扩大对外交流与合作。我校先后接待近 20 个省的名校长和骨干教师来校考察交流，安排多批教师到苏南名校挂职锻炼，到省内外兄弟学校学习研讨，和不同地区、不同办学特色的同行们分享教育理念，研讨教育问题，交流办学特色，实现相互提高。

　　在推进学校教育事业蓬勃、健康发展的进程中，为拓宽教育的国际视野，我们坚持开放办学，积极参与教育的国际交流与合作。我校先后选派 60 多位优秀教师到发达国家学习考察，先后与英国曼彻斯特阿什布里草地小学、加拿大詹姆斯麦克唐纳小学、韩国忠清南道厅属新月小学等多所学校签订了友好协议书，实现了互访交流。学校先后接待多批外国教育或政府代表团来校访问，选派骨干教师到美国开设"孔子课堂"，每年还组织学生参加以"学习外语、体验文化、开阔视野、锻炼能力"为目的的境外修学旅行活动。

考察英国校园

3. 研究联盟的教育情怀

教育是一种情怀。我们在抓内涵发展的同时，努力加强外联，培植外部优质教育资源，努力提升学校教育品质。我们以实践"幸福教育"为契机，强化幸福教育的实践研究，把学校放到更大的发展背景中去历练，把人的成长放到更宽广的时代背景中去检验，把办学的思想放到更高远的平台上去实践。

（1）成立"幸福教育研究中心"。学校在传承"儿童本位"思想、实践"人本和谐"教育理念的基础上，进一步明确"幸福教育"的办学主张，成功申报了"幸福学校建设的实践研究"课题。该课题为江苏省"十二五"教育科学规划重点资助课题，围绕"幸福管理、幸福团队、幸福班队、幸福课堂"四个研究方向，扎实开展学习实践研究。为保证研究实效，学校专门成立"幸福教育研究中心"，创办具有省级准印证的《幸福教育》杂志，邀请多位专家学者全程指导幸福教育的实践与研究。我校先后成功举办了省"倡导幸福教育，建设幸福学校"的主题论坛、"幸福学校建设"名校发展论坛、江苏省幸福教育论坛等活动，编写出版了一套四本的"幸福教育"丛书（《太阳下面的风景——幸福教师的成长故事》《一树一树的花开——幸福学生的成长故事》《追寻生长的脚步——幸福课堂的实践探索》《面朝幸福的远方——课堂教学的理性反思》），有效推进了幸福教育的实践探索。

(2)成立"幸福教育研究会"。随着幸福教育研究的不断深入，其影响在不断扩大，本市的很多学校都有参与实践研究的意愿。为此，在学校的积极倡导下，由淮安市教育局牵头成立了"淮安市幸福教育研究会"，并由教育局局长担任会长，分管教育教学科研的副局长任法人代表，形成了五区四县基础教育骨干力量共同参与、合力研究的良好局面。"研究会"的成立将"幸福教育"的学习研究从"点"的探索发展成"面"的推进，为进一步深化教育教学改革、促进区域基础教育的优质均衡发展、提升"幸福教育学在淮安"的品牌影响提供了有效的发展平台和实践路径。

淮安市幸福教育研究会成立

(3)组织"幸福教育乡村行"。改革开放以来，我国的社会经济得到了较快的发展，人民的生活水平得到了较大的提高，基础教育也得到了快速的发展。在面广量大的农村，义务教育学校的办学条件也得到了改善。但由于历史与现实的原因，城乡教育还存在很大的差距，农村学校不仅硬件条件比不上城区，更重要的是学校的办学理念、教师素质、教学水平和教育质量与城区相比差距更大。义务教育均衡发展的重点和难点在农村。作为相对优质的城区学校，我们可以也应该为农村的基础教育做点事情。

在一次统计信息时，我无意发现一个特殊的情况：我们全市在岗的小学学段江苏省特级教师 32 人都有一个共同的特点，即他们全部来自农村！他们的小学、初中甚至高中都是在农村就读的，直到现在，很多人的父母都还生活在农村。他们对农村教育的情况比较了解，对农村的教育有着深厚的感情。在征得市教育局领导的同意后，由淮安市幸福教育研究会牵头，淮安市实验小学幸福教育研究中心组织实施"幸福教育乡村行"。

（4）组织"幸福教育西部行"。为推进教育均衡发展，促进教育公平，将江苏省名校长名师的先进办学理念和苏派教学特色传播到我国西部地区，由中国教育报刊社人民教育家研究院与淮安市教育局、淮安市幸福教育研究会联合发起，组织"幸福教育西部行"活动。该活动已分赴甘肃省静宁县、云南省楚雄市、四川省乐山市进行课堂教学展示与指导，现场交流互动，对中西部教育文化交流做出了积极贡献。

（5）组建"幸福教育研究联盟"。"幸福"是一个被高度追捧的热词，也是一个历久弥新的教育研究话题，在我们研究"幸福教育"之前，在全国乃至在世界范围内，都有不同组织或个人在不同层面进行幸福教育的研究和实践。为了更好地学习和推进幸福教育的实践研究，汇聚更多的学校和教师共同参与这项追寻教育本质的研究项目，我们在和国内众多同仁会商的基础上，本着"主题共研、资源共享、平等共商、发展共赢"的主旨，牵头组建了"幸福教育学校联盟"。首批成员单位汇集了全国 13 个省份 34 所小学联合加盟，我们讨论并审议通过了《幸福教育学校联盟章程》，并成功举办了三届幸福教育论坛活动，在省内外产生了较大的影响。

（6）组建"全国幸福学校共同体"。为了扎实推进"幸福教育学校联盟"的各项活动，进一步深化幸福教育的学习研究，在更大的平台上创造并分享幸福教育的研究成果，带动更多的学校教育"朝着幸福的远方"前行，在中国教育报刊社人民教育家研究院的支持下，由淮安市实验小学、北京市第十九中学等发起组建了由 19 个省份近 60 所学校参加的"全国幸福学校共同体"，2014 年 6 月在北京召开筹备会议，10 月在杭州举行"全国幸福学校共同体成立大会暨首届幸福学校论坛"活动，通过了《全国幸福学校共同体章程》和《幸福学校共同愿景》，为推进幸福教育研究提供了更高、更大的平台。

幸福教育是指向教育本质的教育，是成就"幸福的人"的教育。它具有普适的实践价值。同时，幸福教育还是有"根"的教育，弥漫在学校教育的方方面面，浸润于家庭教育、社会教育的点点滴滴。"幸福教育"犹如一面旗帜，引领着"建幸福学校、当幸福教师、育幸福学生"的实践方向。"做幸福的人"就像一座灯塔，召唤着教育人向着理想的目标奋进。幸福的教育成就幸福的学生、成就幸福的教师、成就幸福的学校，也成就幸福的社会、幸福的国家和幸福的人民。

幸福教育西部行——走进甘肃静宁县

(六)幸福从学校出发

学校教育是教育体系的重要分支，也是整个教育形态中最重要的实践方式。集团化办学、共同体发展、区域合作办学(园)、幸福学校联盟等一系列教育改革的尝试与探索，期盼着学校教育对师生的幸福观念、幸福能力和幸福品质的培养和提升不断迈上新的台阶。同时，我们还要让幸福从学校出发，走进家庭、走进社区、走向职后、走向未来。

1. 走进家庭

父母是儿童的第一任教师，家庭教育的状态直接关乎儿童成长的质量，直接影响儿童发展的品质。学校教育要充分发挥"专业引领"作用，通过家长学校、家校互访、校园开放日等活动，将学校的教育过程延伸到家庭，教育理念渗透到家庭，教育方法指导到家庭，教育成效影响到家庭，最终实现家校教育的协调统一，为儿童的健康成长和幸福生活提供充分可能。

(1)教育理念渗透家庭。家庭是孩子最具个性化的学校，家长是孩子最早也是最重要的老师，对孩子的教育具有独特的作用。如果离开了家庭教育的基础铺垫、渗透融合，学校教育和社会教育都很难发挥作用。作为学校，除了在学校场域内依法施教外，还要把科学的儿童观、教育观、人才观渗透到家庭。

①成长比成绩更重要。在实践中，我们有意识地引导家长参与学校的教育活动，读书节倡导"亲子共读"，艺术节鼓励"全家共创"，实践活动邀请"家长老师"，让家庭教育与学校教育融为一体。在过程中，我们帮助家长优化教育观念，提升家庭教育品质，取得了较好的成效。

一位机器人社团的学生说："我的父母对我的学习非常关心，鼓励我参加各类学习实践活动，在我们学校，我是汉字书写大赛一等奖的选手，我自己也对我的记忆力和反应能力非常自信！平时，我喜欢打电脑游戏，每次打游戏的时候我就想，这些游戏是怎么设计出来的？我能不能自己设计游戏呢？四年级时，我进入机器人社团学习，学到了许多简单的编程。我在国际、国内拿过两个单项一等奖。我觉得素质重要，在搞好学习的同时拥有一技之长，这是多么圆满幸福的事情啊！"

②重视孩子兴趣的培养。在家庭生活中，家长要教育和引导孩子懂得感恩，学会感动、珍惜，懂得敬老爱幼、懂得孝敬长辈、懂得回报，懂得关心他人、学会互助共赢；知道遵守社会公共秩序，遵守社会公德，知道执行纪律制度、约定规则，知道自己的事情自己做是一种义务和责任；学会判断社会现象的是非对错，学会尊重他人的人格与劳动，学会科学卫生的生活方式；养成正确的学习习惯，养成文明规范的礼仪习惯，养成自觉锻炼的健体习惯。同时，请家长科学对待给予孩子的爱，适时适度，千万不要过分溺爱，不要对孩子言听计从、有求必应，无原则地迁就、宽容孩子的过错。要让学生知道，被宠坏的小皇帝长大后不一定就能承担"正心、修身、齐家、治国、平天下"的重任。人的成长规律也告诉我们，必要时也要让孩子受点挫折，经历磨难，以培养和锻炼孩子面对困难的勇气、克服困难的决心、战胜困难的意志，因为家长不可能陪伴孩子一生，孩子以后的路需要自己走。

③学会欣赏孩子的成长。一次校级家长开放日，我有幸和四年级(2)班的所有家长共同欣赏孩子们非常精彩的三节课堂学习。语文课孩子的发言那真是"小大人"的水平，琅琅书声加上对文本的独特解读，让教室不时传出掌声；数学课奇思妙想，缜密板演，让我深刻感受到孩子理性的深刻，家长都有同感"我们的孩子真棒"；英

语课，孩子更出色，特别是游戏环节，小组内 PK、组际 PK，班级高手对决，一环扣一环，呐喊声、笑声此起彼伏。当我和家长们都沉浸在孩子成长的快乐中时，身边的老师告诉我："一位家长在一个角落哭了，是激动得哭了，是第一次看到自己孩子如此优秀激动得哭了。"

后来我才知道，这位家长对她的孩子非常用心，是比任何一位家长都用心的那种，是 24 小时陪着孩子学习、生活的。可非常遗憾的是，她却很难看到孩子的进步，自然也享受不到孩子成功给她带来的喜悦。但是那天的家长开放日，她发现自己错了，她发现她的儿子是那么优秀，是在英语课的 PK 中一直走到最后的冠军。

这位辛苦的母亲非常爱孩子，用她的方式传递着母亲的一份责任和爱心，但却很难收获成功的喜悦。家长要学会全面关注孩子的成长，用发展的眼光看待孩子的成长，要给孩子成长的机会与平台，要学会欣赏孩子的成功。

(2)教育方法指导家庭。学校是有计划、有组织地进行系统的教育的专业机构，教师则是组织实施这一计划的专业人员。学校和教师能够真正地了解孩子的成长规律，把握孩子的身心特点，为孩子成长提供必要而及时的指导和帮助，同时给家庭教育以科学的方法指导。

①表率作用，示范影响。在指导家庭教育方面，三年级的做法汇聚了老师们的智慧，他们以现象解读的方式与家庭交流。

现象一：学习的自控力和主动性不够。进入三年级后，孩子的运动量变大了，在长时间的学习中，学生会产生疲倦感，这时孩子就会想方设法宣泄自己的情感，学生容易变得浮躁，学习不踏实，成绩时好时坏，起伏大，不容易静下心学习，这些都表明孩子的自控力欠缺。对策是：给孩子确立明确具体的目标。①远期目标，即理想。把学习和自己的理想、社会事业联系起来，这个理想不一定就是孩子以后从事的事业，但是孩子有了一个奋斗的目标，会产生持久而主动的学习动力。②近期目标，最好是一两周内通过孩子努力就可达到的。孩子们需要我们为其施加适当的压力，促进其不断的递进式发展。

现象二：探索难题的精神欠缺。三年级后，我们发现考试不是仅仅考课内的知识了，这就要求我们的孩子在课外要大量地汲取知识，补充课内所学。目前学生在语文学习中，最头疼的算是阅读理解。和低年段的阅读理解不同，除了对字、词、句的把握，中年段的阅读理解更多的是对段落的理解，要学生归纳段落的主要意思以及中心思想。稍难的题目学生就自动放弃了，导致学生越来越懒。对策是：掌握科学的学习方法。不自信的根本原因是没有掌握解决此类问题的根本方法，所以学生对课堂上老师传授的方法要认真听，同时要学会举一反三。老师及时肯定他的成功，让他产生满足感。这样伴随着愉快的情绪体验，孩子会产生进一步学习的愿望，慢慢会对难题消除恐惧感。

现象三：注意力不够集中。常有家长说："孩子做事效率低，做作业动作慢，一边写一边玩。"大家都知道集中注意力学习的重要性。只有集中注意力了，孩子学习起来才比较省劲，效果较好，也因此有更多的时间来休息和娱乐。对策是：第一，给孩子一个安静的学习环境；第二，要求孩子在规定的时间内完成作业；第三，要求孩子在一定时间内专心做好一件事情；第四，对孩子讲话不要总是重复。有些父母对孩子不放心，一件事总要反复讲几遍，这样孩子就习惯于一件事反复听好几遍。当老师只讲一遍时，他几乎没听见，这样漫不经心地听课，常使孩子不能很好地理解老师讲的内容，无法遵循老师的要求，自然也就谈不上取得好的学习效果。父母对孩子交代事情只讲一遍，是培养孩子注意力的一种方法。

②理性引导，情感化人。一切教育都是理性行为，家庭教育也不例外，而且，家庭教育是充满情感的理性行为。有这样一个事例：春节期间，一对父母带着6岁的儿子逛商店。儿子看到自己喜欢的玩具就要求家长购买。可是家长以儿子的玩具太多为由，拒绝了儿子的要求。孩子就跟父母哭闹，坐在地上不起来。很多人围上来了，七嘴八舌："过春节，孩子要个玩具，买了算了，不要让他哭闹的。"这个时候，家长也觉得不好意思，掏出钱来买了这个玩具。孩子抱着玩具，高兴地跟着家长走了。我们觉得，这对父母的做法就是情感冲击了理智。本来是可以先不买的，但是禁不住孩子哭闹，更不愿意旁人说三道四，如果下次再遇到类似的情况怎么办？孩子又是哭闹，你是不是又都要答应他的要求呢？

同样的情景发生在另外一个家庭。也是父母带着孩子去商店，孩子想买玩具，家长说明了不买的理由，孩子坐在地上又哭又闹。这时母亲跟父亲小声地商量了几句，然后母亲对孩子小声说："儿子，今天为什么不能买这个玩具，道理给你讲清楚了，你非要买，就在这儿坐着闹吧！我跟你爸爸先回家了。"说完，扭头就走，孩子一看爸爸妈妈走了，立刻停止哭闹，翻起身来跑着去追他们。父母出了商店大门以后，径直往家走，孩子紧跟着追。夫妻俩不搭理孩子的做法给了孩子一个小小的惩罚。这样，一次就解决了这个问题。

（3）教育成效影响家庭。学校积极探索"家校共育"的教育模式，追求"5＋2≥7"的教育目标。学校通过"小手拉大手"，一个学生带动一个家庭，一个家庭带动一个社区的方式让学校"专业化"的教育思想与理念、原则与方法、路径与策略、内容与方式，有机地辐射和渗透到家庭教育之中，让孩子一周5天在学校接受教育的成效带回家庭，促进和影响家庭教育逐步"走向专业"。

真正意义的教育是不受时空限制的，有些教育在家庭中更适合、更有效。学校和家庭配合，把握教育的最佳机遇，把教育的阵地迁移到家里，让孩子真正感受到家庭也是成长的学校。

2. 走进社区

社区的教育资源对学校教育、家庭教育都具有重要意义。我们要善于发现、开发和利用社区独特的教育资源，为师生的发展和成长服务。同时，学校教育也要发挥自身的功能，积极参加和指导社区教育，使教育活动依托社区、教育实践服务社区、教育价值影响社区、教育文化辐射社区，促进社会的文明和幸福。

（1）教育活动依托社区。学校利用社区资源可以拓展学生的活动空间。每年春、秋季的社会实践活动是走进社区的最好机会。为了让学生在六年的小学生活中走进自然、了解社会、感受家乡的发展变化，学校有一个整体的六年设计——精心选取12个社会实践活动地点，让每一次的出行成为孩子开阔视野、亲近自然、陶冶情操、热爱家乡、情感迸发的源头。一年级的徒步走进楚秀园、城南公园，让孩子追寻春(秋)的足迹，感受春(秋)的韵味；二年级的走进大学城、参观科技馆，激发了孩子们热爱科学的感情，提升了孩子们参与社会实践活动的能力；三年级游览动物园、柳树湾植物园，指导学生写"动物、植物名片"，讲演动物、植物故事，竞猜动物、植物谜语，了解动物、植物的生活习性；四年级参观自来水厂、污水处理厂等，引导学生关注生态平衡，增强环境保护意识；五年级瞻仰周恩来纪念馆、走进古黄河生态公园，引导学生学习伟人精神，激发学生热爱自然、热爱家乡的积极情感；六年级到刘老庄八十二烈士陵园，缅怀革命先烈的光辉事迹，到铁山寺森林公园教育基地参加实践活动，培育和提升学生的综合能力。

为了弥补学校教育的不足，我们邀请学生家长和社区名人，根据自身的职业优势来校讲法律、讲文学、讲书法、讲历史、讲健康……我们还发动和鼓励有时间、有资源的家长和老师一起利用假期时间到社区开展实践活动。

（2）教育实践服务社区。教育要依托社区，也要服务社区。学校地处清浦区清江街道北门社区，我们积极支持社区建设，多次组织学生走进社区开展"啄木鸟行动"，到街道社区查找不规范用字；带着文娱节目走进敬老院，为老人们带去快乐；做社区志愿者，和家长一起，为社区文明做积极贡献，为居民提供一个良好的文化、生活环境，促进社区和谐发展。

我们积极支持社区文化建设，帮助社区改善工作条件，通过社区共建等活动，积极参与社区的精神文明建设，为社区的各项活动提供场地、设施设备，帮助社区印发宣传资料，联办市民学校，开设健康讲座等。同时，学校还关注社区的困难群体，主动为他们捐助钱物，帮助他们解决实际问题。我们利用学校、教师自身的专业优势，指导社区居民的家庭教育等，为构建和谐社区贡献力量。

（3）教育价值影响社区。近几年来，学校的科技教育成果显著。机器人社团成效突出，师生们实践着"做中学"的理想，以弘扬科学技术、凸显创造与创新、强化团队精神、培养科学素质为宗旨，在活动中开发智力、培养能力、提升素质，成绩骄人。我校先后获得 WRO 香港国际机器人比赛冠军、江苏省家庭机器人大赛亚军、江苏省第十八届青少年科技创新大赛团体亚军、江苏省机器人大赛冠军、全国青少年科技创新大赛铜奖、FLL 全国机器人比赛一等奖等。

机器人社团的成功，吸引了越来越多的孩子参与。三年级学习搭建、四年级学习编程、五年级参加比赛，活动设计合理，安排有序，循序渐进，深受学生的喜欢。为了宣传科普知识、弘扬科学精神、激发科技创造，我们的机器人社团经常深入社区，在广场等公共场所进行表演展示，受到市民的一致赞誉。

（4）教育文化辐射社区。

①红领巾志愿者。校园里有这样一支队伍，他们富有爱心与责任感；他们帮助他人，收获快乐；他们默默地为班级、学校、社会的和谐、美好贡献着自己的力量。这就是我们的"红领巾志愿者"团队。

红领巾志愿者的"爱心天使"小队，利用节假日到市福利院看望孤寡老人，为他们送上礼品，表演精心排练的节目，为老人们送去了快乐与温暖。看着老人们开心的笑容，辅导员刘弘老师动情地说："这些志愿者们用自己的爱心为社会的福利事业做出了贡献，他们一定可以带动身边其他的队员将爱心播撒到更多的地方。"

红领巾志愿者"环保卫士"小队，在辅导员老师的带领下，利用双休日到钵池山公园栽种了一片"绿化林"。志愿者们还在新栽下的小树苗上挂上了精心制作的"心愿卡"，希望小树苗壮成长，能有更多的人加入环保的队伍中。参与活动的孙孝忠副校长看着志愿者们栽种下了一排排树苗，欣慰地说："环保的意识已在这些红领巾志愿者们的心中扎根，他们正用自己的实际行动践行着作为志愿者的义务，带动身边更多人投入到社会公益事业中。"

小志愿者们除了参加集体活动外，他们还在自己的学习、生活中处处践行着作为志愿者的义务。他们在过马路时搀扶老人过斑马线；他们主动打扫所居住小区的卫生；他们能积极参加社会上的各种公益活动……

②去农村小学当老师。为了帮助农村学校提升质量，我们主动和多所农村小学结为"学校发展共同体"，除了常态化的教育教学研讨交流外，我们每年还选派优秀教师到农村支教。在一年的时间里，支教老师在农村学校用自己的实际行动，影响和带动那里的学校、学校的老师，共同进步，同时也在收获那份"独特的成长"。

李树雨老师是一位非常优秀的骨干，他主动申请到离家近百里的农村支教，他的支教感言也让我感动。

"我任教三年级数学，开学不久，第一个单元结束后，年级三个班同时进行测试，结果太出乎人意料了：我班及格的只有28人，其中90分以上1人，25名学生不及格，30分以下4人，平均分只有五十几分。其他两个班也是如此。这件事给我带来的压力很大，我知道学校安排我来此支教的责任有多重。接下来，我和数学教研组的老师们一起学习、一起研究，吃透学情再把握教材，选准路径再优化方法，在提高课堂教学效益上下功夫，在'潜能生'的个性化辅导上做文章，自己亲自示范，做出样子，影响和带动其他老师扎实做好教育教学工作。经过一年的努力，成效非常显著。在最后一次区教研室的统一测试中，我们班53人参加考试，班级平均分达到93分，不及格人数仅为1人。同轨的那两个班进步也非常大，平均分达到70多分，创造了学校的奇迹。看到自己的付出得到了回报，看到班级的学生对学习有了兴趣、有了方法、有了自信，我的心中充满了快乐，溢满了幸福！"

3. 走向职后

凡是有点历史的学校都会有退休老教师。他们是教育前辈，终生服务教育事业，为社会的文明进步做出了积极的贡献，也为学校的建设和发展做出了很大的努力。做了一辈子教师，他们有着浓厚的事业情怀，对教育、对学校、对儿童具有特殊的眷恋情感。教师退休后，他们成了社会人、家庭人，但还是教育人，还会经常关注教育现象和教育问题，还会关心学校的发展和教师的成长。他们退休生活幸福指数的高低，不仅关乎自己，还影响到家庭和社区，同时也会对在岗教师产生相应的"心理暗示"。因此，学校教育还要关注老教师的职后生活，让他们享受到"后职业幸福"。

（1）鼓励老教师"老有所学"。退休后，老同志们回归家庭，工作的压力小了，自主的时间多了，如何让他们的退休生活丰富些、充实些？我们学校由工会牵头，提前和老同志们沟通，征询他们自己的想法，鼓励他们在身体健康允许的前提下，参加老年大学的学习和活动，选择自己感兴趣的项目，如国画、书法、舞蹈、唱歌等，接受艺术熏陶，培养高雅情趣，学校全额报销他们的学习费用，还为他们订阅报纸，让他们做到"老有所学"。

（2）关注老教师"老有所用"。很多退休的老教师在岗时都是经验丰富的学科教学骨干，或者是学校优秀的管理人员，他们到龄退休了，但不少人的身体还很健康，精力还很充沛，也有发挥余热的主观愿望。为此，我们在他们退休前就真诚地征求他们的意见，退休后是否能接受返聘，继续为教育事业做贡献？一般来说，很多人都是"不服老"的，是很乐意继续工作的。这样，他们既可以帮助学校解决人员不足的问题，又可以通过"以老带新"的方法帮助青年教师快速成长，更重要的是让老教师感到自己生活还有价值和意义，让他们做到"老有所用"。

（3）帮助老教师"老有所乐"。很多老教师退休后活动的圈子大多限于自己的家庭和所在的社区，与外界的接触少了，和他人的交流少了，突然"静"下来让很多人不适应。学校通过"老教师交流会""老教师迎春会""敬老节"等活动，邀请他们回到学校、参观校园、听取汇报、参观游览、乡村采摘等，为他们创造老朋友聚会和交流的机会。另外，学校还鼓励老教师自愿参与社会或社区的"民间组织"活动，选择唱歌、健身、舞蹈、乐器等自己感兴趣的活动会给他们带来无穷的乐趣，让他们做到"老有所乐"。

（4）保障老教师"老有所依"。随着年龄的增长，老教师的健康状态会顺应自然规律，生理毛病逐渐增加，生活质量也会受到影响。学校工会定期联系老教师的家庭，了解他们的健康状态和合理需求，帮助他们解决实际困难。学校每年给他们组织一次免费的全面体检，他们生病住院了校领导亲自去医院看望。逢到"整十"的生日，学校还会送上生日蛋糕表示祝贺等，让他们做到"老有所依"。

在2012年教师节到来之际，学校为退休的老师们编印了一本《幸福的回忆——退休教师纪念册》（以下简称《纪念册》），赠送每位老教师3本留作纪念。《纪念册》中收录了38位老教师的个人介绍、年轻时从教的照片、教育故事、教育格言、全家福照片、对学校工作的期待与希望等。付印前我看了《纪念册》的校样，非常感动。于是，在《纪念册》的"序"中，我这样写道：

一路走来，幸福成为我们的追求。学校教育，为孩子们生命成长打上了幸福的底色，为老师们的职业人生奠定了幸福的基调。我们感恩历代先贤的远见卓识，感激退休前辈的无私奉献，感谢当代同仁的卓越努力。

幸福是深情的回眸。青春美丽的照片，富有哲理的格言，记忆犹新的活动，充满智慧的故事，是老同志们珍藏的财富，也是青年教师学习的课程。

幸福是温馨的团聚。迎新春的座谈，重阳节的慰问，联欢会的开心，家乡游的惬意，老友相见，分外亲切。这次大家带着曾经的理想、奋斗、故事，带着家人在这里团聚，有着别样幸福的滋味，也一定会给在岗的同仁们更多幸福的职业体验。

幸福是文化的传承，前人栽树后人乘凉。前辈先贤不仅奠定了学校事业发展的根基，还给我们留下了宝贵的精神财富。他们对学校未来发展的殷殷期待，更是我们开拓进取的无穷动力。青年后生将在学习中继承，在实践中创新，不断丰富教师幸福的内涵，提升职业幸福指数。

幸福是彼此的分享。老同事们真诚交流自己的思想、情感，分享彼此的天伦之乐和幸福体验；青年教师在学习中分享前辈的敬业精神、教育智慧和职业幸福，也会更好地促进自己的专业成长。

4. 走向未来

教育要面向未来，就是要以长远的和历史的战略眼光扎实办好当前的教育，做好今天，方能成就明天。《学习，内在的财富》提出了学习的"四大支柱"问题，即学会求知、学会做事、学会共处、学会做人。这个报告也为面向未来的教育提出了努力的目标，对指导和实践幸福教育有着重要而现实的指导价值。

（1）学会求知。"学会求知"，就是要培养学生"学会学习"的能力，让学生更好地理解和掌握认识的手段，而不仅仅是获得经过分类的系统化知识的本身。在未来社会，由于信息及知识的累积速度加快，而其学习内容往往又转瞬即逝，教育仅向学生传授知识技能是行不通的，更重要的是对学生学习能力的培养和提升，更重要的是强调帮助学生学会学习、学会思考、学会创造。在实践中，教师自身也要"学会求知"，更好地适应与面对教育事业及教师职业面临的挑战，终生学习，教学相长。同时，在教育教学活动中，把握科学规律，根据学生的认知特点，教育和引导学生理解知识发生发展的内在本质，指导学生的学习方法，提高学生的学习能力，鼓励学生养成自主学习、合作学习、探究学习的意识与习惯，不仅让学生"学会"，更要让学生"会学"，让"求知"的过程成为"在认识和实践之间无数次反复、不断'完成'而又重新开始的过程"。

(2)学会做事。"学会做事"，就是要在学习实践中，让学生获得认识问题、分析问题、解决问题的能力，使学生能应付学习、生活和工作中的各种情况，学会与人交往、与人共事、与人合作、与人分享，提升自我的综合素养和能力。在实践中，学校要立足于让学生能适应未来社会的需求，能胜任未来社会的责任担当的高度，规划设计教育教学活动，让学生"在事中磨炼"。教师要在提升自己"学会做事"的能力和水平的前提下，做学生学习活动的组织者、激励者和引导者，营造良好的学习氛围，尊重学生的主体地位，激发学生的学习兴趣，为学生提供适切的教育服务，鼓励学生在做中学、在学中做，不断丰富自己的知识积累、不断提高自己的做事技能、不断优化自己的实践经验，最终提升自己"做事"的能力。

(3)学会共处。"学会共处"，就是通过教育，"促进每个人的全面发展，即身心、智力、敏感性、审美意识、个人责任感、精神价值等方面的发展"。教育学生"学会与他人一起生活"，培养学生能够应付与他人、与群体、与社会和谐相处的能力。

美国的心理学家、教育家罗杰斯曾收集过许多证据来证明：学生的启蒙不是建立在教学技巧上，也不是在学科内容、课程计划或视听教育的生动表达上，真正有意义的学习是建立在正确的人际关系、态度和素质上。由此可以看出，人际关系不仅仅是个人发展的重要方面，而且是衡量个人发展的重要尺度。在实践中，学校通过营造先进的校园文化，建立平等、公正、和谐的学习与工作环境，促进人与人之间的相互理解、相互尊重、相互合作和相互包容，促进"心与心的交流"和"情与情的交融"。教师在平等和谐的师生关系中，履行"传道、授业、解惑"的职责，通过言传身教，给学生提供了一种人际关系的榜样，成为学生今后建立人际关系的一种潜在模式。教师要引导学生学会平等对话、互相交流、互相尊重，活动上的问题多与同伴讨论、学业上的问题多与老师沟通、品德上的问题多与班主任交流、心理上的问题多与父母对话等。老师和学生学会在各种"磨合"之中找到新的认同，确立新的共识，实现成长。

（4）学会做人。"学会做人"，就是要通过教育，更充分地发展自己的人格，具有较强的"自立能力和判断能力"，不断增强自己的自主性、判断力和责任感。学会做人是人"安身立命"的根本所在，也是教育功能的本质体现，要让"生存与学习"成为每个人生命的两大主题。在实践中，学校要从树立"为未来幸福奠基"的理想出发，来规划教育教学活动；坚持面向全体学生，让每个学生都有发展的可能；促进学生全面成长，德、智、体、美、劳等和谐发展；鼓励学生自主发展和个性发展，为他们通过施展聪明才智等提供舞台，激发学生自信、自强、自立。教师要成为做人的表率，用自己高尚的人格影响人、用自己规范的言行引导人、用自己渊博的学识教育人，善于以培育"全人"的目标实施教育教学活动，教给学生做人的道理、教给学生处事的能力、教给学生适应未来社会、服务未来社会的本领，让每个学生都能成为未来社会合格的建设者和接班人，使学生成为优秀的世界公民。

（5）终身学习。教育是面向未来的事业。当下的教育不仅要满足受教育者、教育者的现实的发展需要，为他们提供优质的、适切的教育服务，还要面向未来，培育他们终身学习的意识、习惯和能力。

所谓终身学习，是指社会成员为适应社会发展和实现个体发展的需要，贯穿于人的一生的、持续的学习过程，也就是我们常说的"活到老学到老"。当今世界飞速发展，新情况、新问题层出不穷，知识更新周期越来越短，客观世界动态变化对我们的工作生活不断带来新的挑战。终身学习能满足我们生存和发展的需要，能有效地帮助我们解决生活和工作中的新问题，使我们得到更大的发展空间，更好地实现自身价值，还能丰富和充实我们的精神生活，不断提高我们生活的品质和幸福指数。

在实践中，我们要注重培养师生主动学习的习惯，让师生把学习当成自己的事；培养师生自我更新的习惯，不断优化和完善自己的认知与能力；培养师生学以致用的习惯，让知识源于生活又服务生活；培养师生科学的处理知识与信息的习惯，学

学校代表队获香港国际小学生机器人编程及操作竞赛冠军

会自省与反思；还要培养师生探索创新的习惯，学会激发兴趣、利用资源，强化创新意识，提升实践探究能力。

二、追求幸福的数学教育

(一)打造幸福的数学课堂

关于"幸福"，词典里是这样解释的：生活、境遇愉快美满。迁移到学生身上那应该是：学习生活愉悦、幸福，每一个孩子都能享受到学习的快乐和成功的体验。实现幸福最重要的途径就是教育，小学教师不仅要为学生的人生打下理性与人文的精神底色，还要在成就学生幸福的同时，实现自我的人生价值，享受职业的幸福。

课堂是学生学习成长最主要的时空所在，课堂的教学质量决定了教育的品质。课堂还是师生互动交往、体验发展成长的重要路径，因此，我们要努力深化课堂教学的实践研究，不断提升课堂学习的质量和效益。近几年来，在幸福教育观的引领下，我们开展了幸福课堂的实践研究。经过广泛的学习研讨和扎实的实践探索，我们提出了建构幸福课堂的五大核心要素，即生本思想、学科价值、生活经验、文化熏陶、成长目标，并在丰富的教学实践中不断完善和优化数学课堂的模式建构，收到比较理想的成效。

淮安是著名的"淮扬菜"的发源地，据说新中国"开国第一宴"用的就是"淮扬菜"。全国人大原副委员长许嘉璐先生对淮扬菜的文化研究颇有造诣，他把"淮扬菜"的特点概括为"就地取材，土菜细作，五味调和，百姓创造"。受其启发，我们将"幸福课堂"的主要特征与地方文化相嫁接，提出了"幸福课堂"的"五味"概念，即儿童的味道、学科的味道、生活的味道、文化的味道、成长的味道。后来学习《吴正宪给小学数学教师的建议》，其中第四部分的标题是"好吃又有营养的数学课"，这句话给我留下了深刻的印象，也引发我深深的共鸣。吴老师用很形象的生活化表达，描述出一节理想的小学数学课的样子："好吃，学生喜欢吃；有营养，能促进学生健康快乐地成长；数学课，能体现学科的特质。"我认为，一节理想的数学课，应该是一份适合学生的五味调和的营养大餐。

1. 儿童的味道

在数学课堂，儿童是主人，是学习活动最重要的参与人和受益者。教师要坚定地站在儿童一边，课堂教学活动要服从于学生的需求、要服务于学生的发展，教学过程要遵循学生的认知规律，唤起学生的主体意识，促进学生的素质发展。课堂教学应站在儿童的视角和立场来从事我们的数学教学活动，做到以人为本，尊重儿童，理解儿童，呵护儿童，发展儿童。因此，在教学中，我们不仅要研究教材教法，更要研究儿童、了解儿童，把握他们的年龄特征与认知特点，选择适合他们的学习方法，关注他们的个性差异，因材施教，引导每个儿童都积极参与学习过程，促进每个儿童都学有所得。

我们知道，数学知识是一个系统的学科体系，教材是按照一定的逻辑顺序进行编排的，备课之前我们要研究学生。学生在进行新的知识学习之前，必须有相应的"最近知识"做准备，即逻辑起点。作为教师，我们首先得厘清儿童的逻辑起点，让知识自然生发。

研究儿童、尊重儿童就是要从儿童的已有认知经验出发，关注他们的认知需求。

如教学"百分数认识"时，虽然学生并未系统地学习过百分数，但是他们对百分数并不陌生。他们有这样的生活经验，教师就不需要刻意回避，反而应该顺势利导，当孩子们津津乐道、如数家珍地说出一系列百分数的时候，这本身就是一次学习和交流。即便孩子并不理解他所说的百分数具体表示的含义，但孩子学习的激情已被调动。当教师问出"你想了解百分数的哪些知识"时，孩子的主体意识再一次被唤醒。正是他们的生活经验和思维动机促使他们提出那么多想研究的问题，这不正是他们的认识需求吗？孩子需要什么，教师便要给予什么，孩子已经会的知识不教，孩子能自己学会的知识不重复教，孩子想了解的知识重点教，这才是从儿童出发的教学。数学家波利亚曾说过："要读懂你学生脸上的表情，弄清楚他们的期望和困难，把自己放在他们的位置上。"

小学数学是儿童的数学，我们应该尊重儿童的数学世界，体会儿童的思维本质，让儿童成为数学学习的主人。教师要善于在抽象的数学与儿童具体形象的心理特点之间架设桥梁，只有当数学与儿童之间达成和谐，才能有理想的数学课堂教学。

事实上，小学生的心理需要是丰富多彩的，他们愿意做虚心的"学生"，认真地向老师学习知识，增长才干；他们又渴望做学习道路上的"探究者"，在自主探究的过程中发现知识的奥秘，锻炼成长；他们还期望成为"小老师"，能展示自己的才华，帮助伙伴一起进步；他们也希望成为"合作者"，和同伴们切磋交流，携手共进。另外，根据儿童的天性，小学课堂教学中，趣味性是必不可少的。让孩子学有趣的数学，我们要努力做好几个环节：开讲生趣、设疑引趣、练中有趣、课尾留趣和评中增趣等。可以说，趣味性是架起数学和儿童的桥梁，是师生和谐共进的法宝。

2. 学科的味道

每一门学科都有自身的特质和独特的育人价值。课堂教学要适应学科的培养目标，遵循学科的内在规律，体现学科的自身特点，实现学科的教育意义。同时，课堂教学还要适度关注学科教育的整合，培养和提升学生的综合素养。

小学数学课程是培养学生综合素质的基础课程，具有基础性、普及性和发展性等特点。数学课程能使学生掌握必备的基础知识和基本技能；培养学生的抽象思维和推理能力；培养学生的创新意识和实践能力；促进学生在情感、态度与价值观等方面的发展。义务教育的数学课程能为学生未来生活、工作和学习奠定重要的基础。

数学课具有"数学味"，应该体现数学的抽象性、推理性、探索性、问题性等。

一堂数学课，这些内容并不是要全部包括其中，但总要具有那么几项，这样的数学课才有"数学味"，才会有精彩的课堂。

用形象的方式和手段帮助学生理解抽象的数学概念，发展学生抽象数学思维，在抽象中培育形象，在形象中孕育抽象，形象与抽象交互辉映，探讨数学教学的规律。这样的教学是有趣的，是适合数学学科的。同时，数学课的核心追求是对数学思想的领悟，我们需要整合数学语言、数学活动和数学策略，达到训练学生数学思维的目的。

3. 生活的味道

生活是知识的源泉，生活本身就是一本活的教科书。课堂教学要重视引导学生观察、分析、思考，体悟生活与知识的密切关联，注重积累生活的知识经验，并将之迁移到新知识的探究学习过程，实现"生活知识化，知识生活化"。

自新课程实施以来，加强数学与生活的联系已成为我们每位老师的共识。在数学课堂上，我们可以发现生活的印迹，我们的数学课堂充满了浓浓的生活味道：①教材本身就蕴含着丰富的生活情境，小学数学教材都选用那些贴近学生生活的、有趣的素材，并图文并茂地呈现出来，既丰富了教学内容，又给数学教学融入了生活的气息，为小学数学提供了丰富的资源；②数学学习的内容与学生的生活相连，都是现实的、有意义的和富有挑战性的；③数学学习适应了解决生活问题的需要，学生能够认识、感悟到数学是存在于现实生活之中并被广泛应用于现实生活，能真切地体会到数学的应用价值。总的说来，数学既源于生活，又高于生活，还用于生活，数学学习为我们建构起了数学与生活的纽带。

在教学"圆的认识"一课时，老师通过设计三个探究活动展开教学。探究活动一："下水道的井盖为什么是圆的而不是其他形状""为什么井盖怎么放都陷不下去"；探究活动二："抛圈游戏怎么玩才算是公平的"；探究活动三："汽车的车轮为什么要设计成圆形的"。贯穿课堂的三次探究活动，内容都是基于生活实际的题材，孩子们都有一定的生活经验，通过引导学生在生活素材中探求数学的本质，让数学充满乐趣与价值。

我们知道，生活本身就是个数学课堂，生活中客观存在着大量有价值的数学现象和数学问题。老师引导学生运用数学知识去写生活日记，在生活中加深对所学知识的理解，主动地用数学的眼光去观察生活、思考问题。同时，老师还要善于从生活中挖掘数学问题，使枯燥的数学问题生活化，努力为学生营造一个生动活泼的、主动的和富有个性的数学课堂，引导学生把所学的数学知识应用到现实生活中去，让学生充分感受数学在现实生活中的价值，让我们的数学课变得有滋有味。

4. 文化的味道

文化是人成长发展过程中非常重要的能量要素，对人的成长会产生潜移默化的影响。课堂教学要充分挖掘学习内容、学习方式、学习成效的文化内涵，赋予其独特的育人功能，陶冶师生的积极情感，实现师生的精神成长。

从某种意义上说，数学既是一门基础学科，同时也是一种文化。《课程标准》把对数学文化的教学摆到了重要的位置。让数学文化走进课堂，让孩子们切实感受到数学文化的气息，努力使他们在数学学习过程中真正经受文化感染，产生文化共鸣，接受文化熏陶。

到底什么是数学文化？目前尚无一个统一的定义，但大家都有一个共识，即数学史、数学游戏、数学家故事、数学思想方法和数学的理性精神等是它的重要组成部分。其中，数学史、数学家故事和逸事等属于显性的文化，数学思想、方法、数学的理性精神等则属于隐性文化。而隐性的数学文化又是以显性的文化为载体蕴含其中的，是文化的精髓。

5. 生长的味道

杜威说教育即生长。生长是教育的本质属性，生长是课堂教学的价值追求。课堂教学要确立并达成多元的教学目标，营造和谐的学习氛围，激发学生的学习兴趣，指导学生的学习方法，发展学生的思维品质，提升学生的综合素养。

学生的生长离不开教师的精心培育，作为数学老师，首先，要找准学生知识的起点，链接"生长"之基石。学生的学习过程是知识不断积累和能力不断提高的过程，新知识的学习是在原有基础上的再加工过程。只有把学生的自我发展作为出发点，让教师的预设和课堂的生成和谐存在，这样才能使数学课堂充满"生长"的味道。其次，留给学生自主的时空，赋予"生长"以弹性。在课堂中，教师要为学生创设宽松、和谐的学习氛围和自主探索的时空。在出示学习资源时，不断激发学生操作探究的欲望；在小组合作、汇报交流中，为学生创造发表不同观点的机会。这样，学生的思维必然会碰撞出耀眼的火花。最后，充分张扬学生的个性，延伸"生长"的触角。由于学生的经验背景和思维特点各不相同，教师在教学中应尊重每个学生的个性特点，允许不同的学生从不同的角度认识问题，采用不同的方式表达自己的想法，用不同的知识和方法解决问题，鼓励解题方法的多样化。

幸福的课堂教学不仅要注重知识的传授，而且要侧重于激活学生的思维，培养学生的创新精神和实践能力。教师可以设计少而精的问题，激疑启智，让学生有质疑的机会，并在质疑、释疑的过程中获取知识，发展智能。幸福课堂最终要体现人的充分发展，达成每个生命个体的满足与实现。在幸福课堂中，无论是教师还是学生，每个人都得以充分的发展，学生有所感、有所得，教师也有所思、有所悟，师生一同享受进步的幸福。

在南师大和未来人民教师交流

（二）数学教学的实践案例

1. 自主实践探究，提升综合能力

——"表面积的变化"的教学设计与思考

设计理念

"表面积的变化"是苏教国标版十一册"长方体和正方体"单元最后安排的"综合与实践"内容。它通过用若干个相同的小正方体摆成一排或多排拼成一个长方体或正方

体后，让学生了解其体积不变但表面积却发生了变化。为什么表面积会发生变化？表面积又是如何变化的？其中隐含着什么样的数学规律？它与现实生活有什么联系？如何运用其变化规律解决实际问题？对于课题研究内涵的追问有利于突出数学的本质，体现"综合与实践"以"自主合作探究"为主要学习方式的选择，有利于培养学生的问题意识、应用意识和创新意识，积累学生的学习活动经验，提高学生综合运用有关知识与方法解决实际问题的能力。

学习活动的设计以"板块式"的结构呈现，通过创设问题情境，激发学生的自主探究意识；通过直观形象的实物操作与合作交流，引导学生发现数学问题，探究数学规律，积累数学活动经验；通过实践应用提升数学思考，解决实际问题，体验数学价值。活动设计以学生的认知发展水平和已有的经验为基础，让他们有足够的时间和空间，经历观察、实践、猜测、计算、推理、验证、应用等活动过程；突出学生的"主角"地位：问题让学生发现，操作让学生自主，思考让学生独立，交流让学生表达，规律让学生探索；引导学生从生活问题中发现和提炼数学问题，探索和应用数学规律解决生活问题。

教学目标

(1)基础知识

通过实践发现若干相同正方体(或长方体)拼成长方体后体积不变而表面积发生变化的数学现象。

通过动手操作、观察比较、推理验证等方式，探索把几个相同的正方体(或长方体)拼成长方体(或正方体)后表面积变化的规律。

(2)基本技能

掌握动手操作的技能和多层次观察对比的方法；培养善于做出合理的归纳和合乎逻辑分析的技能；发展空间观念和形象思维的技能。

能应用表面积变化的规律，合理解决生活中的实际问题。

(3)基本思想

理解数学和生活的密切联系，体现数学的应用价值；理解化复杂为简单的学习思想，发展儿童的直觉思维和简单思维，形成抽象的数学思维。

(4)基本活动经验

在实践操作和合作交流中，获取丰富的感性认识和直接经验，发展数学思考，积累探索数学规律、解决数学问题的活动经验。

活动设计及意图

活动一：尝试设计，引发数学思考。

工厂要设计一种正好能放置12个魔方的包装盒，要求尽可能少用包装材料，你能帮忙吗？

可以用正方体木块摆一摆、画一画，也可以用算式表示出来。

还有不同的方案吗？同桌相互交流一下。

汇报交流：

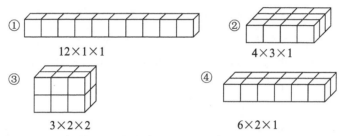

①
12×1×1

②
4×3×1

③
3×2×2

④
6×2×1

提出猜想：哪种方案有可能被选中呢？说说你的想法。

这种设计方案隐藏着一个数学秘密，相信通过今天的学习，大家一定能破解这个秘密。

【设计意图：通过创设具体的生活情境，激发学生的学习兴趣和探究欲望；鼓励学生相互合作交流，表达自己的思维过程，互相启发；开放学习的情境和方式，既培养学生的发散思维，又体现因材施教，满足不同层次的孩子的学习需求，发展他们的学习潜能。】

活动二：探究规律，发展数学思考。

操作1：用两个相同的小正方体拼成一个长方体，研究表面积变化规律。

呈现一个棱长是1分米的正方体（魔方），它的表面积和体积各是多少？

用这样两个相同的正方体拼成一个长方体后，你有什么发现？

用桌上的小正方体拼一下，将自己的发现与同桌交流。

汇报讨论：（可以通过观察、计算等方法得出结论，鼓励方法多样性。）

把两个小正方体拼成一个长方体后，体积变化了吗？把三个或更多个相同的小正方体拼成长方体后，体积会变化吗？

把两个小正方体拼成一个长方体后，表面积与原来两个小正方体表面积的和比较，你有什么发现？

（表面积变化了，减少了原来两个面的面积。教师可以让学生指出减少的面在哪里。）

引导小结：刚才我们用两个相同的小正方体拼成一个长方体后，发现它们的体积没有变化，表面积发生了变化。原来一共有12个面，拼成长方体后减少了原来两个面的面积。大家闭上眼睛想象一下，如果用3个同样的小正方体拼成一个长方体后，表面积有什么变化？（如想象不出来，可以动手拼一下。）

【设计意图：通过动手拼一拼、看一看、指一指、想一想等活动，让学生体会把两个相同的小正方体拼成长方体后表面积发生了变化，比原来减少了2个面的面积；把3个小正方体拼成长方体后，比原来减少了4个面的面积。这样可以直接链接学生的活动经验，立足学生的思维起点，用直观实例培养学生的直觉思维，发展学生的空间观念，同时兼顾学生的个性化学习。】

操作2：用多个相同的小正方体摆成一排拼成长方体，进一步探究规律。

通过刚才的学习，我们发现将相同的小正方体拼成长方体后，表面积会发生变化，（把表中前面两列填上）这种变化有什么规律吗？

正方体的个数	2	3	4	5	6	…
原来正方体一共有几个面	12	18				
拼成后减少了原来几个面的面积	2	4				

学生自己猜想、操作、探究、推理、验证，发现把4个、5个、6个相同的小正方体拼成一排成为长方体后，表面积有什么变化？把相关数据填在表中，并相互交流。

发现规律：你能联系操作和填表的过程，说说自己发现的规律吗？（给予充分时间让学生讨论、交流）

规律一：把相同正方体摆成一排拼成长方体，正方体的个数越多，表面积减少得越多，长方体的表面积就越小；

规律二：相同的正方体摆成一排拼成长方体，有一个拼接处，表面积就减少2个正方形面的面积。

深化规律：如果把10个相同的小正方体拼成一排成为长方体后，表面积将减少几个正方形的面积？如果是 n 个呢？你有什么新发现？（交流、讨论）

规律三：每多一个正方体(每拼一次)，表面积就多减少2个正方形的面积。

规律四：正方体的个数减1就是拼的次数，再乘2就是减少了多少个正方形的面积。即把 n 个小正方体拼成一排成为长方体后，减少 $(n-1)\times2$ 个正方形的面积。

【设计意图：通过把多个小正方体拼成一排成为长方体，让学生边操作、边思考，进一步发现表面积随着正方体个数的变化而变化，初步让学生感知这种变化存在一定的规律，在操作中让学生在头脑中显现"拼"的过程。再通过观察、比较、推理、验证，让学生经历由特殊到一般，归纳提炼出表面积的变化规律。这既突出了学生的自主探究，同时也强化了学习活动的"数学味"。】

操作3：探究用多个相同的小正方体拼成不同的长方体后表面积变化规律。

分别用4个、6个、8个相同的小正方体拼成不同的长方体，你发现哪种拼法的表面积最大？哪种拼法的表面积最小？

每位同学任意选一个完成，可以通过操作、画图、列算式等方式来发现规律。

汇报交流：

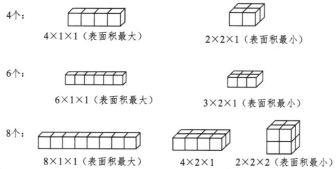

总结规律：

把多个小正方体拼成不同的长方体后，表面积发生了变化。其中，拼成的长方体为"一"字形时，表面积最大；当拼成的长方体是正方体或最接近正方体时(长宽高最接近)，表面积最小。

【设计意图：在把多个相同的小正方体拼成一排长方体的基础上，通过操作、画图、列式、计算、比较等方法，探究将多个小正方体拼成不同的长方体后表面积的变化规律，这既强化了学生的操作技能训练，又发展了学生的空间观念；既培养了学生思维的灵活性和深刻性，又强化了数学与生活的联系；同时也为进一步的探究

提供思维和方法的基础。】

活动三：应用规律，提升数学思考。

(1)探究把两个相同的长方体拼成大长方体后表面积的变化规律。

用两个相同的长方体(长5厘米、宽4厘米、高3厘米)拼成一个大长方体，有几种拼法？小组合作完成后交流。

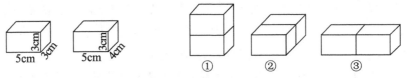

拼成大长方体后，你有什么发现？表面积是怎么变化的？

拼成大长方体后，表面积变了，都比原来减少了两个面，但不同的拼法减少的面积也是不一样的。

你发现拼成的哪个大长方体的表面积最大？哪个最小？(组织学生交流讨论。)

怎么验证你的发现呢？(引导学生通过估算或计算来验证自己的发现。)

三个长方体表面积减少分别是：$5×4×2=40$(平方厘米)，$5×3×2=30$(平方厘米)，$4×3×2=24$(平方厘米)

减少的面积越少，拼的大长方体表面积就越大；减少的面积越多，拼成的大长方体表面积就越小。

【设计意图：由于学生已经有了前面的操作与认知基础，该活动鼓励学生用自己喜欢的方法来探索思考，如实物拼摆、画图示意、想象估算、计算比较等，通过自主探究来发现各种不同的拼摆方式的表面积变化规律，进一步发展学生的空间观念，使学生积累数学经验，达到润物无声的教学效果。】

(2)解决问题：回到一开始的魔方包装盒设计，你现在知道哪个设计方案符合要求了吗？

设计要求包装材料最少，就是要求包装盒的表面积最小，根据刚才总结的规律，显然是$3×2×2$这个方案符合要求。

(3)实践应用：把10个火柴盒包装成一包有哪些不同的方法？怎样包最节省包装纸？

小组合作完成，有几种不同的包装方法？

　　交流讨论：哪种方法最节省包装纸呢？（比较中说明理由。）

　　根据前面拼正方体或长方体的经验：重叠的面越大，表面积减少越多；两两相拼的次数多，表面积减少也多。这两条要灵活地综合应用，才能得到理想的方案。

　　【设计意图：这个"拼拼说说"环节主要是运用规律解决实际问题。让学生在小组里拼一拼、比一比、说一说，根据总结出来的相关规律，解决生活中的相关问题。在这个过程中，能使学生强化认知、熟练技能，掌握规律、解决问题、进一步培养学生的空间观念和思维能力，让学生感受数学来源于生活又服务于生活，体验数学的价值。】

带毕业班同学参观校史馆

　　写在后面：根据"综合与实践"课型的特点和要求，本设计以"为学生提供良好的数学教育，让不同的学生在数学上得到不同的发展"为宗旨，立足于培养学生的问题意识、应用意识和创新意识，积累学生的活动经验，提高学生综合运用数学知识和方法解决实际问题的能力。本设计改变传统的教学结构，以实践活动为载体，通过拼一拼、摆一摆、比一比、想一想、算一算、说一说等活动，激发学生自主参与、全程参与，积极动脑、动手、动口，让规律成为每个学生的发现；鼓励学生勤于实践、合作探究、交流共生、学以致用；促进学生长知识、长智慧、长能力，体验数学的魅力与价值。

（此文发表于《江苏教育·教学版》2012 年第 7 期）

2. 实施开放教学，促进自主发展

——"小数加减法的简便算法"课堂实录与教学思考

《义务教育数学课程标准(2011年版)》指出：数学教学应该"向学生提供充分的从事数学活动和交流的机会，帮助他们在自主探索和合作交流的过程中，真正理解和掌握基本的数学知识和技能、数学思想和方法，获得广泛的数学活动经验"。在这种理念的指导下，实施开放性教学，创造一个有利于学生生动活泼、主动发展的环境和空间，可以有效地促进学生自主意识的强化和自主学习能力的提高。下面以人教版小学数学第八册"小数加减法的简便算法"为例加以说明。

课堂实录

(1)铺路架桥，导入新课

师：今天的口算练习，请同学们自己设计五道小数加、减法的口算题，并请同桌的同学完成。(如果你出题有困难，可以到教材中去找。)

完成后再交换，由出题人批改、评价。(全对的加"星"或写上评语。)

再请同学们自己设计几道整数加、减法简便计算的算式题，并独立完成。

完成后小组交流、汇报自己编的题目的特点、简便计算的依据和方法。每组推荐一人向全班汇报(题型尽可能不重复)，同学们给予恰当的评价。

师：我们已经掌握了整数加、减法的简便算法，还学习了小数加、减法的计算方法，大家知道我们这节课将要学习什么内容吗？

生：小数加、减法的简便算法。(板书课题。)

(2)自主探究，展开新课

①自主发现

师：什么样的小数加、减法可以用简便的方法来计算呢？你能举出例子来说明吗？

(学生把自己举的例子写到黑板上，对于同一种类型的题目只写一题。此时学生情绪高涨，争先恐后地要求抄写自己设计的题目。)

①3.5＋2.7＋6.5＝　　②4.1－0.6－1.4＝　　③8.3＋1.9＋1.7－3.1＝

④3.25＋(0.75＋1.6)＝　　⑤4.2＋3.9＋5.8＋6.1＝　　⑥8.25－0.99＝

⑦3.8－(2.1－1.2)＝　　⑧11.7－(5.4＋1.7)＝　　⑨7.35－2.01＝

⑩4.37＋1.99＝　　⑪1.6－3.2＋8.4＝　　⑫2.33＋4.01＝

………

②自主尝试

师：黑板上的这些题目你能用简便的方法计算吗？请选择自己喜欢的题目试一试，看谁做得又对又多。

（教室里一片寂静，大家都在专心地做题，有近20人三分钟内全部做完，到五分钟时全班基本上都写好了。）

③自主探究

师：大家思考一下，你做的题目有什么特点？你是怎样进行简便计算的？为什么可以这样计算？把你的想法与同桌交流一下后再向全班汇报。

生1：我做的是第①题，因为3.5和6.5可以凑成整数10，所以可以用加法交换律把2.7和6.5交换位置，和不变。得数是12.7。

生2：我做的是第②题，因为0.6和1.4可以凑成整数2，可以利用减法的结合律，用4.1减去0.6与1.4的和，差不变。得数是2.1。

（此时班级大多数学生举手表示有不同意见。）

生3：我认为生2的说法不妥，因为减法没有结合律。我同意他的做法，但这是根据减法的性质来简便计算的。

···········

学生逐题汇报自己的解题思路和方法，班级及时给予评价，同意他观点的鼓掌通过，有不同意见或想法的及时提出来一起讨论。在此过程中，教师引导、启发学生用数学语言表达要简洁、完整、严密。

（总的解题思路是根据题意凑整，依据加法的交换律、加法结合律及减法的性质进行简便计算。）

④自主质疑

师：你对黑板上这些题目的做法还有什么意见和想法吗？

生1：我对第⑦题：3.8－(2.1－1.2)的解法不太懂。为什么括号里面的"－1.2"，去掉括号就变成"＋1.2"呢？

师：谁来帮我把道理说一说？

生2：3.8原来要减去的数不到2.1，只有0.9，现在去掉括号"－2.1"，多减了1.2，所以要加上1.2。

生3：第⑪题：1.6－3.2＋8.4，如果不是简便计算，1.6不够3.2减怎么办？

生 4：这道题按照正常的办法做是不够减，我们可以把 8.4 调到前面先与 1.6 相加后再减 3.2，这样既使计算简便，又解决了不好做的难题。

………

（同学答疑后如果有不同意见，别的同学可以再补充，最后提出疑问的同学对他们正确的答疑说声"谢谢"。）

⑤自主归纳

师：通过学习，你认为小数加、减法的简便算法与整数加、减法的简便算法有什么联系？同组讨论后把自己的想法说给大家听，你能举例说明吗？

生 1：我认为小数加、减法中简便计算的题目类型跟整数差不多，只是多了小数点，如……

生 2：我认为小数加、减法简便计算的方法与整数加、减法简便算法是相同的，如……

生 3：我认为小数加、减法简便算法的依据与整数加、减法是一样的，都是根据加法的交换律、结合律和减法的性质，如……

生 4：我认为小数加、减接近整数的方法，与整数加、减接近整十、整百的方法一样，多加的要减去，少加的要补加；多减的要加上，少减的要再减，如…

生 5：我认为整数加法的交换律、结合律和减法的性质对于小数加、减法同样适用。

………

⑥自主练习

反馈性练习

师：请同学们仿照黑板上的题型，设计几道你认为掌握不牢的题目，让同座的做一做，看他学得怎么样？

（交流练习情况，对个别做错的题目请大家帮助分析原因。）

熟练性练习

师：大家做得都很好。下面我们来进行一组速算比赛，直接写出每题得数，看谁做得又对又快。

①$17.1-2.3-2.7=$　　②$15.03-5.2+4.17=$　③$8.95+0.98=$

④$7.26-4.5+3.74-5.5=$　⑤$4.25-7.2+5.75=$　⑥$14.36-(8.1+0.36)=$

⑦$9.35-(4.3-0.65)=$　　⑧$1.98+5.36=$　　⑨$(7.35+4.16)+5.84=$

⑩13.25－4－2.5－3.5＝

（反馈、评议练习情况，并抽样说出解题的依据。）

开放性练习

师：请大家在每题的括号中填上适当的数。

①7.8＋4.5＋2.2＋（　　　）＝20

②5.6－2.3－（　　　）＝0.6

③8.9－4.5－（　　　）－（　　　）＝1.9

④3.6＋（　　　）＋4.4＋（　　　）＝15

⑤7.2－（　　　）＋2.8－（　　　）＝（　　　）

汇报时让学生说出自己是怎样想的？重点说明③④⑤题的括号中的数有多种填法，在学生具体填出正确得数的基础上，让学生自己归纳出括号中所填数的要求。

生1：③两个括号内数的和只要是2.5即可。

生2：④两个括号中数的和只要是7即可。

生3：⑤左边两个括号中数的和只要不大于10都行。

（3）自主回顾，总结全课

师：这节课我们学习了哪些内容？你有什么收获？你认为自己学得怎么样？你还有什么想法？

生1：我们学会了小数加、减法的简便算法。

生2：我知道了加法的运算定律和减法的性质对小数加、减法也适用。

生3：我知道了小数加、减法的简便计算的方法和整数的一样。

生4：我觉得自己学得很轻松、很扎实。

生5：我还想知道整数乘法的运算定律对小数是否也适用。

　……

（4）自主作业，巩固提高

师：请大家设计几道小数加、减法的简便计算式题，类型可以是自己认为需要练习、巩固的，也可以从书上选择一些题目进行练习，要求是方法合理、计算准确、迅速。

教学思考

荷兰著名的教育家费赖登塔尔指出："学习数学的唯一正确的方法就是实行'再

创造',也就由学生本人把要学的东西自己去发现或创造出来,教师的任务是引导和帮助学生进行这种再创造工作,而不是把现成的知识灌输给学生。"为了体现这种教学思想,在教学中,我打破了传统的课堂教学的结构和方法,重新组合教学内容,实施开放的教学策略,着眼于学生的自主学习和自主发展,让学生在游戏中学会数学,在数学活动中学习数学。

(1)开放学习环境,让学生自主地参与学习

课堂教学是教与学的双边活动,也是教师与学生之间、学生与学生之间、学生与学习材料之间的立体的交流活动。在诸因素中,学生的主体作用是第一位的。教学环境的优劣,直接影响学生学习的兴趣与欲望。教师要本着"教为学服务"的观点,努力为学生创设一种民主和谐的学习氛围,给学生以心理安全感。教师应充分地尊重学生、相信学生,把学生当成知识的主动探求者而不是盛装知识的容器,在学习活动中尽量减少"指令性"成分,努力促进学生心理环境的开放,实现学生人格的舒展和自由、思维的活跃与激荡、创新潜能的迸发与开拓;让学生充分感受到课堂不再是严肃紧张而缺乏乐趣的学习场所,而是一个宽松的游戏乐园;让学生把教师当作朋友,把同学当作伙伴,彻底消除胆怯和依赖心理;让学生把学习当成"自己"的事,知道须"自主"学习,在"宜人"的氛围中把学生推向探索的"前沿",让学生有效地张扬自己的个性,表达自己对所学内容的理解和认识,积极主动地参与学习的全过程。

(2)开放学习内容,让学生自主发现、探究

"小数加、减法的简便算法"是在学生已经掌握了"整数加、减法的简便算法"和"小数加减法"的基础上进行的,教材中只安排了一道利用加法交换律和结合律进行简便计算的例题,也只是在练习中出现几道简单的利用减法性质进行简便计算的式题。教学时我根据实际需要,对教学内容进行重新组合,注意抓住新知识的生长点,利用相关的旧知作为方法和思维上的铺垫。在此基础上,让学生自主开放地呈现学习内容,自己设计出可以简便计算的小数加、减法算式,引导学生在自主尝试中发现、探究小数加、减法简便计算的题型特点、解题依据和解题方法。课堂各个层次的练习也是如此。由于学习主体的基础不同、个性各异,他们自主呈现出来的学习材料要比书上的一个简单的例题和练习要"厚重"得多,同时也更具有针对性。由于学习材料来源于学生、服务于学生,更易于在学生心理上

引起情感的共鸣，使学生的学习兴趣得到激发，思维活动得到强化，可以收到事半功倍的成效。

（3）开放学习方式，让学生自主解决问题

波利亚曾说过："学习任何知识的最佳途径都是由自己去发现。因为这种发现，理解最深刻，也最容易掌握内在规律与联系。"开放式教学活动的过程是动态的、是适时变化的，学生的课堂表现、课堂要求是调整课堂活动过程的基本依据，教师要以学生的自主学习为中心，让学生通过自身的发现、尝试、总结、验证，实现知识的"再创造"。

①让学生自主联想、发现

在复习旧知引入新课时，教师适时提出："小数加、减法是否也可以用简便方法计算呢？思考一下，你能举出这样的例子来说明吗？"学生迅速进入积极的思维状态，在新旧知识的连接点上展开联想，促进了学生学习迁移能力的提高。学生设计出的不同类型的例题有十多道，远比教材上的内容要丰富得多，甚至有的题型教师备课时也没考虑到。这样，让学生自主发现新旧知识间的联系，适时组织学习材料，可以有效地促进学生学习能力的提高。

②让学生自主尝试、探究

学习材料的组织与呈现，体现了学生的自主行为。学习材料的处理更为学生自主探究提供了机会与舞台。"这些题目你会做吗？选择自己喜欢的题目试一试，看看谁最棒。"这样，学生的情绪被极大地调动起来，个个争先恐后地动笔运算，短短几分钟的时间，全班大部分同学都做了八题以上，有二十多人把12题全部做完了。学生通过自己的实践与思索，对所学内容有了初步感知，感到小数加、减法的简便算法与整数差不多，这为进一步理解和掌握新知做好了准备。

③让学生自主讨论、交流

"大家刚才试做了自己设计的题目，说一说你做的题目有什么特点？做题时你是怎样想的？你为什么这样做？"教师引导学生在独立思考的基础上进行小组讨论、交流，再请学生汇报说明每道题目的特点、简便计算的方法和依据。学生既在充分理解的基础上说明了算理，培养和提高了学生的数学语言表达能力，又可以让学生养成仔细听取别人意见的习惯，在汇报、交流中相互启发，学习别人的长处，弥补自己的不足，体会合作学习的重要性，为后继学习提供方法上的铺垫。

④让学生自主归纳、总结

在学生自主发现、尝试、讨论、交流的基础上，教师进一步指出：通过学习，你发现小数加、减法的简便算法与整数加、减法的简便算法有什么关系吗？引导学生通过观察、比较，感悟新旧知识间的联系与区别，自主归纳、总结出"小数加、减法的简便算法与整数加、减法的简便算法相比，题目的类型相似，解题的依据一致，解题的方法相同"，帮助学生自主构建新的认识结构，形成新的知识网络，使学生真正将知识和技能内化为自己所有，实现认知上的飞跃。

⑤让学生自主练习、提高

教育的本质是促进人的发展。面对全班几十个基础各异、能力不同的学习个体，教师要注重因材施教，特别是在练习上更要体现差异性。教师要创造条件为每一个学生都提供思考、锻炼的机会，为各个层次的学生提供翻越知识障碍的阶梯。从复习中的小数加、减法口算和整数加、减法简便算法的题目设计，到巩固练习中质疑性练习、熟练性练习、开放性练习，最后到课堂作业的选择、设计，无论是练习的形式，还是练习的内容，都给学生提供了一个较为宽松的自由选择权，让他们自主选择适合自己的练习内容，进一步理解、巩固新知，促进自我发展，真正实现"下能保底"基础上的"上不封顶"。

（4）开放学习评价，让学生自我享受成功

美国心理学家马斯洛指出："每个人在出色完成一件事后都渴望得到别人对他（她）的肯定和表扬，这种表扬就是激励人的上进心、唤起人的高涨情绪的根本原因。"当学生通过独立思考、长时间的探索终于解决了一个对他来讲是新奇而富有挑战性的数学问题时，他能从中体验到一种成就感，这是一种强有力的令人愉快的情绪体验，并会使学生再次产生体验成功的需要。在开放式教学中，评价要做到适时、适度，形式要丰富多样。老师一句激励性的评语、一个充满爱意的眼神、一个鼓动上进的动作；同伴给自己加的一颗"星"、写的一句评语、教室里的一阵掌声；给自己做的自信评价，都会对学生的学习心理产生积极的影响。教师要善于引导学生正确地评价自己、评价同学，让学生感受到不论原来基础高低，只要通过自主努力能在原有基础上有所提高、有所发展，都能赢得老师和同学的掌声和鼓励。

总之，本节课在教学过程中突出了"开放性"和"自主性"，为学生创设了一个和谐愉悦、宽松宜人的环境，为学生搭建了表现自我、发展自我的舞台，为学生提供了体验成功、感受快乐的机会，收到了预期的教学效果。

（此文发表于《小学教学参考》2003 年第 3 期）

3. 结合生活经验，学习数学概念
——《认识容量和升》的教学实录与评析

创设情境，引入新课

师：同学们，你们一定都听过"三个和尚"的故事，谁能用简短的语言说说这个故事？

生 1：原来有一个和尚，住在山上的寺庙里，他每天都下山去挑水吃；后来又来了个和尚，他们两人一起下山抬水吃；再后来又来了个和尚，他们三个人谁都不愿去抬水，结果一次寺里发生火灾，因为水缸里没有水，结果把寺庙给烧毁了。

生 2：三个和尚因为懒惰，轮到自己去挑水，谁都不去，所以寺庙的水缸里经常缺水。有一次庙里着火了，连灭火的水都没有，他们只能眼看着寺庙被大火烧掉了。

师：听了这个故事，你有什么感受？

生：……

师：这个故事非常有教育意义，我们要热爱劳动，团结合作。现在老师为这个故事写了续篇，你们想听吗？

生：想。

师：后来，三个和尚吸取了教训，重建寺庙后又买了两个水缸，现在庙里一共有三个水缸(课件出示：三个大小、形状不一的水缸)。他们三个人重新分配任务，每人一个水缸，每天都要担满一缸水。对他们现在这样的分工，你有什么想法？

生1：我觉得这样不公平，因为1号水缸比较大，装水多；3号水缸最小，装水也最少。

生2：我也觉得不公平。如果三个水缸一样大，这样分配就可以了。

【评析：新课之初，教师通过创设有趣的情境，激发孩子的学习兴趣。从学生所熟知的寓言故事与学生谈开，既具有良好的品德教育意义，又让学生在观察生活情境中直观感受到容器(水缸)大小和容量(能装水多少)之间的关系，有利于快速唤起学生学习的热情，激发他们对这堂课学习的憧憬。看似随意闲聊，实则精心谋划。】

探究领悟，认识容量

(1)认识容器

师：同学们，今天这么多的瓶子、杯子、水壶到我们教室来做客，你们知道它们是用来盛什么的吗？

这些东西可以用来装水、饮料、油等液体状的物体，这些器皿都叫作"容器"。

(2)初识容量

师：我们刚才故事中说到的三个水缸也是容器吗？

生：水缸也是容器，它可以用来装水。

师：这三个水缸装水情况有什么区别？大家刚才所说的1号水缸装水多，在数学上，我们就说1号水缸的"容量"大(板书：容量)。相对而言，2号水缸的容量就？

生：比较小。

师：那3号水缸的容量呢？

生：3号水缸的容量更小。

【评析：教师通过生活中大家熟悉的"坛坛罐罐"，让学生直观感知"容器"的概念，使学生比较容易理解和接受。同时，教师利用故事续篇中的分工是否公平而引起学生的争论，自然地引出了"容量"的概念。这些都充分利用学生已有的经验和生活感受，在新旧知识的连接点上功夫，有利于学生知识结构的重组，也有利于学生数学意识的培养。】

(3)再识容量

师：（出示两个大小不一的水杯）这两个水杯，哪个水杯的容量大一些？

生1：矮一点的那个水杯容量大一些。

师：是这样的吗？有没有好方法来验证一下？

生1：我用眼睛一看就知道矮一点的杯子容量大。

师：细心观察也是一种很好的方法。

生2：把一个杯子装满水，然后把水倒入另一个杯子中，如果另一个杯子没有满，说明第二个杯子的容量比第一个杯子大；如果水溢出水杯了，说明第二个水杯的容量比第一个杯子小。

师：通过实验来验证也是一个好方法！请你们用这种方法，看看自己带来的两个饮料瓶哪个容量比较大。

（学生自主活动，教师随即参与，重点指导需要帮助的学生完成操作实验。）

师：完成后，同桌的两个人可以互相交流。

通过检验，你知道自己的两个饮料瓶哪个容量大吗？

生1：通过检验，这个饮料瓶的容量大一些。（自己举起来示意。）

生2：通过检验，我的两个饮料瓶的容量是一样大的。

生3：通过检验，我发现第一个瓶里装满水后倒入第二个瓶内，第二个瓶还没有装满，因此我认为第一个瓶子的容量要大一些。

师：用这种方法，大家可以很快地比较出手中饮料瓶容量的大小。还有其他检验的方法吗？（学生自主讨论、验证、交流。）

【评析：教师再次为学生创设问题情境，引导学生充分利用已有的知识和经验，主动思考、探究和发现。大家探索用不同的实验方法来比较、验证，从而掌握比较物体容量大小的方法，真正体现了"做中学"的现代教育理念。】

(4)感受容量的含义

师：（拿出一个空水壶）大家已经知道什么是容量了，你知道这个水壶的容量指的是什么吗？

生：在壶中装满水，这里的水的多少就是这个水壶的容量。

师：对。这壶水的多少就是这个水壶的容量。那么，它的容量到底是多少呢？我们如何来说明这个水壶的容量是多少呢？小组讨论一下再交流。

师：刚才大家讨论得不错。我们就用实验的方法来演示一下。(教师向一个杯子里倒水，学生注意观察，一壶水一共倒了5杯多。)现在我们可以说，这水壶的容量大约是这种杯子的5杯。

师：(取出一个较大的杯子)我们如果将这壶水倒入这个杯子里，你估计能倒几杯呢？

生1：我猜是5杯，因为这种杯子略大一点。

生2：我估计能倒3杯，因为这个杯子比较大。

生3：我想只能倒2杯，这个杯子大。

师：大家说得都有道理。到底谁的猜想最接近呢？我们请两位同学上来演示一下。(学生操作，实验结果是3杯多一些。)

师：现在，大家能说说这个水壶的容量到底是多少吗？(学生有的说5杯多，有的说3杯多，有的说不好说容量是多少。)

小结：由于杯子的大小不一样，同一壶水倒出来的杯数也不一样，得到的答案也会不同。为了准确地测量和计算容量的大小，要用统一的容量单位。

常用的容量单位有哪些呢？请在你们带来的容器上找一找，再互相交流。

【评析：为了让学生进一步感受容量的含义，教师为学生的自主探索创造了轻松愉快的氛围。通过具体的操作演示和学生自己的实验，让学生体会和理解容量概念；通过实验、比较，引导学生质疑，自然产生统一度量单位的迫切需要。教师很好地把握了作为学生学习的组织者、指导者、参与者、合作者的这一角色。】

联系生活，认识容量单位升

(1)认识升

师：大家找到的"升"和"毫升"都是容量单位。我们今天先来认识"升"。(板书。)

师：告诉大家，刚才老师这个水壶的容量就是1升(板书)。这说明它可以装1升的水或1升的饮料，也就是它可以装1升的液体。"升"是容量单位，我们在很多物品上看到标注"升"，说明这个物品的容量是以"升"做单位的，"升"还可以用符号"L"表示(板书)。

师：生活中，你还在哪些容器上见过容量单位"升"呢？

生1：我们家的酱油壶上标有1升。

师：那你知道那是什么意思吗？

生1：就是酱油壶里装有1升的酱油。

生2：我们家矿泉水桶上标有19L，表示桶能装19升的水。

生3：我们家矿泉水桶上标有25L，表示水桶的容量是25升。

生4：超市里许多瓶子上都标有升，有的上面还标有毫升或ml。

师：你的观察真仔细。毫升或ml也是容量单位，下节课我们会具体研究的。

【评析：容量单位"升"对学生来说是一个全新的概念，教师没有直接介绍给学生，而是让学生从自己身边容器标注的文字中去自主发现，接着让学生联系生活实际，回忆容量单位"升"在现实生活中的运用，更好地让学生感受数学来源于生活又为生活服务的密切联系，培养学生爱数学、学数学、用数学的积极情感。】

(2)建立1升的概念

师：大家知道，水是生命之源，人每天大约需要饮用2升水。你们想知道1升到底是多少吗？

师：(出示量杯)这样的容器叫量杯，一般情况下，我们都用量杯测液体的多少。在量杯上有一些刻度，标有"1"的地方就表示容量是1升。

师：请大家拿出正方体，量一量它的长、宽、高。

生：它的长、宽、高都是1分米。

师：请两个同学上来和老师一起做个实验，将这个正方体容器倒满水，再小心地倒入这个量杯，仔细观察，你发现了什么？大家可以相互讨论交流。

生1：我发现水倒进量杯后，正好到刻度"1"的位置。

生2：我想原来正方体容器里的水正好是1升。

生3：1升的水正好能把这个正方体容器装满。

师：大家说得都很好。现在你们知道1升的水有多少了吗？其实呀，长、宽、高都是1分米的正方体的容量就是1升。(学生自主活动。)

【评析：教师时刻注意知识的渗透作用。学生在自主探索的基础上发现：长、宽、高都是1分米的正方体的容量是1升，这为今后学生学习容积做好了准备。】

巩固练习，加深理解

师：(教师拿出3个大小差不多的杯子)这里有3个容器，哪个的容量最大？哪个的容量最小？(学生观察，同桌交流。)

师：有什么好办法比较吗？(指名一位学生上台操作。)

　　师：（每个学生拿出一个大杯子，两个容量相等的小杯子。）比较 3 个容器的容量，你发现了什么？你是怎么发现的？（小组讨论。）

　　生 1：我发现第一个杯子的容量最大，后两个杯子的容量差不多。

　　生 2：第一个杯子的容量最大，后两个杯子的容量一样大。因为我把第一杯水倒入第二杯，还剩一些；再把倒满的第二杯水倒入第三杯，刚好倒满。

　　师：出示一组容器图片：保温杯、电热水器、浴缸、水瓶。这四种物体，哪一个的容量比 1 升大，哪一个的容量又比一升小呢？

　　生 1：保温杯的容量比 1 升小。

　　师：为什么呀？

　　生 1：因为保温杯比刚才 1 升的水壶小多了。

　　师：你很聪明，懂得用我们知道的容器做比较。

　　师：那其他的容器，它们的容量比 1 升大还是小呢？

　　生 2：电热水器、浴缸、水瓶的容量都比 1 升大，有的还大得多。

　　师：谁能来猜猜电热水器、浴缸、水瓶的容量大约是多少呢？

　　生 3：我猜电热水器的容量应该是 10 升。

　　生 4：我猜电热水器的容量应该是 15 升。

　　生 5：我猜浴缸的容量应该是 100 升。

　　生 6：我猜水瓶的容量应该是 1.5 升。

　　师：（电脑出示：电热水器：60 升；浴缸：400 升；水瓶：2 升。）大家猜对了吗？

　　【评析：在练习过程中，教师不仅仅引导学生解决问题，更多的是引导学生通过实际操作说出思考的过程，加强学生之间的交流，注意及时评价学生探究的效果，随时激发学生的学习兴趣。当学生估计的容量与实际值差不多时，教师进行适时评价，学生参与操作活动的意识非常强烈。】

　　课堂总结，拓展延伸

　　师：说一说，这节课你有什么收获？

　　生 1：我知道怎样比较两个容器容量的大小。

　　生 2：我认识了表示液体多少的单位升。

　　生 3：我知道升可能用 L 表示。

生4：我知道生活中一些物体可以装水多少升。

师：回到家，同学们可以到商场或超市调查一些容器，先估计每个容器的容量，再观察实际容量，写一篇数学日记。

【总评】

这节课充分体现了当前数学教学的基本理念，强调让学生"经历""体验""探究"。

(1)续写故事，激起愿望。"容量和升"这一概念，对于四年级学生来说，缺乏生活经验，平时关注的也比较少，比较抽象和枯燥。所以，课一开始，教师通过续写"三个和尚"的故事激发学生的学习愿望，从而使学生产生了学习新知的心理需求。

(2)联系生活，学习新知。数学教学要让学生学习有价值的数学和必需的数学，就应该密切联系生活，使学生感到数学与生活密不可分，数学是生动的、有趣的，而不是单调的、枯燥的。在教学中，教师组织学生准备了大量的生活用品，如各种饮料瓶、长宽高都是1分米的正方体。同时，教师还为学生们准备了各种饮料、形状大小不同的容器，这些生活中常见的物品成了数学课堂中研究、操作的工具和对象，使学生进一步感受到数学无处不在，极大地唤醒了学生的学习动力，也降低了学生学习的难度。

"科学小院士"北京领奖归来

（3）自主探究，实践求知。教师每创设一个情境、提出一个问题，总是让学生先进行尝试解决，再引导学生通过正确的实验来进行验证，这不仅是"先学后教"，更为重要的是这样的学习符合学生的认知规律，有助于学生更加深刻地理解和掌握知识。

（本节课由高会洲老师执教，此文发表于《小学教学参考》2008年第2期）

4. 追求理想的教学生态

——《认识厘米》教学设计与评析

创设情境，引入课题

师：小朋友们，我们数学课上经常要用到数学书，你知道数学书较长边的长是多少吗？

师：请看三个小朋友的测量结果。（课件展示、说明，板书：7寸，9英寸，24厘米。）

师：为什么量同样长的边，三个人量得的结果不一样呢？

小结：因为他们测量时所用的工具不同，计量单位是不一样的。甲同学用市尺量的结果是7"寸"，市尺是中国人发明的，属于"市制"单位，现在农村还有使用；乙同学用英尺量是9"英寸"，英尺是英国人发明的，属于"英制"单位；丙同学用学生尺来量是24"厘米"，这是国际通用的长度单位，属于"公制"单位。

师：现在，整个世界就是一个小小的地球村，人们的交流很多很广，为了方便，大家觉得我们在测量时应该选用哪种长度单位比较合适？

师：我们知道了"厘米"是国际通用的长度单位，1厘米有多长呢？如何用"厘米"做单位来量物体的长度呢？今天，我们就一起来"认识厘米"。（板书：认识厘米。）

【评析：学习之初，教师引导学生观察分别用"市尺""英尺""米尺"来量自己熟悉的数学书较长边的长，得出不同数据，产生认知冲突，激发学生对"市制"单位和"英制"单位的好奇，以及对"国际统一长度单位"的探索，体会学习国际统一长度单位的必要性。同时，这也激发了学生学习数学的兴趣，培养了学生解决问题的意识。】

探究新知，逐步展开

（1）认识学生尺

师：要认识厘米，我们首先要认识一种测量工具——以"1厘米"为单位的小尺。

（展示学生尺。）

师：请小朋友们拿出自己的小尺，仔细观察，你从小尺上发现了什么？同座的两个小朋友可以相互说一说。（课件配合展示，板书：0、1、2、3……刻度线 cm……）

小结：小尺上的"0"是尺上"开始的数"，表示测量的"起点"；长短不一的竖线叫"刻度线"；长刻度线对应的数 0、1、2、3……叫"刻度数"；"cm"是英文"厘米"的缩写，表示测量的单位是"厘米"。

师：也就是说，当我们看到测量工具上或测量结果用"cm"表示时，就知道是以"厘米"做单位的。

【评析：尺作为一种常用的测量工具，二年级学生并不陌生。他们对此已有了一些表象认知，但对于"学生尺"的构成以及要素的内在含义并不一定理解。教师通过引导学生观察、讨论，强调"0"这个开始的数，突出"0"在尺上的"起点"作用，让学生对以"1 厘米为单位的学生尺"有新的认识，为后面认识 1 厘米、几厘米和测量长度做好了准备。】

（2）认识 1 厘米

师：我们在学生尺上认识了刻度线，发现尺上有一些数，特别是"0"这个数在尺上表示起点。我们还知道一个国际长度单位叫厘米。下面我们就来认识 1 厘米。（板书：1 厘米。）

师：作为一个长度单位，1 厘米有多长呢？请大家在自己的小尺上找一找。

师：在小尺上，从几到几是 1 厘米？

生：0 到 1、1 到 2、2 到 3……

师：你发现了什么规律？

生：相邻两个刻度数之间的长度是 1 厘米。

师：考考大家，在尺上找到数 3，说一说，从 3 到几是 1 厘米？

生：从 3 到 4 是 1 厘米，从 3 到 2 也是 1 厘米。

师：那从 7 到几是 1 厘米？

【评析：让学生在小尺上直观感受 1 厘米的长度，使学生初步形成 1 厘米的表象。"从 3 到几是 1 厘米"这个问题具有开放性，教师要引导学生不仅顺着想，还要倒着想，鼓励和培养学生思维品质的开放性。】

师：在自己的小尺上找到 1 厘米长，看清楚后闭上眼睛想一想 1 厘米有多长，在心里记住 1 厘米的长度。

师：下面，我们试着比画 1 厘米有多长。

a. 用拇指和食指"比画"出 1 厘米的长度，用小尺试一试比画的长度，看是不是大约 1 厘米长。

b. 用你比的 1 厘米去量一量你手指头的宽度，看哪一个手指头的宽度接近 1 厘米。

c. 再找一找学具盘里的实物，看有没有是大约 1 厘米长的？

d. 生活中有许多大约 1 厘米长的物体，课后到自己家里去找一找，好不好？

【评析：在学生初步认识 1 厘米的基础上，通过在尺上找、闭眼想象、身边找、用手比画、实践验证等，进一步强化学生对 1 厘米表象的认知，使学生逐步建立长度观念，突出了本课教学重点，为后继学习提供铺垫。同时，教师引导学生体会数学与生活的密切联系，激发学生的探究应用意识。】

(3)认识几厘米

师：刚才，我们一起认识了厘米，还认识了 1 厘米，知道 1 厘米是比较短的。为了更好地应用知识，我们还要认识 2 厘米、3 厘米、4 厘米……

师：在自己的小尺上找一找，刻度 0 到刻度 2 是几厘米？为什么？

生：0 到 1 是 1 厘米长，1 到 2 是 1 厘米长，两个 1 厘米合起来就是 2 厘米。

师：刻度 0 到刻度 5 是几厘米？刻度 3 到刻度 6 又是几厘米？为什么？（引导学生得出两个刻度数之间包含几个 1 厘米，它的长度就是几厘米。）

比较：在尺上找出几厘米长是从 0 刻度找起，还是从其他刻度找起方便呢？为什么？

体会：从 0 刻度这个"起点"找起比较方便，从"0"刻度到"几"刻度之间的长度就是几厘米。所以我们在测量长度时一般从 0 刻度开始量。

用手比画一下：2 厘米、3 厘米、5 厘米的长度，并用尺验证一下。

【评析：从认识 1 厘米到认识几厘米，就是一个认知发展的过程。通过在尺上直观地"数"出几个 1 厘米合起来长度就是几厘米，到用心去"想"两个刻度之间包含几个 1 厘米长度就是几厘米，进一步深化对"几厘米"的认知。通过比较，让学生理解和感悟从刻度"0"算长度比较方便，这为后面量线段、画线段提供了方法基础。】

(4)量物体的长度

我们已经认识了 1 厘米和几厘米，那你们会用"厘米"做单位量物体的长度吗？

①量铅笔刀的长

师：老师这儿有一个削铅笔的小刀，你能量出它的长度是几厘米吗？

师：先想一想，再相互说一说：你打算怎么量？

小结：测量时，小刀的左端对着小尺的刻度0，小尺的边和小刀的边放一致，小刀的右端对着刻度几，就是几厘米。（课件演示量的过程。）

学生交流测量结果，发现问题及时解决。

②量小纸条较长边的长（实物）

师：请拿出学具袋里的长方形小纸条，量一量这条较长边是几厘米长？

师：长边的长是几厘米？短边呢？

辨别练习：第51页想想做做第1题（老师故意做出错误的量法）。

a. 长方形纸的左端没对着尺的0刻度线；

b. 长方形纸的左端对着0刻度线，但小尺的边没有和纸的边对齐；

师：大家说一说，这样量的结果准确吗？应该怎么量？

③量线段的长

课件：长方形一条长边抽象出来的线段。

a. 想一想、说一说、量一量，同桌相互交流。

b. 辨别练习：数学书第51页想想做做第2题。

看一看、量一量、说一说：图中哪条线段长？你能知道红色线段比蓝色线段长几厘米吗？

小结：第一种方法是先分别量出两条线段的长，再用较长线段的长度减去较短线段的长度；第二种方法是先截取较长线段比较短线段长的部分，再直接量出这部分线段的长。两种量法的结果是一样的，都可以。

【评析：测量物体的长度是认识厘米知识的实际应用。教师充分利用教材资源，通过直观的课件演示，从小刀实物、长方形纸片再抽象出线段，循序渐进，在实践操作中引导学生理解和掌握科学规范的测量方法。通过开放题练习，加深学生对线段"长、短"内涵的理解，既让学生感受解决问题方法的多样性，又发展和提升了学生的数学思维能力。】

（5）画定长的线段

学习知识是为了应用，我们认识了厘米、会测量物体的长度，你会画已知长度的线段吗？

①画一条长 4 厘米的线段

请大家在自己的本子上画一条 4 厘米长的线段。（P51 例题图。）

相互交流一下：你是怎么画的？（多媒体展台演示画的过程。）

小结：先在学生尺上找到刻度"0"这个起点，由此沿尺的边沿画到刻度"4"，再标出所画线段的两个端点，这样就画好了长 4 厘米的线段。

②同桌两人请对方画一条整厘米长的线段，相互说一说画的方法

展示作品成果，请一名同学介绍自己画的方法，同桌来量一下，检验是否符合规定要求。（多媒体展台演示画的过程、量的方法。）

【评析：在学生已经认识学生尺、掌握用厘米做单位测量线段长度的基础上，画整厘米线段的教学可以放手让学生自己来尝试实践、自己来验证总结方法，这有助于激发学生的学习兴趣、自主意识、探究热情，有利于促进学生由"学会"到"会学"的升华，有利于促进学生思维的发展和能力的提升。】

(6)估测物体长度

我们学会了量线段、画线段，能否不用学生尺量就能估计出线段是几厘米呢？

①认识大约几厘米（第 51 页想想做做第 3 题）。

大家仔细观察，这两条线段都接近几厘米呢？

预测：看不出来、8 厘米、7.8 厘米、8.2 厘米。

填空：蓝色线段比(8)厘米(短一些)，红色线段比(8)厘米(长一些)。像这样两条线段都接近 8 厘米，我们就说它们"大约"是 8 厘米长。

②估一估物体的长度（第 51 后想想做做第 4 题）。

我们知道了线段和某个整厘米长度比较，"长一些"或"短一些"都可以用"大约"是这个整厘米来表示。

下面考考大家的眼力：

a. 请同学们估一估老师手掌的宽有几厘米？

（展示宽度—估计—测量—比对结果，看谁估得最接近。）

b. 你自己手掌的宽有几厘米？先估一估，把估的结果放在心里，再量一量，比对一下，看自己估得是否合理？

c. 还想估吗？你再估一估自己的食指长，然后再量一量看是否接近。

【评析：学生在认识整厘米长度后，还要感知非整厘米长度物体的存在。通过实例让学生理解感悟"大约"的含义，通过老师的示范引导和同学的亲身体验，学生认识到有些物体的测量不需要准确数，引导学生掌握"观察—估计—测量—比对"估测长度的方法，强调学习的目的在于运用，体现知识学习的意义与应用价值，在实际操作中培养和提高学生的估测能力和应用水平。】

总结思考，拓展延伸

刚才，我们学习了认识厘米，大家有什么收获？

学习了厘米，知道了1厘米有多长，还知道了1厘米和几厘米的关系，学会用尺子测量物体的长度，用尺子画整厘米长的线段，还能估计物体大概有多长。尽管在学习中我们也遇到一些难题，但是我们都通过自己的智慧解决了，大家真是了不起！

刚才我们用厘米做单位很快估出了一些较短物体的长度，如果让你还用厘米做单位来估教室的长度、操场的长度，你也能很快估计出来吗？

要很快估出较长物体的长度，我们要用一个比厘米更大的长度单位来估，这些问题，我们以后一起去认识它，同学们课后也可以自己先去了解和研究。

完成实践题：第52页想想做做第5题。

【评析：在教师的引导下让学生对本课的学习内容做总结，也是对学习过程进行回顾，能帮助学生对本课知识的学习进行梳理，进一步强化学生对"厘米"这个长度单位的认识，强化学生对1厘米长度表象的建立，巩固和提高了学生用尺量物体长度、画整厘米线段的操作技能及估测能力。同时，教师也对学生能运用已有的知识和经验来学习新知、用自身的智慧来解决问题的学习方式予以肯定和鼓励，为学生的后继学习提供了方法基础。通过估测教室和操场的长度，让学生体会用"厘米"做单位已不能解决问题，使学生自然产生认识新的长度单位的学习需求，把学生的学习兴趣有效地向课后延伸，起到了"曲虽终，意未尽"的效果。】

【总评】

"认识厘米"是义务教育课程标准实验教科书（苏教版）小学数学二年级上学期的学习内容。从知识的角度看，这是认识"长度单位"的开始，而"认识厘米"又是学习长度单位的起始，前学基础几乎空白；从学生的角度看，他们刚刚从一年级升上来，对于"数学概念"的建立、对于"空间观念"的确立，既缺乏感性的积累，又缺少理性的认知。因此，"认识厘米"的教学要充分遵循知识发生发展的规律和学生的认知特点，充分利用学生熟悉的生活情境和生活经验，充分激发学生的学习兴趣和自主精神，循循善诱、扎实推进，方可水到渠成。

纵观全课设计，可谓是一顿"有滋有味、营养丰富"的教学大餐。

一是"儿童的味道"。儿童是课堂的主人，是学习最重要的参与人和受益者。全课设计真正体现从儿童的立场出发，突出学生的主体地位，尊重学生的成长需求，服务学生的全面发展，引导和鼓励学生积极参与学习过程，通过"看一看、想一想、说一说、量一量、画一画、估一估"等学习活动，激发学生的学习热情和探究兴趣，让学生成为学习的主人。

二是"数学的味道"。数学是自然科学的基础学科，数学思维、数学思想、数学方法等是其最重要的学科特质，也是教学目标的核心要素。该课在设计中重视学生数学概念、空间观念的建立，重视富有思考价值和实践意义的数学问题的设置，重视数学观察、数学操作、数学思维、数学表达的教学引导，努力锻炼和培养学生的数学素养。

三是"文化的味道"。文化是人成长发展过程中非常重要的能量要素，对儿童的学习和成长会产生潜移默化的影响，起着"润物无声"的重要作用。"市制""英制""公制"长度单位的引入，既引发学生的认知冲突，又让学生了解不同民族文化的差异，还让学生体验了国际统一通用"计量单位"的必要性。同时，观察、思考、操作、表达等学习过程中无不蕴含着数学文化的魅力与影响。

四是"生活的味道"。生活是数学的源泉，数学来自生活又服务于生活。该课的设计能注重学生已有的生活经验基础，引导学生关注数学与生活的密切联系，将生活素材开发成有效的数学学习资源，同时激发学生学好数学，体现了"数学生活化，生活数学化"的有机结合。

五是"成长的味道"。学生成长是数学教育核心的价值追求，多元教学目标的顺利达成是衡量一节数学课是否成功的重要标志。本课设计重视学生数学知识和技能、学习过程和方法、情感态度和价值观三维目标的达成，通过"认识厘米、认识1厘米和几厘米、量物体长度、画整厘米长线段、估测"等学习活动，促进学生参与数学学习、理解数学知识、掌握数学技能、感悟数学方法、激发数学兴趣、发展数学情感、提升数学素养。

由此，我想到清华老校长梅贻琦的一段话："学校犹水也，师生犹鱼也，其行动犹游泳也，大鱼前导，小鱼尾随，是从游也，从游既久，其濡染观摩之效，自不求而至，不为而成。""大鱼带小鱼"的生态场景，是一种多美的意境啊！大鱼引导、保

和雷夫老师在一起

护、支持小鱼学习、体验、探究，小鱼之间、大小鱼之间应有民主、有合作，使小鱼的自主性得到很好的发挥。这不就是我们应该追求的理想的教学生态吗？

（本节课由刘永平老师设计，此文发表于《江苏教育研究》2013年第5期）

5. 坚守儿童立场，打造幸福课堂
　　——"表面积的变化"课堂教学赏析

　　我很荣幸有机会到百年名校南京游府西街小学参加省"杏坛杯"苏派青年教师课堂教学展评活动。我学习观摩了十位老师以"综合与实践"为主题的数学课堂教学，感受了苏派教学的勃勃生机和青年名师的熠熠风采。现以孙谦老师执教的"表面积的变化"为例，谈谈自己的学习体会。

　　孙谦老师的这一节"表面积的变化"，突出了"综合与实践"学习活动的特点，以"自主合作探究"为主的学习方式体现了学生的主体地位，达成了以"培养学生的问题意识、应用意识和创新意识，提高学生综合运用有关知识与方法解决实际问题能力"为核心的学习要求。该课教学目标具体明确、全面细致，教学过程脉络清晰、层次分明，学习活动探究自主、合作开放。在充满活力与智慧的师生互动、生生交流的课堂上，充分展示了教师的教学风采：教态亲切自然，举止从容热情，富有感染力和亲和力；语言准确严密，生动形象，富有启发性和变化性；板书工整漂亮，重点

突出，富有艺术性；操作演示熟练规范，富有示范性。同时，教师思维敏捷活跃，组织有序机智，也给人一种美的艺术享受。我最突出的感受有以下三点。

第一，"生本课堂"。学生是学习的主体，是一个个鲜活的、具有自主发展意识和能力的人。课堂上，孙老师努力让"自主合作探究"贯穿于整个数学课堂并成为学生主要的学习方式。他以学生为中心，遵循学生的身心特点和认知规律，注重激发学生的学习兴趣，指导学生探究适合自己的学习方法，培养学生良好的数学学习习惯，提高学生运用数学知识和方法解决实际问题的能力。在组织学生"拼正方体—拼长方体—拼火柴盒"的实践探究中，学生经历了拼一拼、想一想、猜一猜、数一数、说一说、做一做等系列活动过程，现象让学生自己观察、疑问让学生自己思考、规律让学生自己探究、方法让学生自己寻找、问题让学生自己解决。课堂上，学生"我的地盘我做主"，大家积极参与、心灵自由、思维活跃、互动精彩，充分体现了"学生第一"的理念，使课堂成为"学堂"而不是"讲堂"，让课堂散发出浓浓的"儿童味道"。正像不断创造"第56号教室的奇迹"的雷夫老师所说的那样："课堂应该是孩子们的课堂。我的课堂之所以效果不错，是因为我并不重要。"该课也较好地实现了叶澜老师倡导的"把课堂还给学生，让课堂充满生命活力"的教学主张。

第二，"生态课堂"。"生态课堂"应该是人本的课堂、和谐的课堂、生长的课堂。它的起点不是知识，终点也不是考试分数，而应该是学生的健康发展和幸福成长。孙老师的课堂充满了师爱，孩子们在安全愉悦、民主平等、自主和谐的课堂生态中，自主学习、合作学习、探究学习、快乐学习；孙老师的课堂体现了尊重，尊重学生的主体地位、尊重学生的认知规律、尊重学生的个体差异、尊重学生的个性选择，理解学生、信任学生、关心学生、成就学生；孙老师的课堂关注了生长，通过创设适宜的学习情境，唤醒学生的学习自觉，激发学生的学习兴趣和探究欲望，指导学生的学习方法，鼓励学生动脑思考、动手操作、动口表达，探索知识发生发展的内在规律，在知识与技能的学习实践中，在过程与方法的探究中，促进其情感态度价值观的发展和提升。

在课堂上，孙老师充分利用学生已有的知识与经验，循序渐进，逐步让学生接近学习目标。10个相同的小正方体排成一排后，表面积是否变化、怎样变化？通过创设困境激发学生的问题意识；面对复杂问题如何化繁为简、找出规律？孙老师通过分别将2、3、4个相同的小正方体排成一排，让学生观察、记录、比较、验证，从而使学生发现规律：n 个小正方体排成一排，减少的"面"是 $(n-1)\times2$ 个；再让学生尝试把 6 个相同的小正方体拼成两种长方体后，探究其表面积的变化规律；接着，让学生把两个相同的长方体拼成一个大长方体后，观察比较，感受表面积的变化不仅要考虑减少"面的个数"，还要考虑减少"面的大小"；在此基础上再让学生在操作和有序的数学思考中找到"为 10 个长方体火柴盒设计包装"的最佳方案。整个学习过程是一个生动活泼的、主动的和富有个性的生长过程，是师生积极参与、交往互动、智慧共生的发展过程，体现了理想的教学生态。

第三，"数学课堂"。数学是自然科学的基础学科，数学思维的训练、数学思想方法的感悟、数学活动经验的积累等都是数学教育的重要任务。"综合与实践"是一类以问题为载体、以学生自主参与为主、综合运用数学的知识和方法解决问题的学习活动。在课堂上，孙老师注重突出"数学"的学科特点，注意引导学生用数学的眼光观察生活，用数学的观念、原理和方法解释生活现象，将生活现象抽象成数学问题，并用数学的方法解决现实问题。在教学中，孙老师适时创设利于学生思维发展的情境，通过提出有价值的数学问题，有效激活学生的思维活动，有序开展思维训练；通过实践操作，让学生理解和掌握将复杂问题转化为简单问题、分析和运用规律解决问题的思想方法；通过操作列举，在观察、比较、推理、归纳、概括中，理解和掌握从特殊到一般的思维方式，探究数学现象中隐藏的数学规律，并运用规律解决实际问题。在教学中，孙老师引导学生自主实践，通过将多个相同的小正方体一种拼摆（一排）、两种拼摆（6 个），到两个相同长方体的三种拼摆，最后是十个长方体（火柴盒）的多种拼摆，观察、比较、分析表面积的变化规律，层层推进、逐步深入，鼓励学生经历"数学化"和"再创造"的过程，有效地激发了学生的数学思考、发展了学生的数学思考、提升了学生的数学思考。在充满"数学味"的学习活动中，让学生理解数学基础知识，掌握数学基本技能，感悟数学数学方法，积累数学活动经验。

教学有法，教无定法，贵在得法。数学课堂应该是一个动态的、发展的、生长的学习过程，教师还要准确捕捉并利用课堂随机生成的教学资源；还要进一步开放课堂的学习情境、学习资源、学习方式、学习过程；还要充分相信学生，适时丢掉学生的"扶手"和"拐杖"，激励学生个性化学习、个性化创造，给学生更多、更好的学习自主，给学生更大、更宽广的发展空间。

　　记得日本著名的数学教育家米山国藏说过：在学校学的数学知识，毕业后若没什么机会去用，一两年后，很快就忘掉了。然而，不管他们从事什么工作，唯有深深铭刻在心中的数学精神、数学思维方法、研究方法、推理方法和看问题的着眼点等，却随时随地发生作用，使他们终身受益。由此可见，数学作为一种文化，它的精神、思想和方法对人的发展有着重大的、不可或缺的影响。数学课程标准也强调"义务教育阶段的数学课程，其基本出发点是促进学生全面、持续、和谐地发展；使学生获得对数学理解的同时，在思维能力、情感态度与价值观等方面得到进步和发展"。我们的小学数学教育在扎实进行基础知识和基本技能训练的同时，还要注重数学文化的熏陶与影响，关注数学教育的过程习得与方法指导，关注学生数学情感的激发和数学理性精神的培养，帮助学生理解数学学习的价值与意义，强化学生数学学习的应用意识。也就是说，小学数学教育还要注重培养学生的人文精神、科学精神、实践精神、创新精神。所以，我认为，要体现"人人都能获得良好的数学教育，不同的人在数学上得到不同的发展"的教育理念，我们的小学数学课堂一定要上出"幸福的味道"——凸显学生主体地位的"儿童味"，体现学科本质特点的"数学味"，富有经验积累和应用意愿的"生活味"，渗透思想、方法与人文精神的"文化味"，还有促进儿童全面和谐发展的"生态味"。相信"有滋有味"的数学教育一定会让孩子们拥有成长的快乐，也会让老师们享受到职业的幸福。

（此文发表于《江苏教育·教学版》2012年第7期）

在北戴河全国幸福学校共同体教育论坛做讲座

6. 彰显智慧和理性的数学课堂
——"圆的认识"课堂教学赏析

2015年5月，我有幸参加省"杏坛杯"苏派青年教师课堂教学展评总决赛的评审活动，观摩和欣赏了十位小学数学教师精彩的课堂教学，真切地感受到了课程改革对小学数学教育理念更新、教学方式变革、教学策略优化和教育技术创新的重大意义，欣喜地感受了苏派青年教师的专业成长和卓越追求。从各个分赛区脱颖而出的十位选手，无论是专业论文、主题演讲还是课堂教学，都尽情地展现了他们厚重的教育情怀、扎实的理论基础和全面的专业素养。每节课都充盈着浓郁的"儿童味、学科味、生活味、文化味和成长味"，师生参与其中、受益其中、享受其中。现以南京市琅琊路小学仇学春老师执教的"圆的认识"一课，谈自己的学习感受。

智慧的数学课堂

(1)老师智慧的"教"

仇老师能根据教学内容和学生实际，科学设定教学目标，在帮助学生"掌握数学基础知识、训练数学基本技能、领悟数学基本思想和积累数学活动经验"上下功夫，在激励学生"自己发现问题和提出问题、自己分析问题和解决问题"上做文章，坚持儿童立场，突出学习主体，创设问题情境，引导学生综合已有的数学知识和生活经验，独立思考或与他人合作、游戏感悟或动手操作、自主探究或分析比较，让学生亲历"真学习"的过程。"我游戏"——创设生活情境，让学生思考"怎样套圈比较公平"，感悟"定点、定长"的意义；"我思考"——提供问题情境，让学生体会圆与定点、定长的关系；"我画圆"——提出定长(3cm)要求，尝试画圆并掌握方法，进一步深化定点、定长对圆的现实意义；"我探究"——提供"研究单"，引导学生自主研究，发现"圆中哪些是固定不变的"，合作探究圆中的"秘密"，进而理解圆的基本特征；"我整理"——引导学生根据数学知识的发生、发展过程，将之前零散的学习结论按照一定的逻辑关系整理有序，自主建构"圆心确定位置，半径决定大小"及"直径与半径关系"等数学知识；"我解释"——引导学生运用所学知识来解释生活中与圆相关的实际问题，深化学生对"知识源于生活又服务生活"的感悟与认知。

(2)学生智慧的"学"

通览全课，老师为学生创造了"参与活动、互动对话和回顾反思"的机会与平台，学生始终处在积极的"真学"状态，学习兴趣浓厚，学习方法灵活。老师通过"想一想、议一议、画一画、折一折、比一比、量一量、说一说"等学习方式与策略，激励学生自觉参与学习过程，自主进行合作探究，自然迸发思维火花，自由表达个体认知。"我认为""我补充""我发现""我还有"……学生不仅"学会"，而且"会学"，真正成为课堂学习的主人。学生们不仅理解了圆的概念及基本特征，掌握了画圆的方法技能，学会了圆的大小比较，把握了圆和其他平面图形的关系，体验到数学和生活的密切关系，从中也享受到了学习的成功与乐趣。

理性的数学课堂

(1)数学的理性精神得以凸显

数学是自然科学重要的基础学科，具有区别于其他学科的专业特质，因而也具有其独特的育人价值。"圆的认识"一课，仇老师遵循知识的发展规律和儿童的认知规律，科学整合"教材内容、儿童已有知识、教师教学经验、学生个体差异、课堂适时生成"等教育资源，不仅重视通过观察、操作、测量、比较活动等发现圆的特征，还重视通过推理、想象、思辨等活动来概括出圆的特征。课堂上老师层层深入的导引，激发学生不仅思考"是什么"和"怎么做"，还引领学生去探究"为什么圆规可以画出圆""为什么要这样做""还可以怎么做""圆为什么画得不圆"等。这些精彩的思辨，不断挑战儿童的思维深度和广度，培养学生学会"数学的思维"，提升其思维品质。同时，促进学生的描述由生活走向数学，认知由感性走向理性。

(2)数学的文化力量得到彰显

在教学中，仇老师注意发掘学习内容和活动方式的文化内涵，引发学生绽放数学思考的理性之美。如老师在引导学生观察圆与正多边形的关系时，随着多媒体依次不断的演示渐变图形，让学生真切地体会到"大方无隅""圆出于方""圆是正无数边形"的极限思想。再如，在研讨圆的特征时，仇老师出示"圆，一中同长也"(墨子语)，在引导学生理解其意思后，随着多媒体依次演示"图的中心到各个顶点的距离相等"后，提问"正三角形、正方形、正五边形……是不是也是'一中同长'呢"？学生有的说"是"，有的说"不是"，争论不休、各抒己见。在对"从中心到图形上相等线段的条数"的比较辨析的激烈交锋中，学生对"一中同长"作为圆区别于其他平面图形的本质特征得以认同和内化，促成了学生对"圆的半径(直径)有无数条"的深刻理解和确认。这样，直线图形与曲线图形的辩证统一，有限与无限、量变与质变等思想，也都潜移默化地渗透到学生的心里。

　　总体来说，本课教学独具匠心，精彩纷呈，是一节彰显师生智慧和数学文化的佳作。一点建议，如果对课堂教学的节奏略作调整，给学生独立思考的机会再多些、给学生交流辨析的时间再充分些、对班级"潜能生"关注和指导的力度再大些，本节课的"风景"将会更加亮丽、诱人。

　　　　　　　　　　　　　（此文发表于《江苏教育·教学版》2015年第7期）

社会评价

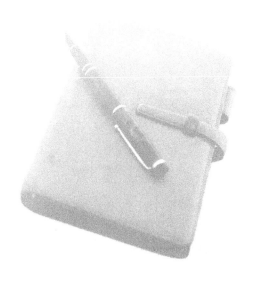

一、专家评述

(一)有意义·有意思·有意韵

杨九俊

戴铜校长说，要办一所真正意义上的学校，学校的办学纪实就是把时间流成幸福的河。在我看来，这样的学校是有意义的、有意思的、有意韵的。

有意义，是说学校的价值应该得到体现。康德说："人只有通过教育才能成为人。"雅斯贝尔斯说："教育活动关注的是：人的潜力如何最大限度地调动起来并加以实现，以及人的内部灵性与可能性如何充分生成。"苏霍姆林斯基认为："真正的学校，那是儿童集体的丰富多彩的精神生活。"乌申斯基进而明确："教育的主要目的在于使学生获得幸福。"如果遵循这些伟大的教育家的指引，我们的教育就有意义，我们的学校就有价值了。但当下的现实远不能令人满意，分数已经成为现代中国教育的语法，学生的人生成了一道计算高分谋取方式的数学题。戴铜显然清醒地认识到了这个问题，于是才响亮地提出要让学校成为师生的福源，要以促进人的幸福为宗旨。于是，淮安市实验小学有了自己的核心价值观。他们曾在学校组织关于幸福教育、幸福教师、幸福学生、幸福课堂的大样本调查，让师生描绘自己心中幸福教育的样子，进而共同创造自己的幸福生活。比如，他们确立"百分百"意识：一个孩子在班级里是五十分之一，在年级是五百分之一，在学校可能是几千分之一，但是对家庭而言就是百分百，所以老师要用百分百的责任感、关心、爱去对待每个孩子。戴校长认为"成长比分数重要"，要坚持在幸福教育的关照下让每个学生都能参与健康快乐的学习，让每个儿童都能自由自在地生长，让每个儿童都能实现有个性的发展，让每个儿童都能享受充满幸福的生活。戴铜校长还强调，教育的公平公正，并不意味着平均主义地对待每一个学生，而要关注差异，特别关注有特殊困难的个体，给予他们特别的爱。戴校长和学校领导班子充分认识到，学校对教师成长应当负起责任，主动给予各种支持，让教师生出"学校即家"的幸福体验。正是幸福教育的实践，使学校成为师生心灵向往的乐园，成为学生流连忘返的成长学园，成为校友没齿难忘的心灵家园。

有意思，是说学校生活是有情趣、有趣味的。杜威认为，教育是生活的过程，而不是为将来的生活做准备。在他看来，学校呈现的生活"对于儿童来说是真实而生气勃勃的生活"。爱因斯坦强调："人们应当防止向青年人鼓吹那种以习俗意义上的成功作为人生的目标。"乌申斯基在阐明教育的目的时断然指出，教育就是为了学生的幸福不受任何不相干的因素干扰，"这一点是毋庸置疑的"！时下有一种流俗的说法，认为"不能让孩子输在起跑线上"，要用学校生活的"苦中苦"，换取将来步入社会成为"人上人"。依我之见，只要有这种想法，孩子其实已经输在起跑线上了，哪怕如仲永一样聪慧，过早地开发，也必定使他将来缺乏后劲，"泯然众人矣"！戴铜他们赞成幸福教育就是"在幸福生活中准备幸福生活"，学校生活应当"有意思"，应当丰富多彩，富有情趣。以课堂教学来说，这在有些学校是最没有"意思"的。戴铜和同事们坚信："课堂应该成为师生精神的天堂，课堂里的学生应该是自由的、快乐的、充实的、美好的、成长的、幸福的！"在幸福教育的实践中，他们创造了"四生课堂"：生本课堂，学生第一；生态课堂，建构和谐的学习情境；生活课堂，打通间接知识与直接经验、教室空间与广阔生活的联系；生长课堂，达成教学目标，生命拔节而上。他们又进而提出课堂要"五味调和"："儿童的味道"——坚持儿童立场；"学科的味道"——体现学科特质；"生活的味道"——探寻知识源头，培育应用能力；"文化的味道"——挖掘知识的文化内涵，体现教育的润物无声；"成长的味道"——指向教育的终极目标，促进学生的身心发展。显然，这是有意义的，又是有意思的，于是就成了"幸福的味道"。

有意韵，当指学校文化是有韵味的、有意境的。陶行知先生谈教育时说："高尚的精神如同山间明月、江上清风一样，是取之不尽、用之无穷的。"学校的意韵，就是高尚的精神与物、景、人、事为一体，又通过物与人透现、洋溢出来。淮安市实验小学这种高尚的精神是丰富的，比如爱的精神。马卡连柯说："爱是一种伟大的情感，它总是在创造奇迹、创造新人。"无论是给予还是接受，只要是爱的情感传递，彼此都会生成幸福的感受。正是爱的阳光普照，师生们正在做"幸福的人"。再如创造的品格，陶行知先生说教育"创造的是真善美的活人"。淮安市实验小学的文化就有创造的基因。他们的老校歌里就有这样的句子："看，我们的学校，北有淮河屏障，自古多贤豪。运河一带南来，给我们文明不少，兄弟姐妹同读同游，一生哪得青春好。努力努力齐努力，光明大道我们要自己找。漫说我们年纪小，须知未来的一切，全仗我们建造。"戴铜校长和同事们在把这种精神发扬光大。又如尊重的意识，有了尊重，才会有真正的教育爱；享受尊重，才会感受到幸福的温暖；得到尊重，个体的活力才能得以迸发。淮安实小的教学民主是以尊重为前提的，淮安实小的教师团队建设也是以尊重为基石的。难能可贵的是，淮安实小这些高尚的精神还是流动的、弥漫的，确实就是山间明月、江上清风，轻拂万里、朗照一切，于是他们幸福教育的意韵是充盈校园，而且是溢出学校的。他们提出"幸福，从学校出发"，让幸福教育从学校出发又走进学校，通过四个校区的集团化办学，吸纳 5 所农村小学促进发展共同体，建设幸福学校联盟，实现发展共赢；让幸福教育走进家庭，通过家长学校、家长委员会、主题论坛、家校互访、班级网站、校园开放日活动，积极参与家庭教育；让幸福教育走进社区，教育活动依托社区，教育实践服务社区，教育价值影响社区，教育文化辐射社区；让幸福教育走向职后，关注教师的非职业生活，老教师享受"后职业幸福"，对在岗教师又形成幸福的心理暗示。于是，我们看到了真正的学校，见到了幸福的无边无际。

（杨九俊，江苏省教育学会会长、江苏省教科院研究员、
特级教师，本文转自《江苏教育》2014 年第 10 期）

毕业生送给我的珍贵礼物"校长素描"

（二）戴铜的幸福教育哲学

成尚荣

我们在邀请哲学，因为我们需要哲学，哲学也并不神秘，我们生活中处处有哲学。当我们从哲学的视野来看学校、看教育时，就会获得更为深刻的理解。

哲学也在邀请我们，因为哲学需要在实践中、在生活中丰富、发展。生活中的一切，包括教育中的一切，都是思考哲学问题的源头、由头和线索。

与哲学的互相邀请可以逐步建构起自己的教育哲学。若此，我们就会站在学校教育的制高点上，进入自由的状态与境界。

毫不夸张地说，戴铜是邀请哲学和接受哲学邀请的校长。在邀请与接受邀请的过程中，他把自己的实践经验加以淬化、提炼，形成了幸福教育哲学。他鲜明地提出：学校，一个让人幸福的地方。幸福教育哲学成了戴铜与全校师生员工共同的灵魂。正是幸福教育哲学让一个万人偌大的学校在教育均衡、教育公平的大道上越走越远、越走越好，校园里洒满幸福的阳光。完全可以用这么一句话来诠释：在这个世界上没有一个地方是爱不能到达的，在这个世界上没有一个地方是幸福不能到达的——学校应当是使人幸福的地方。

黑格尔曾说，做哲学有两条道路，一条是"普通的道路，在这条道路上，人们是穿着家常便服走过的；但在另一条道路上，充满了对永恒、神圣、无限的高尚情感的人们，则是穿着法座的道袍阔步而来的。"显然，戴铜是穿着家常便服走来的，在他的血液里流淌着广袤厚实的黄土基因，淳朴宽大的胸襟铸就了他的人格，他永远是一个平常的人、一个务实的人、一个保持教师本色的人。不过，尽管他穿着家常便服，但他仍然充满着无限的高尚情感。他是同时走在两条路上，也许他自己并不知道，幸福教育哲学就这么自然地、水到渠成地来到戴铜的教育辞典里，来到淮安市实小的校园里。

第一，戴铜的幸福教育哲学是让人感受、拥有幸福的哲学，而他自己则是一个让师生拥有幸福的"贵人"。

人生离不开幸福的追求，教育的核心目的是让师生都幸福。美国的内尔·诺丁斯在提出这一核心目的之后，继续说，幸福这一目的具有指导性，亦是指导性目的。

对此，戴铜是认同并努力实践的。但现实是，幸福谈论得太多过滥了，趋向功利化了。这时候需要"在四处蔓延的一种追逐幸福的狂热中稍作停留，喘一口气"。于是，戴铜作了停留，喘了几口气——他思考了：幸福该指向哪里？聚集在何处？结论当然是指向人。千万别以为幸福指向人是个伪命题，事实上，常常所谓的幸福已偏离了人，偏向了其他方面，其结果当然是，幸福并不来敲你的门。

戴铜说，教育要让人幸福。在他的思想深处，这一命题是把人置于学校的中心，置于学校中心的实质是将人置于世界的中心。柏拉图主义哲学家皮科这么说："哦，亚当！……我们将你置于世界的中心，是为了让你能够更加自如地环顾四周，看清世上存在的一切事物。"这正是"人的尊严"。所以，戴铜自觉地认为，"把人作为学校教育的核心，调动人的积极性、主动性、创造性；我们尊重人的生命价值，发展人的个性，以谋求人的自由、全面、和谐的发展为最终目标。……人本，既是学校教育的指导思想，也是教育实施的策略和方法""幸福教育要以尊重人、理解人、满足人、服务人、发展人、成就人为出发点和归宿，努力促进师生全员发展、自主发展、个性发展、和谐发展，让每一个学生都拥有成长的快乐，让每一位教师都享受职业的幸福"。人，每一个、每一位，成了戴铜幸福教育哲学的主语。

主语是人，是教师与学生，再往下讨论，戴铜又提出了幸福教育中的主体是儿童，因此，幸福教育还应坚定地站在儿童立场上。在戴铜看来，儿童立场就是要以儿童发展为目的，以儿童生活经验为基础，从儿童发展的需求出发。站在儿童立场上，儿童才会真正拥有自己的幸福，否则学生不可能享受，即使有，那也不是儿童自己的，而成人的幸福不能代替儿童的幸福。正因为此，戴铜认为，教师要把"学生发展的过程理解为一种生命成长的过程"，一定要让学生享受师爱、拥有健康、体验成功、成为自己。这四点是他所做的很好的概括，指出了儿童幸福的核心。

在这种以人为本、坚守儿童立场的幸福教育中，戴铜阐明了自己的角色定位：师生拥有幸福的"贵人"。贵人是给人带来机会、带来运气、带来成功的人。戴铜的"贵人说"用生动而浅近的日常用语，给校长一个新定义、给自己一个新定位，充满了无限的人文情怀。读到这儿，我们眼前自然会浮现戴铜那洋溢着爱意、诚意的敦厚的笑脸。可以说，"贵人说"是他对幸福教育哲学最为精彩独到的阐释。我们需要这样的"贵人"，幸福的来临需要这样的"贵人"相助。

第二，戴铜的幸福教育哲学致力于"幸福源"的开掘，而他正是幸福源智慧的开掘者、创造者。

相对来说，让师生享有一时的幸福并不是太难，难的是如何让师生持续地享受幸福。戴铜对此有明晰的认识，那就是为师生开掘"幸福源"。幸福源，幸福的源泉、原点，抑或说幸福源是幸福的生长点。用通常的提问式的话来说，那就是：幸福啊，你在哪里？戴铜坚持这样的追问，在追问中寻找、发现，在追问中创造、挖掘。他的追问与努力是有结果的。

其一，戴铜认为幸福源在于意义的发现。哲学家认为，幸福不仅仅是一个词，重要的是我们给予这个词什么意义，即这个词的背后隐藏着什么。威廉·施密德说："寻找'幸福'的人找的其实往往是'意义'，'幸福'只是被选中代替'意义'而已。"他甚至还做这样的判断："人们对于幸福的急切追求可以看作是意义缺失而导致绝望的一种迹象。"显然，幸福是对意义的发现和把握，意义正是幸福之源。同时，从意义角度来探讨与追求，才能克服幸福追求过程中的功利主义以及表面化、形式化倾向。对此，戴铜最为重要的策略是引导教师进行精神的、思想的思考，从中掂量人生的价值与教师工作的意义。他说，一定要让教师体验职业生命的价值所在，当他发现了意义，就会产生幸福的体验。而这种发现，需要在教师和职业两者中产生关联。戴铜的认识是深刻的，具有哲理性。

其二，戴铜认为幸福源在于创造。意义何来？意义之源的实质究竟是什么？特里·伊格尔顿说："人生没有既定的意义，这就为每个个体提供了自我创造意义的可能。如果我们的人生有意义，这个意义也是我们努力倾注进去，而不是与生俱来的。"论述如此简明。不难理解，幸福来自意义发现，而意义在于创造；意义是幸福之源，而意义之源来自创造之源。这样，戴铜又在意义与创造的两者中找到了关联，因而鼓励教师去创造。在淮安市实验小学的一次幸福教育论坛上，我们欣喜地发现，教师用自己的智慧，创造性地工作，在教书育人中彰显自己的个性，追求教学风格。这样的氛围本身就像是幸福的空气，教师们自由地呼吸。自由，定会带来创造的激情，创造成为师生们的幸福之源。

其三，创造、意义发现都来自心灵的快乐，心灵的快乐是最为重要的幸福之源。尽管快乐与幸福还不完全是一回事，但幸福总是与快乐关联。英国的约翰·洛克就曾给幸福下了一个定义：人天生的"趋乐避苦"，而幸福就是"至乐"。戴铜的幸福教育哲学里有一信条：幸福自快乐始。从这一信条出发，他坚定地认为：学校管理的核心在于"管心"，而"管心"的关键在于对师生的尊重、理解、信任。为此，他特别重视评价改革："根据教师个体的角色定位和职责要求，分别提出不同的考核要求，多一把尺子就会多一批有个性的优秀教师。"可见，在戴铜看来，无论是教师创造性地教书育人，还是人生意义、教育价值的发现，都必须有颗快乐的心灵，教学过程、学习过程都应当是快乐的。快乐犹如一种动力源，支撑着师生对幸福的追求。

第三，戴铜有自己的行动哲学，他坚守的是：在心中筑起一条地平线，怀着理想，穿着"便服"，行走在广阔的田野。在实践中，他用行动去探寻并建构幸福教育哲学。

戴铜不是空谈家，恰恰相反，他是实践者、实践家。他的幸福教育哲学是行动哲学，是实践哲学。之所以称他为实践家，是因为他不是一味地实践，而是怀着理想去实践，在实践中反思，他的实践有鲜明的理性精神和人文情怀。

戴铜有着崇高的理想追求。他说："教育家应是每个教育人心中的'地平线'，尽管永远触摸不到，但还会永远望着她，深情地向往她……"是的，地平线是永远到达不了的，永远够不着，但是，地平线的最大价值就是激励我们不断地向前、向前。地平线究竟是什么？戴铜明晰地告诉大家，地平线就是教育的理想与理想的教育，就是素质教育，就是让师生们拥有幸福的教育。那句最为质朴的话："学校，一个让人幸福的地方"就是那条在远方闪着光亮的地平线，深情地瞭望她、向往她，心中就会涌起无穷的力量。戴铜的实践是永远向着地平线迈进的实践。其实，地平线不在远方，而在他心中。

戴铜有着朴素的而又崇高的情感。戴铜有自己的风格：朴素、真诚。他在用心办学校，用心办教育，用心对待每一个教师和学生。用心，用的是发自内心深处的真情，不矫情、不虚空、不夸张，实实在在、真真切切、明明白白，绝没有雾里看花、水中捞月的感觉。怀着这样的情感去实践，幸福教育哲学的建构是水到渠成的事。戴铜的实践有温度、有暖意、有魅力。

戴铜的幸福教育哲学又是在研究中逐步建构起来的。他是科研型校长，研究成了他的主要行为方式。在他的倡议和主持下，学校成立了"幸福教育研究中心"，创办了《幸福教育》校刊，改革课程、改革教学、改革管理、制度创新、理念引领，使研究向深处发展。超万人的一所学校，戴铜领导得竟那么从容，幸福的笑意常挂在他脸上，可见他用研究探寻着规律、遵循规律。戴铜的理性来自他的研究，没有持续的、深入的研究，幸福教育哲学的建构是非常困难的。戴铜用他的行动研究为大家提供了一个榜样。

幸福是一条漫长的路，戴铜没有停下脚步，他穿着"便服"，走在田野上，远方的地平线在他心中闪光。他为幸福教育而研究，他是幸福的。

（成尚荣，原江苏省教育科学研究所所长、国家督学。

本文转自《江苏教育研究》2013年第6期）

（三）追求内在的教育和谐

彭　钢

戴铜校长在表达自己的管理哲学时说，"人本"是管理基石，"和谐"是治校方略。

在当今强调科学发展观和建设和谐社会的背景下，这样的教育哲学和管理理念并不新鲜，人人会说。而如何将学校教育的实际具体化为学校发展的思路、共识和愿景，则需要更具体、更本土、更个性化的思考和表述。面对拥有近9000名师生的超级学校，戴校长把这样的管理哲学具体化为构建和谐校园的具体要求，提出了"追求包容至和的博爱胸怀"，这是一种新的学校精神；"营造愿景和合的融洽氛围"，这是一种新的学校发展目标；"强化刚柔相济的管理模式"，这是一种新的学校品质。这既体现了戴校长教育理念的与时俱进，也体现了学校进入了追求科学发展、内涵发展、可持续发展的新阶段。

当今中国的校长不缺理念。学校理念写在文章中、写在规划中，校长介绍学校言必称理念，但走进学校看不见理念，学校环境里没有理念，学校组织和制度没有理念，教育教学行为表现不出理念。因而，形成和提出理念重要，实施和执行理念更重要。否则，永远是他人的理念，永远是口头的理念。我们看到，戴铜校长身体力行，把自己的管理哲学体现在具体的管理工作中，体现在管理行为的细节中。"以人为本"的和谐校园，需要校长领导下全体师生的共建和共享，需要全体师生的理解、执行和创造。有时对一个团队来说，既需要创新力，也需要执行力，更需要在执行的基础上创新。学校的教育理念和管理哲学能够有效实施、能够创造性地执行就是一种发展和谐。

当今中国的校长在相当程度上是"外交家"。学校发展需要"外交家"，中国教育的生存环境造就了一批优秀的"外交家"，他们擅长沟通和协调，为学校发展赢得了更多的支持和资源，创造了良好的外部环境。这样的"外交家"，行政领导都认识，但本校学生不认识；在学校外面很有人缘，但在师生面前未必有人缘。这也是一种和谐，是一种外部和谐。戴铜校长显然不愿意停留在这样的和谐上，案例《多发一些奖状》告诉我们，他很有孩子缘、学生缘。好校长应该是孩子喜欢、孩子称赞的校长，而不仅仅是社会称赞、领导称赞的校长。孩子喜欢的校长应该有孩子气和童心，精神永远不老、心态永远年轻。他会在喧闹的校园里感到受教育的内在满足，在学生的成长中获得心灵的深刻安宁。我想，这是一种内在的和谐。

当今中国的校长识才、爱才、用才，甚至不惜使用各种手段吸引人才、网罗人才。但能够发现普通教师的内在气质和发展潜力，激发每一位教师成长的内在动力和自主需求，提供平台让其表现和发展，则是基于小教育实践实现教师发展的另一境界和天地。案例《艺术欣赏师》告诉我们，校长应有善于发现教师的慧眼，普通教师不普通。很多人之所以平庸，是因为他们缺少超越平庸的机会。如果你给教师发展的平台，教师就会回报你成长的精彩。这个案例告诉我们，校长不仅要善于发现教师中的人才，而且要善用每一位教师，激励每一位教师的发展和成长。一所学校，如果每一位教师都获得发展，就是一种人气，就是一种和谐。

建设"以人为本"的和谐校园，不可能没有矛盾、没有冲突、没有问题。关键是如何处理矛盾、缓和冲突、解决问题。戴铜校长清楚地知道，学校需要人文精神，也需要规章制度，没有规章制度无法保障和谐，没有规章制度就只有强者的和谐，而没有每个人的和谐。但只有规章制度还不够，管理不能只有"管"而没有"理"，因而他提出"管"出精细，"理"出精致的思想。我根据对案例《管理智慧对话》的介绍，还可以说是"理"出精彩，"理"出智慧，"理"出精神。和谐追求的不是一团和气、不是愚蠢的快乐、不是平庸的幸福，而是"和而不同"的个性表现和指挥张扬，是能够创造出高管理、高团队和高效率的快乐和幸福。

（彭钢，江苏教育科学规划办主任、研究员、国家督学。

本文转自《江苏教育》2008 年第 1 期）

（四）戴铜：踏实执着的追梦人

孔　陶

他叫戴铜，一个踏实执着的追梦人。

有人说他有高度。说他有高度，是因为他对教育的理解充满了理想。他常说：

一个人如果从来没有感受到人性的沐浴，从来没有走进过丰富而美好的精神世界，从来没有读过一本令他激动不已、百读不厌的书，从来没有苦苦思索过一个问题，从来没有一个令他乐此不疲、废寝忘食的活动领域，从来没有过一次刻骨铭心的经历和体验，那么，他就没有受过真正的教育。教育就是通过有方向、有目标的活动，让学生学会过美好的生活，并成为创造美好生活的人。

有人说他有温度。说他有温度，是因为他对学生的言行充满了人文关怀。他经常对老师们说，一个学生对班级来说只是几十分之一，对学校来说只是几千分之一，但是，对每个学生和他的家庭，就是百分之百。因此，在我们做老师的眼里、心中"一个都不能少"，把一个学优生教好了是应该的，将一个学困生教好了那是功德无量。他不仅关注学生的学科学习，更重视对学生品德和良好行为习惯的养成；不仅关注学生的学业成绩，更重视学生健全人格和良好心理素质的培养。实验小学是学生心灵向往的地方，也是学生终生眷恋的地方。他用卓有成效的教育实践诠释了自己的教育主张：让每一个学生都享受成长的快乐。

有人说他有深度。说他有深度，是因为他对学校和教师的发展充满哲学思考。他是一所百年老校、万人大校的校长。怎样实现办学规模、办学质量和办学品位的全面提升？怎样在继承、光大学校百年文化传统、精神的同时与时俱进、赋予学校新的使命和内涵？这是他管理的重点，也是难点。管理是什么？他说管理不应该是要求，而应该是服务；不应该是束缚，而应该是解放。在他的心目中，每个教师都是要发展和能发展的"最重要的人"。作为校长，他的神圣责任和使命就是要尽可能地解放教师，为教师的发展提供尽可能好的服务。他引导青年教师量身定做"职业生涯发展规划"，通过"半日听课""教师讲坛""主题沙龙""读书汇报会"和"专家报告会"等活动，引领教师走出了富有个性且卓有成效的专业发展之路。到2009年，学校已有近 40 人被评为中学高级教师，在江苏省第九批特级教师评选中更是同时有 3 人入围，实小的老师们在专业成长中享受到了属于自己的职业幸福。

有人说他是一个有韧度的人。说他有韧度，是因为只要他认准了的事，他就会坚信不疑、坚定不移地努力去做，做好。只要人在学校，无论严寒酷暑，不管刮风下雨，每天清晨七点，他总是准时站在校门口，用微笑迎接学生教师的到来。近十年如一日，这几乎成了他的习惯，也成了实小一道美丽的风景。老师们在私下都亲切地叫他"三七校长"，这除了因为他每天坚持七点到校，还有两个原因：一是每周别人工作五天，他总是工作七天；二是别人每天下午五点左右离校，他总是到七点才恋恋不舍地回家。面对许多人的不解和困惑，他总是淡淡一笑：喜欢。心灵向往，脚步自然走到；心中热爱，脚步自然流连忘返。正是因为对教育持有宗教般的情怀，在追求理想教育的路上，他才表现得如此执着、如此忘我、如此激情澎湃。

他的脚步是踏实和坚定的。他将自己的根深深地扎在大地上，咬定青山不放松，即使头上已经有了中学高级教师、特级教师、全国五一劳动奖章获得者和江苏省人民教育家培养工程对象等许许多多令世人艳羡的头衔，他依然故我，我行我素。在他的心目中，有一个永远不解的情结，这就是办理想的学校和理想的教育——让每一个学生都享受成长的快乐，让每一位教师都享受职业的幸福。

（孔陶，原名张俊平，《江苏教育》杂志主编，江苏省新闻出版领军人才。本文转自《江苏教育》2010 年第 3 期）

二、媒体报道

（一）为爱与美的教育

——江苏省淮安市实验小学教育片段

那是一年暑假。

"求求你，戴校长，把我孩子转到你们学校吧！"在江苏省淮安市实验小学（以下简称淮安实小）校长戴铜办公室，一个磨了半天的家长几乎是哀求了。

戴铜心里一软："我理解您的心情。但我们学校对中途转学控制是很严格的，您的孩子在别的学校也不错，再说都要上三年级了，况且我们的毕业生也不都能上非常好的初中。"

谁知家长不以为然。

"我不是冲着这个来的，我看中的是你们学校良好的学习氛围和环境。我邻居家的孩子在你们学校读书，每天比我孩子迟半个小时，放学却早一个小时，晚上少做一两个小时的作业，这些时间可以休息、可以看书、可以锻炼。戴校长，你算算，小学6年，一年365天，这样下来的差距有多大？我的孩子一定要转过来！"

戴铜终于"破例"了。

每一个孩子都是重要的

年届100的淮安实小，保持宁静，远离喧嚣。

"我们得到社会广泛认同的是'轻负担、高质量、有特色'。"戴铜说。

戴铜有个习惯，每天早晨，只要不出差，他都会站在校门口，迎接教师和学生。"我向他们微笑，他们也满脸笑容，如果有什么烦恼，刹那间都烟消云散。"

几年前一个清晨，两个五年级的女孩一蹦一跳跑到我跟前，伸出小手示意要跟我说话。我弯下身去。"校长，校长，我得了进步奖。"我故作惊讶："真的?""真的！还有她。"我背后是一排长长的展板，贴着这次数学竞赛获奖学生的名单，孩子已经把它围得严严实实了。她们把自己的名字指给我看。"你们真不简单啊，祝贺你们！"进步奖就是奖励那些原来基础不太好，现在有了提高的孩子，但她们是那么兴奋。

戴铜深刻地体验到了一个道理：多设一个进步奖，就多一批幸福的孩子；多发一张奖状，就多了一个自信的孩子。

由此，在学期结束的时候，每个班级都要给孩子们发奖状，奖励项目层出不穷：有学科活动的优胜者、体育之星、读书之星、优秀少先队员、新三好生、小画家、小作家……

每个孩子都享有自信、快乐、尊严。

而淮安实小的教育追求就是要培养出"健康、快乐、文明、诚信"的新一代。

"孩子在学校的学习应该是快乐的，要有愉悦的情感体验。"戴铜说。

要实现这一点，就必须在教师的心中书写11个大字：每一个孩子都是最重要的。

淮安实小有一个硬性规定，所有的教育活动，应该参加的孩子一个都不能少。"比如，名师来我们这里借班上课，我们要求班里所有的孩子都参加。有的名师提出只要班里的部分学生，我们说不行。学具不够我们可以买、可以做，但整个班必须都来，每个都来，一个都不能少。这是一个原则。"

教育是对每个心灵的关怀。

"孩子只有成长发展的先后之分，而没有好坏之别。一个孩子在班级里可能只占几十分之一，在年级里只占几百分之一，在学校只占几千分之一，但对他自己，对他家庭，就是百分之百。"

教师应该学会"换位思考，爱生如子"。这只不过是最朴实的教育要求，然而大爱无言，大道至简。

"我们接纳了一些残疾孩子，有的生活都不能自理。有个孩子从一年级读到六年级，每天都坐着轮椅，还有一个小阿姨陪着。为了这个孩子，我们一直把她所在的班级放在一楼，还在厕所里为她设计了坐便器，还给小阿姨准备了座位，家长非常感动。毕业的时候，这个孩子还拉着校长到操场拍照片，留作纪念，她对学校的感情特别深。"

教育不轻言放弃。"我们相信，每个人在世界上都会有一个位置，并能在这个位置上发挥作用，古人不是说'天生我材必有用'吗?"

教师们熟悉戴铜的一句话：把教育的责任落实到每个孩子身上，把纯洁的爱播撒到每一个幼小的心灵上。"绝不能因为暂时的成绩不理想就漠视他们，绝不能因为暂时的落后就放弃他们。"

当有的学校把许多精力花在学习尖子身上的时候，淮安实小却下力气开展"爱心补救"工程。

每学期初，淮安实小与每个教师签一个特殊的责任状——关爱潜能生，实施"爱心补救"，即对潜能生要有"五心"：有爱心、有热心、有细心、有耐心、有恒心；要进行"四补"：补学习兴趣、补学习习惯、补自信心、补基础知识。另外，还要采取"三多"的政策：让他们多发言，对他们多面批，多鼓励。

"说到底，就是要给潜能生实实在在的关爱，让每一个孩子尝到成功的甜头，看到成功的希望，不让一个孩子掉队。"

在一年级谷老师眼里："每一个孩子都那么聪明，那么可爱。"下面是她教育生活的一个片段。

一天下课后，一群孩子围上来。"谷老师，我会读拼音了。""谷老师，我也想上台带小朋友读拼音。"……孩子们七嘴八舌，谷老师听着、笑着，不时说："你真棒！""好好努力！"

忽然，一个怯生生的声音传来："谷老师，我每天都读了，可老是不会读。"原来是蔡文文——近来他的学习状况一直不理想。谷老师把他拉到身边，摸了摸他的头："不着急，今天放学后谷老师来教你，你一定能学会。"

放学了，蔡文文和其他几个学生留了下来。谷老师一个字一个字地教他读，每个字都读好几遍。一个小时过去了，读会了的孩子早已回家了，只剩下蔡文文了。他不好意思地说："我还是不会读。"谷老师也希望早一点回家，但她依然认真地一个字一个字带蔡文文读，并耐心地讲解每个字母的发音特点。半个小时过去了，蔡文文能够读对部分字母了。谷老师赶忙鼓励："嗯，读对了。""不错，读得好。""真聪明，又读对了。"读到复韵母时，他又犯难了，谷老师一丝不苟地把发音口型做给他看，让他学着。又是一小时，蔡文文终于读对了，时钟正好指向晚上7点。

第二天上课，从不举手的蔡文文举手了。这一天，他获得了久违的一颗星星和老师同学们的掌声。从此以后，他变了，上课特别认真，举手的次数也越来越多了，字也越写越工整了。令人高兴的是，在学校组织的期中和期末考试中，蔡文文还取得了优异的成绩。

类似的故事，也经常发生在其他教师身上。

"我总是给老师们讲，你把一个好孩子教好了是应该的，你把一个潜能生教好了才是功德无量。"戴铜说。潜能生几乎都变成先进生了，学校教育才能发生整体的良性变化。

还是用数据来说话吧。今年上学期期末考试，淮安实小一年级至五年级近6000名学生，语数仅7人不及格，一个年级25个班，班际均分最高和最低只相差2.95分；其他学科成绩每个年级班与班之间的平均分也相差很小。

戴铜说："每次考后我不是问年级主任学生考了多少分，而是问班级之间的差异有多大。如果班级之间相差很小，我就非常开心。我也不希望看到一个班级里面只有一部分冒尖，如果是这样，我就很心酸。如果只是部分孩子、家长高兴，那么对其他孩子、家长来说是一种不公平。"

这就是淮安实小的教育良知。

建设教师成长的精神家园

教师第一。

教师的发展决定学生的成长。

"学校的办学任务中只提到学生的发展是不全面的。我们要关注学生的成长，也要关注教师的发展，名师才能出高徒。"戴铜说。

在淮安实小，每个教师都被视为"要发展、可发展、能发展"的最重要的人，而学校的管理人员，包括校长，都要身体力行 4 句话：以教师为本，替教师着想，为教师服务，助教师成长。"促进教师专业发展是学校管理工作的立足点和归宿。"

首先要让每个教师都怀抱职业理想。"教育是慢的艺术，成效周期长，一年两年甚至多年过去了，有的教师仍然默默无闻，毫无成就感。这样就容易形成职业倦怠。我们就通过目标引领来导航教师的职业理想。"

亲近优秀才可能突破平庸。他们不断学习教育大家，比如斯霞、李吉林、魏书生等，宣传名家的教育思想、成长经历，感受名师的风范；不断推出本校的教育前贤，比如特级教师蒋同惠、李少侠，全国劳动模范崔扬等，聆听前辈的艰苦奋斗史，感悟成功背后的执着；不断推出身边的先进人物，比如特级教师、省优秀共产党员高晓珮，特级教师、全国模范教师徐梅菊，省优秀班主任韦彩琴等，体验身边人如何面对机遇与挑战，感受成功者的快乐与人生价值。"让教师们感到在淮安实小从教是幸福的，是可以干出一番事业的。"

同时，学校引导教师做好职业发展规划。结合开展"学生心目中的好老师形象设计""家长心目中的好教师形象设计"等活动，学校让每一位教师都自觉定下奋斗目标。学校每年还要评一批"师德模范""优秀教师"和"教坛新秀"。对于青年教师，淮安实小给予了"特别的关照"。近几年来，学校招聘了大量教师，青年教师已占全校教师的 90％。"我们把他们看作学校的财富和优势。"但这笔"财富"是需要用心"挖掘"的。一方面，学校让骨干教师担任青年教师的"导师"，进行一对一的指导帮助；另一方面，千方百计为青年教师的成长提供平台，比如"新教师汇报课""青年教师优课评比""骨干教师示范课"，开展"新课标研讨沙龙""信息技术培训及课件制作大赛""教学基本功考评"等活动。有了舞台，一大批青年教师脱颖而出。

"让每一个努力工作的教师，都能得到精彩的成长回报。"

然而大批教师的成长，必须有良好的文化精神氛围。

"我们经常思考，如何让学校成为教师成长的精神家园。"戴铜说："一个好的学校，要让教师感受集体的力量和'家'的温馨。学校文化建设，一定要为教师营造一个优美舒适的工作环境，建设一个高度认可的制度环境，创设一个愉悦和谐的心理环境。"

戴铜总是很体贴教师，连年轻教师的婚礼他也要操心。"我听说学校有近百名教师没有结婚。一旦结婚，大家都要去喝喜酒，这么多教师要结婚，礼金可不是一笔小数目。我就和学校工会商量，每年搞一两次集体婚礼——今年已经举办第三届了。我们在宾馆定好婚宴，全校教师参加祝贺，并请来市里领导为新人证婚，还邀请当地媒体做报道。很多教师是外地的，我们把他们的父母也接来，他们感激得不得了。婚礼过程中还策划让新人到一些乡村学校为留守儿童献爱心，一切费用由学校想办法解决。再好的同学、朋友都不许出礼金，这是硬性规定。婚礼隆重、热闹、喜庆，又很有意义，让新人永远铭记。"从学校来说，这是为青年教师解决后顾之忧，是对教师的一种回报，也是努力培育青年老师的感恩心。

教师们都感到了学校这个大家庭的温暖。"大家情同手足，心理非常安全。教师之间的竞争，也就很平和、很公平、很健康。"

这样温馨、亲和、健康的学校文化，流淌在学校管理的每个细节中。

淮安实小有一个"半日听课"制度：每周二上午，学校组织全体管理人员、骨干教师到相关年级听课，每人听课2节，之后用1节课的时间和执教教师交流，就课堂教学设计、过程和效果进行分析、研讨。似乎没有什么惊人之处，但这一制度深受教师欢迎，每周申请上课的人数都超过实际安排人数，有的教师还到教务处请求优先安排。为什么？就是因为这样定时公开的听课，教师不是被审判而是平等的对话者，不是被突然袭击而是自愿接纳别人，不是被为难而是受帮助，他们有高度的心理自由展现自己、以开放的心态接受指导。

"这个举措是由两件小事引发的。一是外出学习，听一个校长聊天时说，他们学校新调进一个副校长，很有魄力，到任后实行'推门听课'，听完后还要进行评价，引起不少老师不满，对他的教学也'品头论足'，搞得关系非常紧张。另一件事是我们学校青年教师小吴，某个清晨在学校门口等我，告诉我，他上次的汇报课因准备时间短，效果不理想，想再认真准备一节，请我去听。我去了，课上得果然不错，我们进行了真诚的交流和探讨，大家都受益匪浅。"

戴铜体会到：学校教育教学管理的灵魂就是理解教师，信任教师，尊重教师，依靠教师，成就教师。

由此，淮安实小成立了"学科教学研究中心"，根据个人特长，将学校管理人员和骨干教师分别编入相关学段学科，负责该学段学科的教学指导。"半日听课"也是中心成员的重要任务。为体现自愿原则，执教老师自主申报，由年级部推荐，教务处安排。这样听课者和执教者都自我减压，都可以敞开心扉进行专业对话，教师们也就争相愿意被听、被评，当然也自由地为自己的课堂辩护。

正是一个个这样的管理细节，构筑起淮安实小和谐而富有活力的教育精神家园。

在这里，"教师们的心理需求得到满足，精神生活不断丰富"，同时教师"能感受到职业的崇高，教育的幸福"。

那些美丽而动人的课堂

"崇尚艺术，追求高尚"是淮安实小早期办学理念的重要内容。

多年来，艺术教育一直是淮安实小的一块品牌。学校成立了远近闻名的文艺宣传队，排演文艺节目，比如，《沙家浜》《智取威虎山》《白毛女》以及大型声乐作品《长征组歌》、歌剧《东方红》。曾几何时，淮安实小的《长征组歌》唱红大江南北，成为学校的标志和象征。

美的力量是巨大的。富有艺术气质的淮安实小人提出，要"将学校教育始终置于文艺的背景下"。早在19世纪初，江北师范学堂附小（实小的前身）的教师在教《木兰辞》时就把它改编成歌曲，并以手风琴伴奏，让音乐元素完美地融入语文教学，课堂上学生如痴如醉。

美就这样流淌在淮小的课堂里。他们提出，"让乐器进课堂，让舞蹈进课堂，让音、美走进语、数课堂"。在低年级开展"数学课堂创设音乐环境"的研究，加强对各学科的艺术教育渗透。此外，学校还不断扩大对学生艺术类培训的规模，开设了小主持人、声乐、舞蹈、古筝、扬琴、二胡、电子琴、铜管乐、笛子、低年级儿童画、中高年级国画、毛笔书法、硬笔书法、电脑绘画、动漫制作、FLASH制作等活动课，学生参与率非常高。

最有意思的是，为了塑造学生优美的体态、培养学生高雅的气质，淮安实小开风气之先，开设了一门校本课程——形体课。它以人体科学理论为依据，通过舒展优美的舞蹈基础练习（以芭蕾为基础），结合经典、身韵、民间和各个民族的舞蹈对学生身体进行综合训练，以增进健康，增强体质，塑造体形，训练仪态，陶冶情操。

举手投足，一颦一笑，皆表现一个人的修养。教育，就是要把美与文明熔铸在人的一举一动里。最足以体现美的气质的，还是淮安实小的文化基础学科课堂。以下是卞老师执教的六年级习作课《回望童年》。

轻快的音乐《捉泥鳅》、几张充满童趣的图片拉开了课的序幕。

师：这样的音乐、这样的图片让你想起了什么？

生：童年。

师：童年就像这首歌，像这图片一样，那样优美，令人回味。你能说说你心目中的童年是怎样的吗？（出示：童年是一个梦，一个多姿多彩的梦；童年是一首歌，一首色彩斑斓的歌……）

师：你心中的童年是什么样？你能像这样说说吗？

生：童年是一道彩虹，一道色彩绚丽的彩虹。

生：童年是一朵浪花，一朵欢快跳跃的浪花。

……

在音乐和诗的旋律中，学生对童年的记忆缓缓清晰。然后，卞老师让学生用美的语言，与同桌分享自己有意思的童年往事。

生：我小的时候到奶奶家的菜园子里玩，第一次看见了西瓜虫……

生：我小的时候跟着爸爸到农村鱼塘去用铲子铲鱼，一不小心掉进了水里……

……

师：是的，童年就是她看到西瓜虫的害怕；就是她一个人在家时恐怖的哭声……（出示：童年是无忧无虑的嬉戏，软软的泥巴甩了一脸；童年是小的时候老妈拿着剪刀；童年是墙上褪色的风筝，还有我追着风筝跑的脚步；童年是……）

师：现在你能用这样的句子写一写你童年的那些事情吗？

有了记忆，又有了美的语言熏染，学生的表达生动起来。

生：童年是我被妹妹欺负，却舍不得揍她，回家后生气地哭。

生：童年是我的手破了，嚷着要吃红米饭、红苋菜的声音。

……

教育是引领，是"诱导"学生与美丽的心灵对话。

师：在作家琦君的眼里，童年就是那一阵一阵的桂花雨，伴着桂花的幽香，在作者童年的记忆深处弥散……（出示《桂花雨》课文片段，学生自由朗读，之后师生一起交流。）

师：这一段的课文描写给你什么感受呢？

生：我觉得作者是那样盼望着"桂花"。

师：你从哪些具体描写中能看出这件事的有趣？

生：从"老是缠着母亲问"。

生：从母亲的诗句中。

师：你读出了作者怎样的感情？

生：对家乡的怀念。

师：是啊！正如母亲所说，"外地的桂花再香，也比不过家乡的桂花的香啊"。

于是，写作就水到渠成。

师：你现在是不是对自己童年中的那些有趣的事情更清晰了？让我们闭上眼睛想一想，那故事中的人，故事中的点点滴滴……好，让我们睁开眼睛，用自己准确、生动、优美的语言，把这些有趣的事情写出来吧！

而后是学生完成草稿，教师讲评，一节课在优美的诗意中结束了。

"教学应该是美的。"卞老师说，"课堂要有直指心灵的震撼。"

美的课堂，当然要有美的语言。卞老师的语言是诗。

不仅如此，这诗的语言还是儿童的，是一说出来就能与儿童心灵发生共鸣的，所以才能唤醒儿童美的表达。

语言之美只是课堂的外衣。重要的是，教学要能让孩子的心灵美丽地苏醒。且看另一位青年教师的《欢乐的泼水节》的结尾。

师：看，地上铺满了凤凰花瓣；听，天空回响着象脚鼓点——让我们一起唱起来、跳起来吧！

（播放音乐，随着舒缓的音乐，教师翩翩起舞，孩子们全体起立，跟着教师轻盈的舞步，跳了起来……）

"孩子们，天晚了，该回家了！"但沉醉的学生不愿离开课堂。

"孩子们，傣族的泼水节结束了，篝火晚会也结束了，让我们记住这快乐的一天吧！"

……

美的课堂让人沉醉。

借助艺术的力量，淮安实小的学科教学焕发出迷人的魅力。

坚守教育的良知，精心培育亲和的教育精神家园，塑造美丽而动人的课堂，百年淮安实小将不断创造着爱与美的独特教育风景。

（本文转自《人民教育》2008年第9期，记者：赖配根　施久铭）

承办全国幸福学校共同体年会暨江苏省第二届幸福教育论坛

(二)把幸福写在教育的旗帜上

——江苏省淮安市实验小学"幸福教育"简述

始建于 1908 年的江苏省淮安市实验小学，著名教育家李更生先生曾两任校长。学校百余年的发展积淀了丰厚的文化底蕴，形成了优良的办学传统。目前，它已拥有"五区布点、幼小联动、资源共享、特色发展"的超万人办学规模。在江苏，"淮安实小现象"已经成为优质学校成长的新范式，被广泛推崇和研究。江苏省教育学会会长杨九俊先生曾这样评价："好大一棵树，淮安市实验小学风雨百年，根深叶茂。"

走进这样一所学校，不仅是被它的"枝繁叶茂"吸引，更多的是被该校的"幸福教育"感召。他们把人的幸福写在教育旗帜上，风生水起地"办幸福教育，建幸福学校，当幸福教师，育幸福学生"。

理论建构——建立上位的教育哲学

1. 基本观点

对于"幸福"，他们认为：幸福就是人的主观感受、快乐的心理体验，是人的需求得到满足、理想得以实现而产生的一种积极的情绪状态，它是人类生活所追求的终极目标。

对于"幸福教育"，他们认为：幸福教育就是把人的终生幸福作为发展目标的教育，让儿童在丰富多元的校园生活中，兴趣得到激发、习惯得到培养、能力得到提升、个性得以张扬，让每个人都能享受到学习的快乐、获得成功的体验，获得鲜活的、真实的生命成长。教师在富有创造性的工作中，体面而又有尊严地学习、生活和工作，实现职业的价值与意义，享受教师的尊严与幸福。

2. 价值取向

(1)形成一种理念——做幸福的人。"做幸福的人"是学校教育的终极目标，是与学校相关的所有人的理想追求。它以尊重人、理解人、服务人、发展人、成就人为出发点和归宿，通过教师"幸福地教"，促进学生"幸福地学"，培育学生健康的幸福观、幸福品质和获得幸福的能力，提升教师积极的认同感和幸福感。

(2)达成两个目标——每一个学生都拥有成长的快乐，每一位教师都享受职业的幸福。一方面，坚守学生立场，一切以学生的需求和发展为本，尊重学生身心发展规律、尊重教育教学规律；另一方面，树立正确的教师观，充分地信任教师、尊重教师、激励教师、成就教师，让教师焕发蓬勃的生命活力与工作热情。

(3)坚守"三育"原则——全纳教育、差异教育、保底教育。首先是全纳教育，即每个学生都很重要，做到"一个都不能少"；其次是差异教育，即每个学生都有个性，做到"成就每一个"；最后是保底教育，即每个学生都能进步，做到"一个都不掉队"。

实践探索——形成系统的教育策略

幸福教育的实施主要落实在课程、课堂和活动三个方面。

1. 实施"四生"课程

(1)生本课程：课程的核心是学生，要服从于、服务于学生的成长与发展。

(2)生态课程：课程实施要有适切的情境，融洽师生关系，实现师生自然成长。

(3)生活课程：课程源于生活又服务于生活，践行教、学、做合一的生活教育思想。

(4)生长课程："教育即生长"，课程目的就是实现学生的发展和成长。

2. 打造"五味"课堂

(1)儿童味：适应学生成长需求，唤起学生的主体意识，遵循学生的认知规律，服务学生的全面发展。

(2)学科味：遵循学科内在规律，体现学科自身特点，实现学科教育意义。

(3)文化味：挖掘学习内容、丰富文化内涵，赋其独特的育人功能，陶冶学生情操。

(4)生活味：体悟生活与知识的关联，实现"生活知识化，知识生活化"。

(5)成长味：遵循成长规律，确立目标，激发兴趣，发展品质，提升素养。

3. 搭建"六节"平台

体育节、读书节、艺术节、数学节、科技节、英语节，学校根据实际，每年设计六节，分两个学期次第展开。

(1)三月体育节：普及体育知识，发展体育技能，增强身体素质，感受体育文化，磨炼意志品质，打造团队精神。

(2)四月读书节：激发学生的阅读兴趣，培养阅读习惯，提升阅读能力，丰富学生的人文素养。

(3)五月艺术节。丰富学生的学习生活，培育学生发现美、感受美、欣赏美和创造美的能力，提升学生的艺术素养。

(4)十月数学节：激发学生爱数学、学数学、做数学、玩数学的积极情感，让学生掌握数学的思想方法，培养学生的理性精神和思维能力。

(5)十一月科技节：激发学生爱科学、学科学、用科学的热情，帮助学生掌握科学方法，提升科学素养。

(6)十二月英语节：丰富英语学习方式，培育学生的英语听说读写能力，让学生了解和感受异域文化，拓宽学生的国际视野。

价值提升——凝练闪亮的教育智慧

实践是鲜活的，多元的，也是散点的。如何形成系统、结构，甚至是结论，这就需要总结提升，把日常工作的闪亮火花，汇聚成启迪他人的智慧光芒。

1. 课题聚焦

2011 年，学校成功申报江苏省"十二五"教育科学规划重点资助课题——"幸福学校建设的实践研究"。五年来，研究取得丰硕成果。仅课题研究本身就获得三项殊荣：第一，入选江苏省"六大人才高峰"项目B类，填补淮安基础教育的空白，是江苏省小学界的唯一；第二，课题被评为第三届江苏省教育科学规划精品课题，是全市唯一；第三，课题获江苏省中小学教学研究第九期课题评选一等奖。在此主课题研究的引领下，学校先后申报50多项省市级课题并扎实地开展研究工作。

2. 论坛研讨

学校先后承办江苏省教科院"倡导幸福教育，建设幸福学校"的主题论坛、省教育学会和市教育局联办的首届、第二届"江苏省幸福教育论坛"以及"幸福学校建设——江苏省名校发展论坛"。这对推动学校幸福教育研究进程具有极大的助推作用，同时也在不断提升幸福教育研究的品位。

3. 著书立说

在实践幸福教育的工作中，教师的教科研专业素养得到较大提升。五年来，学校共有30余项省市级研究课题结题，在省级以上教育报刊发表论文400余篇，2014年出版"幸福教育"丛书——《一树一树的花开》《太阳下面的风景》《追寻生长的脚步》《面朝幸福的远方》。2015年，作为幸福教育主张的提出者和实施者戴铜同志（淮安市实验小学原校长、党委书记，现任淮安市委教育工委委员、市人民政府教育督导室副主任），出版专著《学校，一个让人幸福的地方》。该书系统阐释"幸福学校建设"的理论内涵和实践建构。2012年，《幸福教育》校刊（后改为会刊）创刊，目前已出刊9期。几年间，研究从一个学校，到一个区域，到全国二十几个省。

成果辐射——打造进阶的教育品牌

1. 平台搭建

幸福教育不是一个学校的事业，是所有有理想、有追求的教育人的梦想。在实施幸福教育的过程中，需要单校深入开展，也需要更多平台、更多学校携手共建，联合推进。目前，由该校倡导或牵头的"幸福教育"研究组织，已经从一个学校发展到全国21个省份的近百所学校，如"淮安市实验小学发展共同体""淮安市幸福教育研究会""全国幸福教育学校联盟""全国幸福学校共同体"。

2. 成果转化

教育研究的价值在于成果的推广应用。"幸福教育校园行"是成果转化最切近的方式，分为"幸福教育乡村行"和"幸福教育西部行"两个序列。"幸福教育乡村行"自 2015 年年初启动，已组织名师志愿者深入全市 23 个村镇小学送教研讨；"幸福教育西部行"由中国教育报刊社人民教育家研究院、淮安市教育局联合发起，组织特级教师先后赴甘肃、云南、贵州等地送教讲学，产生了积极而广泛的影响。同时，"幸福教育"作为一个项目，目前已在淮安市中小学全面展开。2016年，该项目还被淮安市委市政府作为"推动民生事业发展"的重点目标，从社会和政府层面落实实施。

教育是幸福的源泉，幸福是教育的目的。幸福教育是一个有理论指导、实践探索和总结提升的过程，也是聚焦一个学校深入研究的过程。幸福的学校是人"心灵向往、流连忘返、没齿难忘"的地方，在幸福的校园里"每个人都能发展最好的自己，每件事都是教育独特的风景"。

（本文转自《中国教育报》2016 年 5 月 17 日）

（三）学校，把时间流成幸福的河
——淮安市实验小学幸福教育纪实

"看，我们的学校，北有淮河屏障，自古多贤豪；运河一带南来，给我们文明不少……"稚嫩童声，从江淮大地、古运河畔的一所小学传来。

"淮师附属小学，本为各小学模范，学童来学，较他处为踊跃。"这是 1910 年《江宁学务杂志》对一所小学的盛赞。杨九俊先生在该校百年校庆丛书序中这样评价："好大一棵树，淮安市实验小学风雨百年，根深叶茂。"

当下，淮安市实验小学"五区布点、幼小衔接、资源共享、特色发展"的超万人规模的办学格局令人瞩目；"办幸福教育、建幸福学校、当幸福老师、育幸福学生"的办学品质，颇为独特；"淮安实小现象"在淮安、在江苏已经成为优质学校成长的新范式，被广泛推崇和研究。

历史是一条河流，百年传承的淮安市实验小学把过去、现在和未来流成一条时间的河。《江苏教育》杂志主编张俊平形象地表述为："真正意义的学校是人心灵向往、流连忘返、没齿难忘的地方。"

学校，心灵向往的精神乐园

"高山仰止，景行行止，虽不能至，心向往之。"学校，不仅弥漫知识的芬芳，洋溢人文的情怀，它更应是一所心灵向往的精神乐园。其办学思想和理念，办学特色和成果，应成为召唤人成长的精神向往和行动追求。

1. 到江苏小学当老师

2012 年 9 月，实验小学的校园里多了两位老师——田霞、赵赟。她们从遥远的新疆生产建设兵团农七师，跨越 3780 千米的路程来到淮安市实验小学，她们为了心中那个美丽的教育梦想——到江苏名校当老师。

2013 年元旦将至，原本打算回家的她们在一次教研活动间隙聆听了老师们对学校"春晚"的描述，以及老师们对"春晚"的期待，内心不由得澎湃起来：我也是实验小学的一员，我也要参加春晚，我要过完整的实小老师的教育生活。下班后，两位老师悄悄地退了回家的飞机票，悄悄地加入到实验小学一年一度的"春晚"彩排中。

紧张的教学之余，她们和实小的老师一同投入到以年级为单位的节目训练和排演中。从节目创意到编排设计，从服装道具准备到舞台彩排演练，她们感受到实小人做任何事的精致和高标准，更感受到实小人放歌心灵、拥抱幸福的阳光心态和美好情怀。在她们的内心深处，自己俨然是实验小学的一分子。

田霞老师在自己的文章中写道："在被幸福所包围的校园里，我看到、听到和感受最多的就是幸福。"赵赟老师在离别时几度哽咽，数次落泪："我万里迢迢来到实验小学挂职锻炼，在这所学校，我体会到了教育的规范、特别、厚重和温暖，感受到实小办学思想的前沿，办学情怀的博大，教育管理的精益求精。这是一种缘分，这里的领导和老师给了我家的温暖，我把自己也当作这个大家庭中的一分子，我收获了满满的幸福。"

见微知著，一叶知秋。近几年来，淮安市实验小学积极践行"幸福教育"的办学主张，努力让每一个学生都拥有成长的快乐，每一位教师都享受职业的幸福。显著的办学特色引起众多教育同行和教育媒体的关注。学校先后接待近 20 个省份的名校长和骨干教师来校考察交流，和 13 个省份的 30 多所小学结成幸福教育学校联盟，和多个发达国家的同类学校建立友好合作关系。《人民教育》《中国教育报》《江苏教育》等教育主流媒体都做了推介，在省内外产生了较大的积极影响。

2. 我想到实验小学上学

特而独立，色而华美。以品牌塑造特色、以特色谋取发展，实验小学在百年的发展历程中形成了自己鲜明的办学特色，尤其是进入 21 世纪以来，学校在艺术教育、科技教育、体育教育等方面都取得了显著的成绩。

2013 年新生入学季的一天。

"大孙子，这是爷爷小时候上学的地方，如果你也到这里上学，咱爷孙俩就成实小校友啦！"一位老人顽皮地对一个孩子说。

"爷爷，不是爷孙俩，我们全家都是实小校友，爸爸也是实小学生。"儿童大声纠正。

"爷爷，我喜欢这里，你看，有好玩的机器人，架子鼓表演，足球比赛。"儿童一边牵着爷爷的手一边说。

"你是怎么知道的？"爷爷很纳闷。

"爷爷真不聪明啦，你看那么多照片呢。"

幸福的爷孙，聪慧的孩童，上实小是他们的愿望也是他们的骄傲。

方彬老师作为实验小学的毕业生，如今重回实小工作，去年她的双胞胎女儿也光荣地成了妈妈的校友。上实验小学，接受最好的教育，享受幸福的人生，成为当地家长和孩童的共同心声，也才有了这祖孙三人代代相传的温暖的教育情缘。

实验小学从 1908 年办学起，就开设了音乐、美术、体育等学科。进入 21 世纪，实小"轻负担、高质量、有特色"的办学品牌更加鲜明。实小的机器人教育在国际、国内比赛中摘金夺银，艺术教育学生登上中央电视台《同一首歌》的舞台，形体、书法、国画、儿童画、手工、线描、主持人、小记者等课程设计为学生素养的发展带来了更多的养料，提供了更大的可能。正是因为学校先进的办学理念和办学特色，吸引来的不仅是学生和家长，一批批名优教师慕名而来，这里成为受教育者和做教育者心灵向往的乐园。

学校，流连忘返的成长学园

一位年轻老师在教师节座谈会上说出最美的心声："每年暑假觉得时间太长，刚放假的时候还挺惬意的，可到了后面就觉得时间过得很慢，总盼着早点儿开学，和同事们一起读书、工作，感觉最快乐；和孩子们一块儿学习、游戏，感觉最充实；和成长、成功的学校一起发展，感觉最幸福。"朴实的话语，指明学校这一特殊场域对于个人成长的重要意义和价值。学校是一个神秘的地方，一个充满魔力的地方，一个让人流连忘返的地方。

课堂，是学生心中永远的"美好"。课堂，是学习发生的地方，也是学生在校成长最美的一处。这处美好能够为孩子带来学科味、文化味、儿童味、成长味、生活味，让这处美好浸润童年那颗纯真的心灵。徐娟老师在执教《父母的疼爱》中有这样的情境：

第一，出示课件，播放《爱心在一起》音乐，老师讲述"年轻遇难母亲的感人短信"的故事。

第二，看完后讨论：此时此刻你在想什么？（父母对孩子的爱甚至可以付出生命，父爱、母爱了不起，太伟大。）

小结：相信同学们和老师一样被这伟大的母爱所深深地震撼着，也会更加地爱爸爸妈妈。

第三，制作"许愿卡"：亲爱的父母——真情告白。

在黑板上贴上"许愿树"。

学生在心形纸上写祝福语，挂到"亲情树"之前让他们先读一读。

在《感恩的心》的伴奏音乐中，每个孩子都高高举着手想把自己的真情读出来，孩子们忘返于一份"情"。这种"温度"和"深度"，是幸福课堂特有的一种模样！叶澜教授说："课堂应是向未知方向挺进的旅程，随时都有可能发现意外的通道和美丽的风景，而不是一切都必须遵循固定路线而没有激情的旅程。"一直以来，学校对于幸福课堂的探寻让师生都渐渐让课堂有生命、会呼吸。让人流连的课堂是让学生乐于学习，且学得轻松，身心愉悦；让每个学生都能在课堂上看到自己的进步，感受到成功的喜悦，体验到生命成长的快乐；让每位学生都被老师关注，答错时能被老师和同伴理解，困惑时得到他人的真诚帮助。

交流，成了孩子间最亮的风景。

孩子们的生活是以活动的表征再现的。课堂活动、课间活动、上学放学活动以及假日活动等，这些活动给孩子的成长提供舞台和背景，在拥有百年积淀的淮安市实验小学，活动更是校园一抹独特的风景，让孩子流连忘返。

2013 年秋，鑫鑫同学通过报名、演说、投票等一系列过程，光荣地成了一名"小学者"。新的一周开始啦！阳光好美哟，风儿好轻呀，一批"小学者"在校长的关切声中，挂上胸牌，有模有样地"出访"啦！

见面仪式开始了。接见鑫鑫的是班级最高领导——班长。首先由班长向鑫鑫做自我介绍和班级介绍。接着是鑫鑫同学自我介绍，并诚恳请求："希望得到同学们帮助和指导，出访一周，将好好学习，把贵班级最好的经验带回去。"最后，班级全体同学欢迎鑫鑫小学者，并在表演的过程中互赠明信片，拉近彼此的心理距离。

就像家中来了客人似的，迎来"小学者"的班级把自己最好的一面展现在"小学者"面前。做操时，动作做得更加标准；发言时，一个个争先恐后，都想和小学者一争高低，他们也期待自己能够成为"小学者"。小学者的来访无形中给其他的学生以鞭策，与小学者同桌的孩子尤其认真，经常在小学者需要帮助的第一时间出现，而且在各方面都表现得非常优秀。老师说："同桌就是我们班的形象大使，也是小学者的小秘书。"全班的同学就在这些积极的向往中，走向优秀、走向成功。

一滴水可以折射出阳光的七彩，一颗星可以闪耀独特的光。认识自己、了解自己、发展自己，是学校为孩子提供丰富舞台的初衷。科技节、体育节、读书节、英语节、艺术节……总有一个舞台为你而存在，独特之美呈现在校园的每个角落，幸福之花正从活动中悄然绽放。

学校，没齿难忘的心灵家园

淮安市实验小学从民国时期教育家李更生"竖起脊梁担事"的大家气象，到如今"做幸福的人"的教育本真的关照，美好的情愫和永恒的记忆已经化为一代代学子的生命底色。

1. 母校，梦儿开始的地方

明朝《四贤记·出家》曰："修行报德，慨从我志，没齿难忘。"做人之理、做事之法无不能在幼时找到刻骨铭心的记忆，特别是一所启蒙的学校，在幼小童年的记忆中更加弥足珍贵。

邢祖援，遥在台湾的赤子每每想起故乡的校园，封封信笺里都诉说着母校的百年沧桑。花草树木皆有情，恩师伙伴不忘怀。

吴侠，三十年代校友，曾为国家机械工业部教授级高级工程师，在回忆母校时曾十分感慨："……卞校长及老师，在国难、家难当头，环境极其恶劣的情况下，犹不畏艰险，不计名利，不辞辛劳，致力办学，培育后代，诚可敬可贵也。"

季忠民，70年代校友，谈起儿时的回忆："记得那时学校课外作业量很少，每天回家不要半个小时即可完成，剩余时间尽可玩耍。学校每周有两节体育课和一节音乐课，那时便是同学们欢乐的天堂。"

罗文华，曾任实验小学副校长，更是与百年实小结下了深厚情缘："母校50岁生日时我成了一名学生，母校培育了我；母校66岁生日时，我和学友在母校实习了16个月，母校培育了我；母校68岁生日时，我被组织调到母校工作，母校再次培育了我。"

一棵树、一堂课、一本书、一次活动……校友们的诉说犹如颗颗珍珠，连缀起学校的全部。

走在美丽的幸福广场，绿树掩映，高大的香樟树更彰显这所百年老校的魅力。广场一侧的"乐此"水池，意为"乐此不疲"，那古朴的笔迹出自学生稚嫩之手，锦鲤欢畅的影子仿佛活泼泼的孩童。操场的西南角，丰济仓碑亭掩映在绿树丛中，与"春风风我"亭相映成趣。走进桃李园，李更生先生的铜像矗立在广场中间，背后的铭文记录着他老人家教育的情怀。

学校，是梦儿开始的地方，也是幸福的源泉。学校教育的"幸福源"能辐射到家庭，弥漫到社区，浸润到职后，促进社会的和谐与幸福。

2. 关爱，远行学子的珍藏

"老吾老以及人之老，幼吾幼以及人之幼"。淮安市实验小学努力关注"每一个"，坚守"假如我是孩子，假如是我的孩子"倡导爱幼及幼的儿童立场，要求尊重、理解儿童，发现、研究儿童，让菁菁校园成为孩童永远的家。

前年毕业的一位鲁姓同学，身患小儿麻痹，但是实验小学给了她生活的温暖和成长的力量。五年级时，教室按照班级顺序被分在了三楼，考虑到她行动不便，学校专门把教室安排到靠路边的一楼。因为行动不便，她在学校不敢喝水，否则会不方便上厕所。了解了这样的情况，学校专门在一楼卫生间装了一个专用的坐便器。净化学生心灵，不是靠简单的剔除杂草，而是在他们的内心种下善良的种子。再后来，每到课间，同学们怕她寂寞，争相和她聊天；在课堂上，她的作文经常被老师作为范文向同学们展示。六年级，她顺利毕业。当鲁同学和她的家长手捧鲜花，簇拥着敬献给校长和老师的时候，感动在彼此心中荡漾、流淌、交融。

在实验小学，每年的教师节都会有一道独特的风景，成百上千的毕业生返校拜访恩师。初中生、高中生，还有大学生，他们没有忘记自己生命成长中母校给予的最初的这缕阳光！因为，这阳光中绽放的精彩是由师生共同铸就的，它会陪伴你在未来的人生道路上勇往直前；因为，这阳光中酝酿的感动是由师生共同体味的，它会给予你爱与宽容的记忆；因为，这阳光中植根的温暖是由师生共同珍藏的，它会照亮你心中和谐的真谛，它会激发你心中幸福的滋味。学校赋予毕业生们生命成长的阳光和温暖的情怀如爱之链，推己及人，成为传递爱与幸福的使者。

哲学家怀特海说："当一个人把在学校学到的知识忘掉，剩下的就是教育。"实小人应该不会忘记，校长戴铜经常就教师的角色给出一个形象的表达：做孩子生命成长中的贵人。教师们努力让学校成为学生成长的福地，为每一个孩子打下生命成长最初的底色，给孩子一生受用的、可以带得走的东西，成就别人，幸福自己。在我们看来，忘却的总会忘却，不该忘却的无法忘却。不管过去、现在还是将来，学校都将是每一位学子精神成长的家，心灵皈依的园子。

（本文转自《江苏教育》2014 年第 10 期，记者：孔陶　安东）

（四）轻负担　高质量　有特色——不再是教育的乌托邦

——访江苏省淮安市实验小学校长　戴　铜

题记：其实主观意识里将教育强制性地扣上"应试"或"素质"的帽子，多少是对教育本真的背离。何谓教育，我想大约可以概括为育人心智，教人向善。当下，小学阶段的教育在传统选拔式评价仍占较大权重的形势下，素质教育多少有些力不从心。然而，信仰决定行为，小学教育能否冲破樊篱，展现出别样的姿态，完全取决于一种教育态度。在单位时间里，减少不必要的负担，取得卓尔不群的成效，彰显独有的特色，我想是完全可能的。

中国教师报：据我们了解，淮安市实验小学一直把"轻负担、高质量、有特色"作为办学的指导思想，在当前选拔式评价依然占据着教育评价极大权重的大背景下，你们是出于什么考虑的？

戴铜：教育部早在 1999 年就提出了全国基础教育要"全面推进素质教育"这样一个大的改革方向，江苏省教育厅也对"实施素质教育，切实减轻中小学生过重课业负担"做出过明确的规定。这几年来，中小学校也的确在这个思想的指导下做了许多实事，我们也欣喜地看到学生们的书包重量减轻了一些，但是由于目前教育体制的现状带给学生、家长的升学压力日益增加，这一减一增反而导致了当前学生负担有越来越重的趋势。究其原因，我想还是受了高考评价机制的影响。

我们认为，国家确定大力推进素质教育是在总结几十年基础教育的经验和教训、学习和借鉴国际先进教育模式的基础上做出的重大决策。实践也证明，在小学阶段，对孩子行为习惯、学习兴趣、合作精神、创新意识、动手能力的培养，远比对文化成绩的追求要科学得多，况且这两者之间也不是完全对立的。通过学校科学的调控、教育教学的改革，可以让学生在轻松、快乐的学习中既掌握扎实的基础知识、基本技能，又发展学生的兴趣爱好，促进学生综合素质的全面提高，真正让孩子们享受成长的快乐。基于这样的考虑，我们就提出了"轻负担、高质量、有特色"的指导思想。

中国教师报：那么，你们是如何去打造一所"轻负担，高质量，有特色"的学校的？

戴铜：我们学校是一所百年老校，有着优良的办学传统和办学特色，素以关注学生的成长性和培养学生素质的全面性而受到家长的广泛认同，在社会上享有较高的声誉。说实在的，目前我们市区小学教育的水平还是不错的，办学的硬件设施相对均衡，办学层次也基本都是"省、市级实验小学"的水平，但小学的"择校热"不但没有降温，反而愈演愈烈。为了更好地推进课程改革，促进教育均衡发展，从去年开始，淮安市教育局经过充分论证，对"小升初"这个国家级难题进行改革，把地方热点民办初中的入学指标合理分配到小学，由小学统一组织毕业考试和毕业考核，小学择优向初中推荐。

这种改革更有利于我们实现教育理想和追求。因为，一直以来，我们毕业年级和其他年级一样，按规定开齐开足相关课程，认真开展教育教学活动，严格控制师生在校时间，不准加班加点；严格控制作业负担，语文、数学、英语作业（学案）由教研组老师集体印制，各班根据学生特点适度调整个性化练习，对作业的数量和难度都有明确的要求，不准突破。尽管来自各方面的压力很大，但因为我们是实验小学，必须以人为本，只有通过向单位时间要质量来提高我们的水平。事实证明，学生的负担轻了，学校教育的质量反而高了。现在的教育形势和背景让我们的"轻负担"得到了更好的落实和保证。

我们崇尚学生学习的轻负担是希望以此为前提更好地达到"高质量"和"有特色"，达到"以人为本、和谐发展"。

提高课堂教学效率是"高质量"的关键。执行新的课程计划后，上下午的最后一节课的时间都从原来的 40 分钟压缩到了 35 分钟。如何高效地利用这 35 分钟并追求课堂效益的最大化，就成了检验教师教学水平的第一把尺子。

作业练习是巩固和掌握新知的有效手段，但我们绝不允许搞"题海战术"，我们鼓励教师到题海中去"捞金"。大家根据教学内容把不同类型、不同风格、不同层次、对学生思维发展起不同作用的典型题目选出来，大家一起讨论、筛选，把能激发学习兴趣、有利于触类旁通的题目有机地渗透到平时的教学中去，注重练习的趣味性、针对性、自主性、实践性和层次性，在巩固新知识的同时，也将相关的知识点向"面"上拓展和延伸，做到"控量保质"。

另外，随着社会的进步、人们生活水平的提高，家长对孩子学习的"期望值"的内涵也在发生变化，他们更加关注的是孩子们的学习能力以及生存能力，而不再唯应试能力所动。家长教育观念的改变也更加坚定了学校大力推进素质教育的决心和信心。

中国教师报： 在这样的办学思想指导下，你们希望培养出孩子们什么素质，你们又是怎样去培养的？

戴铜： 我们学校的办学理念是"以人为本，和谐发展"。"发展"我们是从三个层面上来讲的，就是学生的素质发展、教师的专业发展和学校的内涵发展。应该说，"以人为本"是我们办学的原则，即"以人的需求为本，以人的发展为本"；"和谐发展"是我们追求的目标。那么对于学生来说，就是让学生成为"道德品质高尚、行为习惯良好、知识技能扎实、身体心理健康、创新意识较强、综合能力较强"的社会主义事业的建设者和接班人。为此，学校提出了教育要"坚持面向全体学生""促进学生全面发展"的"两全"的要求。

我们常和老师讲：每一个孩子都承载着一个家庭的希望，也许对于班级来说，他（她）只是几十分之一，对年级来说，他（她）只是几百分之一，对学校来说，他（她）只是几千分之一，但对于他们的家庭来说，那就是百分之一百，他们都是家长的希望所在啊！所以我们要学会"换位思考"，不能因为暂时的成绩不理想就漠视他们，不能因为暂时的行为习惯较差就歧视他们，不能因为暂时的落后就放弃他们。他们必须享受到来自学校、教师、同学、社会的公正的待遇，接受公平的教育。在我们老师眼里，孩子们只有成长、发展的先后之分而没有好坏之别，要实施"全纳教育"，真正做到"一个都不能少"，要相信他们"天生我材必有用"，每个人在世界上都会有一个属于他的位置，他都能在这个位置上发挥一定的作用。

为了更好地达成"两全"目标，首先，我们注意研究学生的年龄特点，了解孩子们的心理需求，找到适合他们的有效的教育教学方法，因材施教；其次，我们也要注意研究学生的认知规律，掌握不同年龄段学生的思维方式和特点，充分地利用学生已有的知识和经验，引导他们自主学习、合作学习、探究学习，不仅要"学会"，更要"会学"；再次，我们还要特别关注和研究学生的心理特点，孩子们都争强好胜，都希望自己的行为和思考能够得到大人特别是老师的认可，所以我们就特别强调注重正面引导，对孩子要多表扬、少批评，即使孩子做错了，也要找准契机，把握住合适的教育方法，让他们更易于接受，免受或少受些伤害。

另外，在孩子们的发展方面，我们不仅要关注他们在文化知识上的积累，更要注重对他们行为习惯的培养。

我们不仅重视对孩子基础知识的传授和基本技能的训练，更注重对他们创新能力的培养。我们以各项活动为载体，为学生提供学习和展示的平台。学校每年都举办的科技节开展的各种科普小论文、小发明、小创造等活动，就是基于这一点来考虑和设置的。

学生的天职是学习，在当前的教育大背景下，学习成绩在很大程度上还是衡量其学习绩效的一个天平。但是学校提出，我们不仅要关注孩子们的学习成绩，更要关注他们情感态度价值观的形成。

在学校，我们不仅重视具体学科的教学，还把社会实践活动作为重要因素纳入教育计划。

我们不光重视孩子们的文化学习，而且还重视他们的身体素质和心理素质的培养。学校的各种体育活动非常丰富，孩子们是学得开心，玩得开心。在心理健康方面，我们考虑学生到了高年级后因为生理和心理的逐渐成熟，个性和私人空间意识增强，很多时候，他们不大愿意和父母交流、不主动和老师交流，这就给教育带来了诸多不利的因素。有很多孩子因为长期得不到心理疏导而变得孤僻不合群、自私不合作。为此，学校专门设立了一个"知心姐姐信箱"，孩子们有什么心理问题，有什么意愿要求，都可以写下来投到信箱里去，我们还特别配备了两位有心理学专业特长的老师负责此项工作。他们定期开箱，找学生谈话，帮助他们厘清情绪、调节心理，收到了良好的效果。

总的来说，我们希望通过"轻负担、高质量、有特色"的办学理想的实践，不仅培养孩子们眼前的、显见的素质，还要为他们以后的可持续发展打下基础。通过对毕业生的跟踪调查，中学的老师们普遍反映，实验小学的学生不仅学习成绩出众，而且行为习惯好、学习兴趣浓、综合素质高，特别是持续发展的潜力很大。他们形象地说我们的学生不是用"化肥"追出来的。

中国教师报：我们在学校门口的墙壁上发现了这样一句话："让每个学生都拥有成长的快乐，让每位教师都享受职业的幸福。"可以说在学校的精心呵护下，我们的孩子应该都可以"拥有成长的快乐"，那么"让每位教师都享受职业的幸福"该如何理解？

　　戴铜：教师是办学的主体，是学校的主人，也是我们"轻负担、高质量、有特色"最主要的促成因素。我们对教师发展也有自己的理解。首先，教师需要发展。特别是随着课程改革不断地向纵深推进，无论是从教学内容、教学形式还是教学手段等都对传统的教学提出了挑战，对教师的素质能力也提出了更高的要求。即使是教学经验非常丰富的老教师，也需要不断地学习和适应。其次，教师能够发展。教师是社会的一种特殊的职业，教师自身都受过专业的教育与培训，具备良好的基础和素质，每个教师自从教的第一天起就都会有做一名"优秀教师"的理想和追求。实践证明，在职业理想的引导下，通过自己的努力和学校的培养，教师也可以实现自身职业价值的最大化，成为专家、名师。在这种思想的指导下，学校在促进学生素质发展的同时，也把促进教师的专业发展作为一项重要的工作抓紧、抓实、抓好，让教师在从事教书育人的工作中，实现自己的人生价值，享受教师职业的幸福。

　　教师的职业价值体现在哪里？我们说是两个方面，一是能教出全面发展、个性发展的优秀学生；二是教师自身的职业发展和事业追求要好。我们不希望教师十年、二十年之后仍然是一个"教书匠"，而是倡导他们去做学者型的教师、研究型的教师、专家型的教师，帮助他们树立远大的职业理想和事业追求，帮助他们规划好职业生涯，并在日常的教育教学中通过自己的勤奋学习、扎实工作，不断达成预定的目标。

　　我们知道，教师工作的对象是学生，教师的劳动成果不是凝聚在物质产品上，而是凝聚在学生的心灵上。教师的工作没有刻板的公式、没有固定的程序、没有上下班的明显界限、没有明确限定的范围和地点，教师的职业具有一定的特殊性。为了更好地促进教师发展，学校在管理工作方面也进行积极的思考与实践，注重制度管理、自主管理与人文管理的有机结合。

　　在教师的发展过程中，学校要引导教师将他们的个人价值取向与学校的发展目标有机地结合起来。

　　在教师的发展过程中，学校的评价机制发挥积极的引领作用。我们对教师的评价是多元的、立体的，不仅看教师所带的班级显性的学科考试成绩，还要看这些成绩的增减幅度；不仅注重考核教学结果，还要注重考核教学过程；不仅考核期中、期末的教学成绩，还要考核教师的师德规范、教育科研情况等。多元化、多层次地去评价教师的德、能、勤、绩，且这些评价标准的制定和评价过程的操作也由教师自己掌控。这样，每个教师在工作的过程中会有意识地促进既定目标的达成。

在教师的发展过程中，学校还要积极地为他们提供学习的课堂、搭建展示的舞台。仅在 2005 年，学校就有三人被评为"江苏省特级教师"，有五人被评为"中学高级教师"，有三十多位教师为全市的"三百工程"录制示范课例，并做成光盘送教下乡。

和老师们交流时，他们都坦言：在实验小学工作是辛苦的，压力很大，有一种无形的力量"逼"着自己奋发向上，但这都是自愿的，是"不用扬鞭自奋蹄"；在实验小学工作又是幸福的，苦中有乐，能感受到集体的力量和"家"的温馨，有着一种强烈的归宿感和成就感。因此，我们把"让每个学生都拥有成长的快乐，让每个教师都享受职业的幸福"刻在校门口，作为一种办学的理想和目标来激励大家。

回顾学校这几年的发展，我最大的感受就是，队伍建设是立校之本、强校之魂，"名师创名校、名校塑名师"一定要落到实处。几年中，学校的班级数增加了 50 多个，招聘了 100 多名新教师，但学校的教学质量、办学水平都没有因此受到影响，相反美誉度还在不断提高，办学特色还在不断创新和发展。更值得高兴的是，在此过程中，青年教师快速成长，骨干教师、特级教师层出不穷，这为学校的科学发展、可持续发展奠定了坚实的基础。所以每每想起来，我们都倍感自豪和欣慰，也对今后的发展也充满了信心。

后记： 第一次踏上淮安的土地便有幸结识了戴校长，这是一件让我非常高兴的事。戴校长为人很谦和，话并不多，只是在谈起教育时，才会滔滔不绝。他能够清晰地记得在他的教育生涯中，发生的一些微不足道的小事，同时他又很善于从这些小事里看出不平常的道理，这便让他和我的谈话过程变得张弛有度，又非常跳跃。看得出来，他是一个实干家，性格恬淡，不喜张扬。在写作这篇稿件的时候，我念念不忘的是他谈起教育时忧郁的眉头，还有说起学校时的神采飞扬。用心的人是值得我们每个人去尊敬的，而能够执着于自己的理想，在安静的校园里为一个个生命的美好未来而默默无闻奉献着的用心的人，就更应该接受人们敬仰的目光。我不能肯定何谓一所好的学校，这会是一个模糊的概念，但是如果非要划定一个评判的标准的话，我想，淮安市实验小学完全可为蓝本；而对于好校长的界定，同样如此。

（本文转自《中国教师报》2006 年 9 月 6 日，记者：熊炜炜　潘其勇）

（五）"幸福教育"，建塑师生终极目标

——江苏省淮安市实验小学"幸福教育"访谈

江苏省淮安市实验小学是一所百年老校，有着丰厚的文化积淀、优良的办学传统和鲜明的办学特色。在学校办学之初，被誉为"爱国教育家"的李更生先生积极倡导"儿童本位"的教育思想，积极倡导"动"的教育，其优秀的文化基因传承至今。百年校庆的经验总结和"江苏人民教育家培养工程"的学习实践，引发了学校对教育的本真意义、对学校教育的价值旨归等有了更深刻的思考。2010年6月，学校萌生了"幸福教育"的办学主张，开始了"幸福教育"的理论学习和实践探索。

经过五年的探索与实践，淮安实验小学坚守"幸福教育"的理想信念，坚持"为了成就人的幸福"的办学追求，实践"办幸福教育，建幸福学校，当幸福教师，育幸福学生"的行动研究，取得了预期的研究目标。为此，本刊对淮安市实验小学校长戴铜进行了专访。

《华夏教师》： 戴校长您好，大家对"幸福教育"这一提法并不陌生，很多学校也都做了相关的研究和实践。淮安市实验小学（以下简称淮安实小）的"幸福教育"有着怎样的内涵？

戴铜： "幸福"是个比较抽象的概念。对"幸福"的科学认知，是幸福学校建设的前提和基础。为了更好地理解和把握其内涵，我们认真学习古今中外先哲们关于"幸福"的论述，邀请专家辅导讲座，结合"积极心理学"的研究成果，组织教师研讨，最终达成了共识。"幸福"就是人自我的主观感受、快乐的心理体验，是人认识到自己的需求得到满足、自己的理想得以实现而产生的一种理想的情绪状态，它是人类生活所追求的终极目标。而"幸福教育"就是把人的终生幸福作为发展目标的教育。"幸福教育"要让儿童在丰富多元的校园生活中，兴趣得到激发，习惯得到培养，能力得到提升，个性得以张扬，每个人能享受到学习的快乐、获得成功的体验，获得鲜活的、真实的生命成长；教师在富有创造性的工作实践中，体

面而又有尊严地学习、生活和工作，实现自身职业的价值与意义，享受教师职业的尊严与幸福。同时，学校教育的"幸福源"能辐射到家庭，弥漫到社区，促进社会的和谐与幸福。

《华夏教师》：我们知道，在描绘一部鸿篇巨制时，要先有一幅蓝图，"幸福教育"的实践和探索也应如是。在最初的实施过程中，您有着怎样的规划？

戴铜：是的，实践"幸福教育"就是要努力追求和实现教育对人生幸福的积极意义。我们是从四个维度来规划设计幸福学校建设的愿景的。

第一，学校成为精神的家园。把"做幸福的人"作为学校文化的底色与基调，在学习实践中，形成"高度认同的价值取向"；在管理实践中，创造"身心愉悦的成长环境"；在工作实践中，提供"动态发展的制度保障"；在教育实践中，打造"自觉规范的行为文化"；在生活实践中，萌发"追求卓越的积极心向"，让学校真正成为师生心灵向往的学园、流连忘返的乐园、没齿难忘的家园。

第二，教师成为幸福的使者。不仅教师是幸福的人，能够体面而有尊严地工作、学习和生活，追求并实现自我的价值与人生的意义，教师还应是"促进幸福"的人，通过教育把自己科学的幸福观念、优良的幸福品质和较强的幸福能力传递和移植到儿童身上，为儿童的人生幸福奠定基础。

第三，儿童成为最好的自己。学校要立足于、服务于学生的成长，不仅要让学生有一个幸福的当下生活，更要为他们未来的幸福人生奠定基础，让每个儿童都能参与"健康快乐的学习"，拥有"自由自在的成长"，实现"富有个性的发展"，享受"充满幸福的生活"，都能成为"最好的自己"。

第四，教育成为人类的福源。幸福需要教育，教育成就幸福。人的幸福所需要的幸福观念、幸福品质和幸福能力的形成与发展，必须要以优质的教育作为依托，通过教育来实现幸福的理想，通过教育来提升幸福的指数。

幸福教育最终是为了人更好地生存和发展，在实践中提升人发现幸福、体验幸福和创造幸福的能力。

《华夏教师》：从2002年开始，国内的一些学校纷纷提出幸福教育的理念并开始践行，各具特色。淮安实小通过五年多的实践，"幸福教育"已极具特色，教师成长和学生发展两方面尤为突出。请您介绍一下学校是如何践行的。

戴铜："幸福教育"的实践研究必须要立足校本，在"幸福教育"的旗帜下，努力摸索适合自己的实践建构。您所说的教师成长和学生发展两方面是我们在"幸福教育"中要达成的两个目标，即每一个学生都拥有成长的快乐，每一位教师都享受职业的幸福。

作为学校最重要的人，学生既是学校教育的客体，同时也是自我发展的主体；教师既是实施教育的主体，也是学校管理服务的客体。所以，幸福学校建设最根本的、最重要的任务就是服务好、发展好每一位师生。

一方面，要让每一个学生都拥有成长的快乐。我们认为，学生的发展是一种生命成长的过程，学校教育是学生成人、成才的"可能性"的开发和实现的过程，学生的现实生活是享受成长快乐的过程。学校一切要以学生的需求和发展为本，尊重学生的身心发展规律、尊重教育教学规律，努力为学生提供适宜的成长环境和优质的教育服务，帮助和促进学生全体发展、全面发展、自主发展和个性发展，使学生不仅理解和掌握知识技能，提升创新意识和实践能力，还能形成积极向上的精神品质，使学生在学习和成长过程中享受到快乐和幸福。

另一方面，要让每一位教师都享受职业的幸福。教书育人既是教师的责任和义务，也是教师职业生命的价值所在，还是教师职业生活的幸福所依。我们树立正确的教师观，充分地信任教师、尊重教师、激励教师、成就教师，让教师焕发蓬勃的生命活力与工作热情，获得职业内在的尊严与幸福。一是促进教师的专业成长，从教师追求"自我发展"的最高需求入手，做实"师表工程"、做好"青蓝工程"、做优"名师工程"，让教师在读书学习中丰厚自身的内涵与底蕴，在培训实践中寻找个性发展的空间和路径，在发展评价中体验工作的成功与幸福。二是关心教师的工作生活，让教师的精神生活得到丰富、心理需求得到满足、个体价值得到体现、幸福感受得到提升。三是尊重教师的人格劳动，信任教师的主观努力与执业能力，坚持民主管理、科学决策，调动教师参与学校管理的积极性、主动性和创造性。四是评价教师工作，建立健全评价机制，创新多元评价实践，鼓励和引导教职员工积极参与评价过程管理，发挥评价内在的导向性、激励性、发展性功能，增强教师的职业幸福感受。五是彰显教师个性，鼓励教师将自己的个性发展和专业成长相结合，尊重教师的兴趣爱好，发展教师的专业特长，为教师的个性发展提供机会、搭建平台；利用他们的特长优势，为学校的特色发展和学生的兴趣培养服务；也让他们在自己的"强项"中展示风采，在自我的个性发展中体验职业的幸福。

《华夏教师》：通过五年多的探索，"幸福教育"取得了哪些成绩？

戴铜：历时五年的"幸福教育的实践研究"，我们进一步丰富了对教育本义的理解，进一步深化了对"幸福教育"的认识，取得了预期的成果，产生了积极的影响。

首先，促进了教师团队整体素养的提升。幸福教育课题组成员的教育理论基础和人文素养得到进一步提升，教育理解能力和实践创新水平得到进一步发展，在《人民教育》《中国教育报》等发表论文 40 多篇，为安徽、河南、山东、广东、天津、新疆、云南、贵州及省内的学校管理者做专题讲座 30 场，出版了四本一百余万字的"幸福教育丛书"；《爱我淮安》获得省校本教材评比一等奖并被市教育局推荐在全市推广使用；获得省首届教学成果二等奖；本研究课题入选江苏省"六大人才高峰"资助项目，省教育厅组织出版发行了研究成果《学校，一个让人幸福的地方》，产生了积极而广泛的影响。

五年来，学校教师主持申报了近 50 项省级、市级研究课题，在省级以上教育媒体发表论文近 400 篇；我校连续多年在省"教海探航""师陶杯"征文竞赛中成绩优异，成就了"淮安实小现象"；有 170 多人次在省、市级教学评比中获奖，有 60 多人被评为市级学科带头人，有 6 人被评为江苏省特级教师。教师团队的社会形象进一步提升，综合实力进一步增强。

其次，促进了学校发展内涵品质的提升。"幸福教育"的实践研究为学校的内涵发展提供了良好的机遇。我们多次邀请专家来校指导，发展规划得到科学论证，教师团队得到整体提升，校园环境得到改进优化，学校文化得到系统完善，办学思想得到规范实践，教育质量得到显著提升，教育特色得到有效彰显。"办好一所学校，造福一方百姓，成就一方孩子，促进一方文明"的教育理想初步实现，"五区布点、幼小联动、资源共享、特色发展"的超万人规模的集团办学模式、主动接纳 9 所乡村小学参与的学校发展共同体建设，为促进区域基础教育的优质均衡发展贡献了力量。

最后，促进了"幸福教育"影响辐射能力的提升。"幸福教育"的实践研究取得了预期的成效，辐射功能也得到了较好的发挥。"幸福教育"从学校出发，走进家庭、走进社区、走向未来，促进家庭和社会的和谐幸福。学校先后承办了江苏省教科院主办的主题为"倡导幸福教育，建设幸福学校"的"人民教育家培养对象送教总理故乡"活动、主题为"幸福学校建设"的"江苏名校发展论坛"，承办了第一、二届"江苏幸福教育论坛"，开展了"幸福教育"的学术研讨；为辐射课题研究成果，学校成立了"幸福教育研究中心"，淮安市教育局成立了"淮安市幸福教育研究会"；组织全市 30

余位小学特级教师参与"幸福教育乡村行"名师志愿者行动近 20 次；牵头组建了"幸福教育学校联盟"，参与发起成立"全国幸福学校共同体"，把幸福教育研究推到更高的平台；组织本市小学特级教师到甘肃、云南等地参与中国教育报刊社人民教育家研究院组织的"幸福教育西部行"活动。

我们深知，"幸福教育"的实践研究只有起点没有终点，没有最好只有更好。我们将站在新的起跑线上，向着幸福教育的理想继续前行。

《华夏教师》：在此，我们祝愿淮安实小继往开来，再创佳绩！感谢您接受本刊的采访。

戴铜：谢谢！

（本文转自《华夏教师》2016 年第 1 期，记者：白芸）

附　录

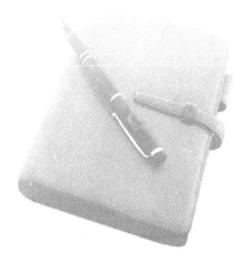

一、发表论文(部分)

1.《发展是学校改革的第一要务》,载《小学教学参考》,2004(01)。

2.《坚持以师为本,提升办学品位》,载《江苏教育》,2007(12)。

3.《促进自主学习,体验成长快乐》,载《江苏教育》,2010(11)。

4.《规范课程管理,做实校本研究》,载《基础教育参考》,2010(11)。

5.《改善评价生态,促进个性发展》,载《江苏教育研究》,2010(12)。

6.《思维·文化·素养——小学数学教育的价值追求》,载《江苏教育》,2010(12)。

7.《校长能为教师的职业幸福做些什么?》,载《中国教育报》,2011-11-05。

8.《对现代"私塾"现象的思考》,载《基础教育参考》,2011(12)。

9.《人本·和谐·幸福——学校管理的应然追求》,载《江苏教育研究》,2011(12)。

10.《人本管理,让教师职业多些幸福的"味道"》,载《小学教学参考》,2012(02)。

11.《追寻数学教育的幸福之路》,载《著名特级教师教育思想录》,2012(01)。

12.《追求幸福的教育》,载《江苏教育》,2012(07)。

13.《同质异景:超大规模学校管理的实践与思考》,载《江苏教育》,2012(07)。

14.《认识职业价值与责任,做学生生命成长的"贵人"》,载《基础教育参考》,2012(07)。

15.《学校,一个让人幸福的地方》,载《江苏教育研究》,2013(06)。

16.《教育,面朝幸福的远方》,载《人民教育》,2014(07)。

17.《办一所真正意义的学校》,载《江苏教育》,2014(10)。

18.《为了成就人的幸福——幸福学校建设实践研究的行与思》,载《江苏教育研究》,2015(10)。

19.《集团化办学的价值定位与实践路径》,载《教育视界》,2015(01)。

20.《坚守教育理想,提升办学品质——新常态教育背景下的学校管理实践》,载《江苏教育》,2015(08)。

二、主要编著(主编)

1.《百年长歌——学校文化的传承》,陕西人民教育出版社,2008年。

2.《和谐发展——校园永恒的主题》,陕西人民教育出版社,2008年。

3.《教育特色——学校亮丽的名片》,陕西人民教育出版社,2008年。

4.《开放创新——课堂教学的灵魂》,陕西人民教育出版社,2008年。

5.《素养提升——数学教育的价值》,陕西人民教育出版社,2008年。

6.《自主合作——园所发展的源泉》,陕西人民教育出版社,2008年。

7.《太阳下的风景——幸福教师的成长故事》,江苏教育出版社,2014年。

8.《一树一树的花开——幸福学生的成长故事》,江苏教育出版社,2014年。

9.《追寻生长的脚步——幸福课堂的实践探索》,江苏教育出版社,2014年。

10.《面朝幸福的远方——课堂教学的理性思考》,江苏教育出版社,2014年。

11.《学校,一个让人幸福的地方》(专著),江苏凤凰教育出版社,2015年。

三、"幸福教育"实践研究记事(2003.09—2016.12)

序号	时间	事件	备注
1	2003—2008	继承"儿童本位"的办学传统,提出并践行"以人为本,和谐发展"的教育理念	学校
2	2008—2010	百年校庆进一步总结办学经验,坚持人本和谐的学校管理,思考学校"十二五"发展规划	学校
3	2010.06	提出"幸福教育"办学主张,得到专家导师的认同与指导	江苏人民教育家"培育工程"
4	2010.06—2010.10	开始系统的幸福教育理论与实践的学习、讨论,开展关于"幸福教育"的教师、学生及家长的问卷调查,发放问卷近万份,并进行统计分析	城市、郊区、农村

（续表）

序号	时间	事件	备注
5	2010.11—2011.02	学习研讨"幸福教育"内涵，开展"办幸福教育、建幸福学校、当幸福教师、育幸福学生"的主题研讨活动	管理团队、校区、年级
6	2011.03.11、12	承办省教科院组织的"人民教育家培养对象送教周总理故乡"活动，主题为"倡导幸福教育，建设幸福学校"	江苏省教科院
7	2011.03.12	和全市小学校长交流：关于幸福学校建设的思考（讲座）	淮安市教育局
8	2011.03—2011.12	深入学习幸福教育的理论与实践，开展"幸福教育的样子""幸福教师的样子""幸福学生的样子""幸福课堂的样子"等专项的问卷调查、交流研讨活动	教研组、年级、校区、全校
9	2011.03—2011.11	组织申报并获批：江苏省"十二五"教育科学规划重点资助课题、江苏人民教育家培养对象专项课题"幸福学校建设的实践研究"	省教科规划办
10	2011.05—2011.11	申报江苏省第九期教研重点资助课题："基于校本的幸福团队建设研究"	江苏省教研室
11	2011.11.05	与未来的人民教师对话：如何做一个幸福的教师（讲座）	南京师范大学
12	2011.11.08	与来校考察的天津市滨海区小学校长交流：如何让学校幸福起来（讲座）	天津滨海区小学校长、淮安市教育局
13	2011.11—2011.12	为广东省小学校长培训班交流幸福教育实践（讲座） 第一期（11.25—30）"如何促进教师的专业发展？" 第二期（12.4—11）"关于幸福团队建设的思考与实践"	江苏省教师培训中心
14	2011.12.28	与连云港市小学校长交流：幸福学校建设的思与行（讲座）	连云港教育局
15	2012.03.08	与来校考察的安徽省阜阳市小学名校长们交流：关于幸福教师队伍建设的思与行（讲座）	阜阳市教育局
16	2012.04.19	与安徽省池州市小学校长培训班交流：人本和谐幸福——学校管理的应然追求（讲座）	池州市教育局
17	2012.05.17	参加"牵手苏北农村教育"活动，与洪泽县中小学管理人员交流：让校园多些幸福的"味道"（讲座）	江苏省教育厅

（续表）

序号	时间	事件	备注
18	2012.05.18	与洪泽县老子山九年制学校数学教师交流：数学课堂的幸福"味道"	江苏省教育厅
19	2012.06	与新疆生产建设兵团农七师中小学校长交流：激励评价——幸福学生个性发展的有效路径(讲座)	淮安市教育局
20	2012.07.17	与安徽省阜阳市颍州区中小学管理人员交流：如何建设幸福学校(讲座)	颍州区教育局
21	2012.10	与来校考察的天津市滨海新区第二批小学校长交流：提升幸福教师科研能力的方式与路径(讲座)	滨海新区教育局
22	2012.12.07	与淮安市清河区中小学管理人员交流：人本管理与高效课堂(讲座)	清河区教育局
23	2012.12.05	省重点课题"幸福学校建设的实践研究"开题指导暨主题研讨活动	江苏省教科院
24	2012.12.05	学校幸福教育研究中心成立暨《幸福教育》杂志首发仪式	淮安市教育局
25	2013.02至今	开展幸福课堂研讨与展评(校区、年级、学科)	教育集团内
26	2013.05.20	与新疆生产建设兵团中小学校长交流：关于学校幸福管理讨论	淮安市教育局
27	2013.05.23	与省小学校长高研班交流：绩效工资背景下教师管理的思考与实践(讲座)	淮安市教育局
28	2013.06.15	省教育重点课题"基于校本的幸福团队建设的实践研究"中期评估成绩"优秀"	江苏省教研室
29	2013.08.19	与淮安市涟水县中小学管理人员交流：关于幸福学校管理的实践与思考(讲座)	涟水县教育局
30	2013.09.23	"幸福教育"西部行——参加"彩虹行动"送教贵州省金沙县沙土镇一小、二小，与金沙县的教育行政及中小学管理人员交流：如何建设幸福学校(讲座)	民进江苏省委
31	2013.09.25	"幸福教育"西部行——到云南楚雄市北城小学教学研讨及管理交流	云南省教育厅

（续表）

序号	时间	事件	备注
32	2013.10.18	承办江苏省"2013 名校发展论坛""幸福学校建设"，并做主题报告：向幸福出发	江苏省教科院、淮安市教育局
33	2013.10.22	参加"牵手苏北农村教育"活动，与阜宁师范附小管理人员、数学教师交流：理想的数学课堂是什么样子？	江苏省教育厅
34	2013.10.23	与阜宁县中小学管理人员交流：人本管理，让校园幸福起来（讲座）	江苏省教育厅
35	2013.11	"幸福教育"校园行——赴江阴华西村实验学校教学研讨与管理交流	江苏培育工程
36	2013.12.18	"十二五"重点资助课题、教育家培养工程专题课题"幸福学校建设的实践研究"中期评估"优秀"	江苏省教育科学规划办
37	2014.01	筹建"幸福教育学校联盟"，编印"幸福教育"杂志并寄发联盟校	学校
38	2014.02	组织修订"幸福教育"丛书	学校
39	2014.04	"幸福教育"丛书一套四本顺利出版发行	江苏教育出版社
40	2014.05.16	"淮安市幸福教育研究会"成立	淮安市教育局
41	2014.05.16	"幸福教育学校联盟"成立并第一次成员代表会召开	13 省份 34 校
42	2014.05.17	承办江苏首届幸福教育论坛暨苏派名师教学观摩活动，学校主题报告："学校，是个幸福的地方"	省教育学会、淮安市教育局
43	2014.06.20	参加全国"幸福学校共同体成立"筹备会	中国教育报刊社
44	2014.07	《人民教育》彩页报道学校的幸福教育实践	省教科院推荐
45	2014.10.18	承办江苏省 26 届"教海探航"征文颁奖大会暨"苏派"与全国名师课堂教学观摩研讨活动，全国 11 个省份的近 1300 位代表参加，活动主题：面朝教海　幸福花开	江苏省教育厅、省教育报刊社、淮安市教育局
46	2014.10.25	参加全国"幸福学校共同体成立大会暨首届幸福学校论坛"，并做主题报告："学校应是让人幸福的地方"	教育家研究院、杭州安吉
47	2014.10	教育媒体专题推介学校的幸福教育主题文章："办一所真正意义的学校"，另组织一组文章参与	《江苏教育》

（续表）

序号	时间	事件	备注
48	2014.10	"幸福学校建设的实践研究"入选江苏省第十一批"六大人才高峰"B类项目，获得省政府十万元经费支持	江苏省组织部、人社厅、财政厅
49	2014.11.01	"幸福教育"校园行——赴安徽省五河县进行课堂教学交流	五河县教育局
50	2014.11.18	江苏人民教育家培养工程首批培养对象戴铜教育思想报告会，全市共计700多人参加	江苏省教科院、淮安市教育局
51	2014.11.27	江苏人民教育家培养工程首批培养对象终期现场考察	江苏省教育厅
52	2014.12.25	"幸福教育乡村行"（试行）第一站——清河实小	幸福教育研究会
53	2015.01.08	学校倡导发起的"幸福教育乡村行"名师志愿者行动启动仪式在我校举行	幸福教育研究会
54	2015.01.12	"幸福教育乡村行"第二站——淮阴区徐溜中心小学	幸福教育研究会
55	2015.01.16	参加全国幸福学校共同体会议	教育家研究院
56	2015.01.21	"幸福教育乡村行"第三站——洪泽万集中心小学	幸福教育研究会
57	2015.03.05	彭钢主任来校指导"幸福学校建设"课题申报与结题	省教科规划办
58	2015.03.10	幸福教育问卷调查并统计（家长、学生、教师）	各校区、联盟校
59	2015.03.12	省、市专家来校指导开题、结题	省教研室规划办
60	2015.03.18	"幸福教育乡村行"第四站——淮阴区西宋集中心小学，接待河南濮阳三小第一批14人来校考察幸福教育4天	幸福教育研究会
61	2015.03	"我的教育主张：幸福教育"编入"江苏人民教育家培养对象教育思想录"	江苏省教育厅
62	2015.03.25	"幸福教育乡村行"第五站——涟水杨口中心小学	幸福教育研究会
63	2015.04.25	接待河南濮阳三小第二批17人来学校考察幸福教育	学校
64	2015.04.03	"幸福教育乡村行"第六站——清浦区南闸小学	幸福教育研究会
65	2015.04.09	接待河南濮阳三小第三批12人来学校考察幸福教育2天	学校
66	2015.04.10	和涟水县校级后备人员谈"幸福学校建设的实践与思考"	淮阴师院
67	2015.04.13	"幸福教育西部行"——到甘肃静宁县开展活动，三场讲座及研讨，四校课堂教学研讨	中国教育报刊社、教育家研究院、淮安市教育局

（续表）

序号	时间	事件	备注
68	2015.04.14	应邀到甘肃天水市实小和老师交流幸福教育实践话题	
69	2015.04.19	全校教学科研骨干研讨"幸福课堂"及备课、上课、评课	各校区
70	2015.04.22	媒体报道"幸福教育乡村行"（综合新闻版）	《江苏教育报》
71	2015.04.22	接待河南濮阳三小第四批10人来学校考察幸福教育	学校
72	2015.04.23	"幸福教育乡村行"第七站——淮阴区韩桥镇中心小学	幸福教育研究会
73	2015.04.28	"幸福教育乡村行"第八站——清浦区武墩中心小学	幸福教育研究会
74	2015.04	专著：《学校，一个让人幸福的地方》出版	江苏教育出版社
75	2015.05.08	承办"全国幸福学校共同体2015年会暨江苏省第二届幸福教育论坛	江苏教育学会、淮安市教育局
76	2015.05.18	"幸福教育乡村行"第九站——淮安区南闸中心小学	幸福教育研究会
77	2015.06.03	"幸福教育乡村行"第十站——涟水县高沟中心小学	幸福教育研究会
78	2015.06.04	"幸福教育乡村行"第十一站——清浦区黄码中心小学	幸福教育研究会
79	2015.06.18	"幸福教育乡村行"第十二站——开发区南马厂中心小学	幸福教育研究会
80	2015.09.24	"幸福教育乡村行"第十三站——金湖银集中心小学	幸福教育研究会
81	2015.10.14	"幸福教育乡村行"第十四站——盱眙马坝中心小学	幸福教育研究会
82	2015.11.05	"幸福教育乡村行"第十五站——洪泽岔河中心小学	幸福教育研究会
83	2015.11.26	"幸福教育乡村行"第十六站——淮安区车桥中心小学	幸福教育研究会
84	2015.11.29	"幸福教育西部行"——云南楚雄，三场讲座及研讨，四节课堂教学研讨	教育家研究院、淮安市教育局
85	2015.12.25	"幸福教育乡村行"第十七站——淮安区钦工中心小学	幸福教育研究会
86	2015.12.29	"幸福学校建设的实践研究"课题获评"江苏省教育科学规划精品课题"	幸福教育研究会
87	2015.12.29	"幸福教育乡村行"第十八站——金湖县银集小学	幸福教育研究会
88	2016.01.07	"幸福教育乡村行"第十九站——盱眙县旧铺中心小学	幸福教育研究会
89	2016.03.17	"幸福教育乡村行"第二十站——涟水县高沟中心小学	幸福教育研究会
90	2016.03.30	"幸福教育乡村行"第二十一站——淮阴区渔沟镇小学、幼儿园	幸福教育研究会
91	2016.04.15	"幸福教育乡村行"第二十二站——涟水红窑实验学校（中小学、幼儿园）	幸福教育研究会

（续表）

序号	时间	事件	备注
92	2016.04.20	"幸福教育乡村行"第二十三站——金湖涂沟小学	幸福教育研究会
93	2016.05.25	承办"江苏省第三届幸福教育论坛"	省教育学会、教育家研究院、淮安市教育局
94	2016.06.15	"幸福教育乡村行"第二十四站——盱眙希望小学	幸福教育研究会
95	2016.06.23	《学校，一个让人幸福的地方》获江苏省第四届教育科学优秀成果实践研究二等奖	江苏省教育科学规划办
96	2016.09.29	幸福教育西部行——四川省乐山市县街小学	教育家研究院、淮安市教育局
97	2016.10	《学校，一个让人幸福的地方》获淮安市第十三届哲学社会科学优秀成果二等奖	淮安市政府
98	2016.11.16	"幸福教育乡村行"第二十五站——生态新城实验小学	幸福教育研究会
99	2016.11.29	"幸福教育乡村行"第二十六站——淮阴区老张集中心小学	幸福教育研究会
100	2016.12.01	"幸福教育乡村行"第二十七站——清江浦区和平中心小学	幸福教育研究会
101	2016.12.08	"幸福教育乡村行"第二十八站——淮阴区西宋集中心小学	幸福教育研究会
102	2016.12.14	"幸福教育乡村行"第二十九站——涟水县高沟中心小学	幸福教育研究会